语文强基

古代汉语常识

一典通

刘丽艳　主编　　朱力伟　编著

北京语言大学出版社

BEIJING LANGUAGE AND CULTURE
UNIVERSITY PRESS

© 2023 北京语言大学出版社，社图号 23187

图书在版编目（CIP）数据

语文强基．古代汉语常识一典通 / 刘丽艳主编 ；朱力伟编著．-- 北京 ：北京语言大学出版社，2023.12
ISBN 978-7-5619-6408-8

Ⅰ．①语… Ⅱ．①刘… ②朱… Ⅲ．①汉语－普及读物 Ⅳ.①H1-49

中国国家版本馆 CIP 数据核字 (2023) 第 182419 号

语文强基　古代汉语常识一典通
YUWEN QIANGJI　GUDAI HANYU CHANGSHI YIDIANTONG

责任编辑： 赵越洋　李隽琪
排版制作： 北京光大印艺文化发展有限公司
责任印制： 周 燚

出版发行： 北京语言大学出版社
社　　址： 北京市海淀区学院路 15 号，100083
网　　址： www.blcup.com
电子信箱： service@blcup.com
电　　话： 编 辑 部　8610-82303390
　　　　　　国内发行　8610-82303650/3591/3648
　　　　　　海外发行　8610-82303365/3080/3668
　　　　　　北语书店　8610-82303653
　　　　　　网购咨询　8610-82303908
印　　刷： 天津画中画印刷有限公司
版　　次： 2023 年 12 月第 1 版　　**印　　次：** 2023 年 12 月第 1 次印刷
开　　本： 787 毫米 × 1092 毫米　1/16　　**印　　张：** 17.5
字　　数： 334 千字
定　　价： 68.00 元（含 1 本答案解析）

PRINTED IN CHINA
凡有印装质量问题，本社负责调换。售后 QQ 号 1367565611，电话 010–82303590

总　序

　　语文能力是人们准确理解、高效表达和有效沟通的基础，是人们在学习、工作和人际交往中必不可少的核心技能。良好的语文能力对提升个人综合素质、适应未来发展与挑战至关重要。然而，当前国内普遍存在语文能力不足的问题。许多大学生、研究生、接受过高等教育的职场人士写的论文、商务信函和报告等文字材料中常常存在逻辑不清、句法混乱、用词不准确等问题。这些问题凸显了我们的语文教育基础薄弱的现状。因此，强化学生的语文基础，培养和提高其语文能力、提升其语文素养势在必行。为此，我们组织多位教学经验丰富、拥有专业功底的老师共同编写了这套专为强化提升学生国家通用语言文字能力的丛书。

　　针对语文基础薄弱者普遍存在的问题，经过调研和分析，我们选择从现代汉语常识、古代汉语常识、易混词辨析和写作技巧这四个方面来强化其语文基础。为此，我们把这套丛书划分为四个分册，分别是《语文强基　现代汉语常识一典通》《语文强基　古代汉语常识一典通》《语文强基　易混词辨析一典通》和《语文强基　写作技巧一典通》。

　　高中阶段是将语文基础知识转化为实际应用能力的关键时期，因此我们把高中阶段的语文能力要求作为编写的参考标准，将高中阶段的语文基础知识作为核心，兼顾之前学过的知识，以确保内容的连贯性和渐进性。同时，我们还选编了一些往年的高考试题，以之作为检验学生掌握程度的一项重要标准，使丛书既注重基础知识的夯实，又紧密结合实际应用和应试需求。

　　本套丛书各分册的结构基本分为三个部分：热身练习、知识解析和自测练习。通过热身练习，引导学生发现问题、思考问题，从而引入知识点的讲解。每个小节包含一到两个知识点，避免知识点过多，保持小步快走的学习节奏。知识解析采用简明清晰的语言，力求深入浅出、浅显易懂，方便学生理解和消化。在自测练习的设计上，我们既关注学生对知识点的理解和掌握程度，也注重考查他们举一反三的应用能力。我们还为每套自测练习提供了详细的解析，以便学生在自学时能够自我检测和纠正错误。

　　我们希望这套丛书能够成为您学习、梳理和巩固语文基础知识的有力工具，帮助您更好地应对语文学习和应用中的问题，提升语文能力和语文素养，以适应未来的发展和挑战。同时，我们也非常欢迎本套丛书的使用者提出意见和建议，帮助我们不断改进丛书的质量。

刘丽艳

2023 年 6 月 15 日

关 于 本 册

　　《语文强基　古代汉语常识一典通》以高中阶段的古代汉语基础知识为主要内容，坚持实用性、通用性、易学性原则，结合高考文言文阅读部分的考点及真题，深入浅出地讲解古代汉语常识，有的放矢，便于读者学习和掌握。

内容与体例

　　本册共有四篇，包括字词篇，句式篇，断句、翻译及阅读理解篇，文化常识篇；分为九章，分别从字音，字形，实词，虚词，词类活用，特殊句式，断句、翻译，阅读理解，文化常识这几个方面讲解古代汉语常识。

　　具体体例如下：

　　每章先简单介绍相关定义，然后分节讲解具体内容。在每节的讲解前都有相应的热身练习及答案，以便考查读者对于本节内容的初步掌握情况；在此之后是知识解析，这部分内容结合具体的用例、考情，较为详尽地讲解本节的知识点；最后的自测练习则针对本节的知识点，精心设计或选取具有典型性的试题作为练习，以便读者检查自己的学习理解情况。

主要特色

1.简明清晰，便于学习和查询

　　本册将古代汉语常识进行细化分类，读者可以在目录中快速查找，进而进行专项学习和复习。

2.目标明确，主题突出，针对性强

　　本册单就高考涉及的古代汉语常识进行阐述，目标明确，主题突出，具有较强的针对性。

3.结构合理，内容充实

　　本册以讲带练、讲练结合，每一节前都设有热身练习，后面又设有自测练习，便于读者查缺补漏，检查自身学习情况；内容涵盖高考文言文阅读的常见考点，具备"一典通"的功能特性；本册选取近年来较为典型的高考文言文阅读真题作为讲解内容及练习题目，有利于读者掌握近年的高考出题特点。

　　在本书的编写过程中，我们从国内出版的各种期刊以及网络上选用了一些语料与

真题，并对其内容做了适当的加工，在此，我们向原作者表示诚挚的感谢。由于种种客观原因，目前我们无法与所有原作者一一取得联系，希望原作者看到本书后尽快与我们联系，我们将按照有关规定支付稿酬。

最后，希望这本书能够切实服务于古代汉语学习者，帮助学习者掌握必要的古代汉语常识。我们也真诚欢迎本书的读者及学界专家向我们提出宝贵意见，帮助本书不断改进和完善。

朱力伟

2023 年 7 月 30 日

目 录

断句、翻译及阅读理解篇

文化常识篇

字词篇

第一章　字音

　　语音是语言的物质外壳和存在形式，有了正确的语音才能顺利地进行交际活动。我们在阅读文言文的时候也是这样，首要的一点就是读准字音。不同的读音往往代表着不同的词性和词义。从近年的高考考情看来，一些地方考卷依然会出字音题，而且常常将古代汉语词汇和现代汉语词汇杂糅在一起考查。这需要我们学习和积累一些基础的古代汉语字音知识，具体来说包括多音字和异读字。

第一节　多音字

热身练习

给下列各组句子中加点的词语注音，并分析其读音不同的原因。

1. A 天高地迥，号呼靡及。

　 B 以出号令。

2. A 开轩面场圃，把酒话桑麻。

　 B 醉卧沙场君莫笑，古来征战几人回。

3. A 千载谁堪伯仲间。

　 B 故令人持璧归，间至赵矣。

4. A 以为载于竹帛上者，皆圣贤所传。

　 B 水则载舟，水则覆舟。

参考答案

　　1. A 中的"号"读 háo，B 中的"号"读 hào。两者词性不同：前者是动词，表示"喊叫"；后者是名词，表示"命令"。

　　2. A 中的"场"读 cháng，B 中的"场"读 chǎng。两者词义不同：前者表示"平坦的空地"；后者表示"场所"。

　　3. A 中的"间"读 jiān，B 中的"间"读 jiàn。两者词性不同：前者是名词，表示"中间"；后者是副词，表示"偷偷地"。

　　4. A 中的"载"读 zǎi，B 中的"载"读 zài。两者词义不同：前者表示"记载"；后者表示"承载""负担"。

知识解析

　　多音字，一般是指有两个或两个以上读音的字。就多音字而言，读音不同往往和它的词性、词义、用法、来源不同有关。古代汉语涉及的多音字现象较多，我们在学习过程中一定要重视积累。由于篇幅有限，不能将所有的多音字都列出来，在此只将其形成原因略述如下：

1. 词性不同

　　在古代汉语中，词性不同有时会导致读音不同。其中有些属于第二节中会讲到的"破音异读"，这一现象在现代汉语中已经消失；有些一直延续到今天，这就属于多音字范畴了。如"长"作为形容词时就读 cháng，作为动词时就读 zhǎng。

2. 意义不同

　　在古代汉语中，意义不同有时会造成读音不同。这些不同的读音有一部分如今已经消失，如"走"字，古人将"因王子定长沙以北，西走蜀、汉中"中的"走"字注释为"走音奏，向也"，这说明，古人认为"走"字在这里表示"趋向"的意思，读作 zòu，而今天"走"并没有 zòu 这个读音，只有表示"走动"的意思的 zǒu 音；有一部分一直延续到今天，如"降"字，表"下降"义时读 jiàng，表"投降"义时就读 xiáng。

3. 用法不同

　　有些字在单用与合用时的读音不同。如"削"字，单用时往往读 xiāo，与其他词素组成复音词时或在成语中往往读 xuē。知道这点后，我们就可以知道"公输子削竹

字词篇

句式篇

断句、翻译及阅读理解篇

文化常识篇

木以为鹊"中的"削"读xiāo，而"楚庄齐威，始有荒淫之行，削弱之败，几于乱亡"中的"削"读xuē。

4. 来源不同

现今有些字的来源是不同的，也就是来源于不同的繁体字，结果就造成了现今的简化字有不同的读音。如"发"字的来源有二，即繁体字"發"和"髮"。在古代，表示"发出""发生"的意思的"发"写作"發"，读fā；表示"头发"的意思的"发"写作"髮"，读fà。知道这点后，我们就可以知道"齐军万弩俱发"中的"发"当读fā，而"君不见高堂明镜悲白发"中的"发"读fà。

自测练习

一、给下列各组句子中加点的词语注音，并分析其读音不同的原因。

1. A. 三人行，必有我师焉。

   B. 鸳鸯七十二，罗列自成行。

2. A. 义不杀少而杀众，不可谓知类。

   B. 陈涉少时，尝与人佣耕。

3. A. 地薄，寡于积聚。

   B. 不宜妄自菲薄。

4. A. 西门豹即发民凿十二渠。

   B. 束发而就大学。

二、根据题干要求，选出合适的答案。

1.（2015·浙江卷）下列各组词语中，加点字注音全部正确的一项是（　　）。

   A. 纠葛（gé）　　　　　　　瓜蔓（màn）

   牛皮癣（xuǎn）　　　　　为（wèi）虎作伥

   B. 惬（qiè）意　　　　　　觊（jì）觎

   蒙（mēng）蒙亮　　　　抵（zhǐ）掌而谈

   C. 谄（chǎn）媚　　　　　压轴（zhóu）

   一溜（liù）烟　　　　　间不容发（fà）

   D. 豆豉（chǐ）　　　　　　箴（zhēn）言

   轧（zhá）马路　　　　　开门揖（yī）盗

2. 下列各组词语中，加点字注音全部正确的一项是（ ）。

    A. 数（shǔ）落　　　　　　商贾（gǔ）云集

       传（zhuàn）记　　　　　　杳（miǎo）无音信

    B. 毗（bì）邻　　　　　　　前后相属（zhǔ）

       侍（shì）奉　　　　　　　洁身自好（hào）

    C. 便笺（qiān）　　　　　　人才济（jǐ）济

       寂谧（mì）　　　　　　　博闻强识（zhì）

    D. 混（hùn）淆　　　　　　信手拈（niān）来

       徜（cháng）徉　　　　　　丹书铁券（quàn）

3. 下列各组词语中，加点字注音全部正确的一项是（ ）。

    A. 嬗（shàn）变　　　　　　扶掖（yè）

       义愤填膺（yīng）　　　　　歃（chā）血为盟

    B. 澄（chéng）清　　　　　　踟蹰（chú）

       参差荇（xìng）菜　　　　　病入膏肓（huāng）

    C. 整饬（chì）　　　　　　一语中（zhōng）的

       雾霾（mái）　　　　　　　否（pǐ）极泰来

    D. 肄（yì）业　　　　　　　国子监（jiān）

       花蕊（ruǐ）　　　　　　　鳞次栉（zhì）比

4. （2015·天津卷）下列各组词语中，加点字注音全部正确的一项是（ ）。

    A. 寂寥（liáo）　　　　　　雾霾（mái）

       瞋（chēng）目　　　　　　潜（qián）移默化

    B. 氛（fēn）围　　　　　　吝啬（sè）

       熹（xī）微　　　　　　　束（shù）之高阁

    C. 发酵（jiào）　　　　　　徘徊（huái）

       滂（pāng）沱　　　　　　叱咤（chà）风云

    D. 模（mó）板　　　　　　怯（qiè）懦

       签（qiān）署　　　　　　断壁颓垣（yuán）

5. （2015·广东卷）下列各组词语中，加点字读音都不同的一项是（ ）。

    A. 棱角／菱形　　窒息／对峙　　稽首／稽查

    B. 侥幸／阻挠　　绚烂／驯服　　称职／职称

C. 塑料 / 朔风　　叫嚣 / 发酵　　本末倒置 / 倒行逆施

D. 延伸 / 筵席　　瓦砾 / 罹难　　挑三拣四 / 挑拨离间

答案见 P237

第二节 异读字

热身练习

给下列句子中加点的词语注音。

1. 太子忽尝有功于齐，齐侯请妻之。
2. 沛公欲王关中。
3. 今我来思，雨雪霏霏。
4. 数目项王。
5. 魏征为太子洗马。

参考答案

1. 妻：读qì，动词，嫁女予人。
2. 王：读wàng，动词，称王。
3. 雨：读yù，动词，降落、落下。
4. 数：读shuò，副词，屡次。
5. 洗：读xiǎn，"洗马"是古代的一种官职。

知识解析

异读字是指读音与今相异的字，它与多音字还是有区别的。多音字往往是经过千百年的发展早已固定下来的，读音得到人们的认可并经常被运用；而异读字是有特殊性的，其读音与今音存在区别，二者不能混为一谈。异读字一般有三种情况：破音异读、通假异读、古音异读。

1. 破音异读

又称"破读"或"读破"，是一种通过改变字（词）的常用读音来表示不同词性和词义的用法。如"王"本为名词，读wáng；如果读wàng，就变成了动词，表示"称王"的意思。

2. 通假异读

甲字通假为乙字，就要读乙字的音。如"归"通常读guī，表示"女子出嫁""返回""归来"等意思；但在《论语·阳货》"归孔子豚"中的"归"通假为"馈"，所以就要读kuì。

3. 古音异读

有些专有名词，如姓名、地名、官名、族名等，因其有自身的固定性，所以要读它的古音。如古代鲜卑、突厥等族最高统治者的称号"可汗"（kèhán），复姓"万俟"（Mòqí），古代宝剑名"莫邪"（mòyé），地名"吐蕃"（Tǔbō）等。

自测练习

给下列句子中加点的词语注音，并加以解释。

1. 自怨自艾
2. 将军身被坚执锐，伐无道，诛暴秦。
3. 许子必织布然后衣乎？
4. 万乘之国，弑其君者必千乘之家。
5. 秦伯说，与郑人盟。
6. 博闻强识
7. 我决起而飞，抢榆枋而止。
8. 诲女知之乎！
9. 人以其语语之。
10. 是以先帝简拔以遗陛下。
11. 羽扇纶巾，谈笑间，樯橹灰飞烟灭。
12. 龟兹
13. 单于
14. 大月氏
15. 万俟卨

答案见 P238

第二章　字形

　　理论上，一个汉字应该只有一个形体。不过，汉字有数千年的历史，在这个过程中，由于汉字的使用人数非常多，有些字会出现两个或两个以上形体，这种现象在古书中尤其常见。我们今天使用的是简体字，经过简化后，汉字形体得到统一，我们使用起来就方便多了。但在学习古代汉语的时候，我们常常会碰到一个字有多个形体的现象，又因其产生的年代久远，我们学习起来会有些困难。现在的教材为了省便，都采用术语"同"来指称这些文字现象；但如果我们不了解这些常见的文字现象及其成因，就很难理解古代汉语中的许多表达。因此，我们需要掌握三个相关知识点，分别是古今字、异体字、通假字。

第一节　古今字

热身练习

解释下列句子中加点的词语。

1. 唯大王与群臣孰计议之。
2. 因击沛公于坐，杀之。
3. 今王田猎于此。
4. 则仆偿前辱之责。
5. 昔者，楚灵王好细要。

1. 孰：同"熟"，古今字，仔细。

2. 坐：同"座"，古今字，座位。

3. 田：同"畋"，古今字，打猎。

4. 责：同"债"，古今字，债务。

5. 要：同"腰"，古今字，腰部。

知识解析

　　古今字是指古今两个时代先后产生的记录同一个词的两种字形，产生在前的叫"古字"，产生在后的叫"今字"。例如早期人们本来是用形似人腰部的"要"字来记录"腰部"这一意义的，但是后来"要"字越来越多地用作"要点""重要""想要"等义，所以后世就在"要"的基础上加上月字旁，构成专门表示"腰部"意思的"腰"字。在"腰部"这一意义上，"要"和"腰"形成了古今字的关系。"要"产生在前，是古字；"腰"产生在后，是今字。

　　需要指出的是，古今字的"古今"是个相对的概念，不仅仅是"古代和今天"的意思。比如表示某个完全相同的意义，唐代之前用某个字，宋代开始用另外一个字，那这两个字也属于古今字。

　　古今字形成的原因主要有三个：

1. 为本义造今字

　　有些字被借作别的意思，于是人们就为它的本义造字。如"队"，本义是"坠落"，后来假借为"队列"的"队"，于是人们就造了"坠"字以表示本义。在"坠落"这个意义上，"队"是古字，"坠"是今字。类似情况的古今字还有"正—征""或—国（國）""匡—筐"等。

2. 为引申义造今字

　　词义引申后就会产生新的词义，为了避免歧义，人们有时会为引申义造新字。如"取"，本义是"战后割取敌人耳朵当作杀敌凭证"，后来引申为"娶妻"，于是人们就造了"娶"字专门用来表示引申义。类似情况的古今字还有"家—嫁""昏—婚""道—导（導）"等。

3. 为假借义造今字

古字仍用于记录本义，人们为它的假借义造今字。如"涂"，本义是一条河流的名字，在典籍中有时假借为"道路"义。后来人们就造了"途"字表示"道路"的意思。类似情况的古今字还有"辟—避""与—欤""弟—悌"等。

自测练习

解释下列句子中加点的词语。

1. 同舍生皆被绮绣。
2. 相如奉璧奏秦王。
3. 多情应笑我，早生华发。
4. 钻燧取火，以化腥臊，而民说之。
5. 君子博学而日参省乎己，则知明而行无过矣。
6. 星队木鸣，国人皆恐。
7. 是时突厥再上书求昏，帝未报。
8. 三臭之，不食也。
9. 从台上弹人，而观其辟丸也。
10. 犹塞川原为潢洿也。

答案见 P238

字词篇

句式篇

断句、翻译及阅读理解篇

文化常识篇

第二节　异体字

热身练习

根据题干要求，选出合适的答案。

1. 语音、语义完全相同，只是字形不同的一组字属于（　　）。

　　A. 异体字　　　　B. 古今字　　　　C. 错别字　　　　D. 通假字

2. 下列各组字中，属于异体字的一项是（　　）。

　　A. 要—腰　　　　B. 群—羣　　　　C. 匡—筐　　　　D. 我—俄

3. 下列各组字中，不属于异体字的一项是（　　）。

　　A. 女—汝　　　　B. 睹—覩　　　　C. 鞍—鞌　　　　D. 淡—澹

4. 下列成语中，都存在异体字的一组是（　　）。

　　①朝謌暮舞②慎终如始③泪眼婆娑④蟊虫肆虐⑤桮盘狼藉⑥天道酬勤

　　A. ①②③④　　　B. ②③④⑤　　　C. ①③④⑤　　　D. ②③④⑥

参考答案

1. A　　2. B　　3. A　　4. C

知识解析

　　异体字是指在任何情况下都可以互相替换使用的一组字。这组字除了字形不同外，语音、语义完全相同。其中，通行字叫"正体字"，其他的叫"异体字"。例如在鲁迅的小说《孔乙己》中，孔乙己说茴香豆的"茴"下面的"回"有多种写法，其中"回"就是正体，"囘""囬"等就是异体。

　　我国在1955年公布了《第一批异体字整理表》，淘汰了1055个异体字，异体字在经过规范的文言文中也大为减少，我们只需了解一些常见的异体字类型。

　　异体字的类型（前为正体字，后为异体字）：

1. 声旁变换

如"妒—妬""裤—袴"等。

2. 形旁变换

如"坑—阬""婿—壻"等。

3. 声旁、形旁的位置变换

如"期—朞""概—槩"等。

4. 造字方法变换

如"泪（会意）—涙（形声）""岩（会意）—巖（形声）"等。

5. 笔画变换

如"污—汙""朵—朶"等。

自测练习

判断下列句子中加点字的异体字类型。

A.声旁变换　B.形旁变换　C.声旁、形旁的位置变换　D.造字方法变换

E.笔画变换

1. 知其心，然后能救（捄）其失。（　　　）

2. 千朵万朵（朶）压枝低。（　　　）

3. 岁寒，然后知松柏（栢）之后凋也。（　　　）

4. 故山多药物，胜概（槩）忆桃源。（　　　）

5. 高望而远眺（覜）。（　　　）

6. 明哲（喆）保身。（　　　）

7. 富者曰："子何恃而往?"曰："吾一瓶（缾）一钵足矣。"（　　　）

8. 渺（淼）渺兮余怀，望美人兮天一方。（　　　）

9. 驿弓金爪镝，白马蹴（蹵）微雪。（　　　）

10. 有五六老叟，庞眉皓（皜）发。（　　　）

答案见 P239

第三节　通假字

热身练习

解释下列句子中加点的词语。

1. 三岁贯女，莫我肯顾。
2. 独立而不改，周行而不殆。
3. 若不阙秦，将焉取之。
4. 距关，毋内诸侯，秦地可尽王也。
5. 技盖至此乎？
6. 所识穷乏者得我与？

参考答案

1. 女：同"汝"，通假字，第二人称代词，你。
2. 殆：同"怠"，通假字，懈怠。
3. 阙：同"缺"，通假字，侵损、削减。
4. 内：同"纳"，通假字，接纳。
5. 盖：同"盍"，通假字，怎么。
6. 得：同"德"，通假字，感恩、感激。

知识解析

　　"通"就是"通用"的意思，"假"就是"借用"的意思，通假就是指古代书写者因为种种原因，在书写时临时用音同或音近的字来代替本字的现象。被代替的那个字称为"本字"，用来代替本字的那个字称为"借字"，也就是"通假字"。需要注意的是，通假字的"音同或音近"是指当时的读音，我们不能轻易地用今天的读音来解释。比如"图穷匕首见"中的"见"就通假为"现"，而"见""现"的读音在今天就不一样。一般情况下，中学阶段遇到的通假字是可以通过一定规律来辨识的。

1. 借字是本字的声旁

（1）曾益其所不能。

曾：同"增"，通假字。

（2）无或乎王之不智也。

或：同"惑"，通假字。

2. 本字是借字的声旁

（1）吾惛，不能进于是矣。

惛：同"昏"，通假字。

（2）下而无直，则何谓正矣。

何：同"可"，通假字。

3. 本字、借字同声旁

（1）召有司案图，指从此以往十五都予赵。

案：同"按"，通假字。

（2）屈平既绌。

绌：同"黜"，通假字。

（3）庄公寤生，惊姜氏。

寤：同"牾"，通假字。

4. 本字、借字音同或音近

（1）吾乃与而君言，汝何为者也?

而：同"尔"，通假字。

（2）豪民子闻难，鸠宗族僮奴百许人。

鸠：同"纠"，通假字。

自测练习

解释下列句子中加点的词语。

1. 政通人和，百废具兴。

2. 欲信大义于天下。

3. 水陆草木之花，可爱者甚蕃。

4. 敌忾之念，矢志不渝。

5. 张良出，要项伯。

6. 皆阳应曰："诺。"

7. 执敲扑而鞭笞天下，威振四海。

8. 颁白者不负戴于道路矣。

9. 愿伯具言臣之不敢倍德也。

10. 手裁举，则又超忽而跃。

11. 位尊而无功，奉厚而无劳，而挟重器多也。

12. 寡助之至，亲戚畔之。

13. 而卒惶急无以击轲，而乃以手共搏之。

14. 彼秦者，弃礼义而上首功之国也。

15. 孟尝君使人给其食用，无使乏。

答案见 P239

第三章　实词

古代汉语的词类划分和现代汉语大致相同，都包括实词和虚词两个部分。一般情况下，学界将古代汉语实词划分为名词、动词、形容词、数词、量词。实词在汉语词汇中所占比重最大，地位也最高。《普通高等学校招生全国统一考试大纲》（以下简称《考试大纲》）明确规定了"理解常见文言实词在文中的含义"是文言文阅读的重点考查内容。可见，我们在学习古代汉语时，大量积累并掌握常见实词的含义以及含义之间的联系是很有必要的。其中，最重要的知识点就是一词多义、古今异义和偏义复词三项。

第一节　一词多义

热身练习

根据题干要求，选出合适的答案。

1. "大礼不辞小让"中"辞"的意义是（　　　）。
   A. 计较　　　　　　　　　　　　B. 推辞
   C. 告别　　　　　　　　　　　　D. 托词、借口

2. "要至其家，皆出酒食"中"要"的意义是（　　　）。
   A. 邀请　　　　　　　　　　　　B. 相约、誓约
   C. 重要　　　　　　　　　　　　D. 需要、适合

3. 下列各项中的"归"与"天下归殷久矣"中的"归"意义相同的一项是（　　　）。
   A. 后五年，吾妻来归。　　　　　　B. 男有分，女有归。
   C. 相如既归，赵王以为贤大夫。　　D. 王者，民之所归往也。

4. "逢人渐觉乡音异，却恨莺声似故山"中"恨"的意义是（　　　）。
   A. 遗憾　　　　　　　　　　　　B. 后悔
   C. 怨恨　　　　　　　　　　　　D. 悔恨

5. 下列句子中，"引"字表示"带领"意义的是（　　　）。

　　A. 丁壮者，引弦而战。　　　　　　　B. 引佩刀刺马杀之。

　　C. 燕引兵东围即墨。　　　　　　　　D. 引而伸之。

参考答案

　　1. A　　2. A　　3. D　　4. C　　5. C

知识解析

　　一词多义在古代汉语中是极为普遍的，同一个词在这个句子里是一个意义，在另外一个句子里可能就是另一个意义。这主要是因为古代单音词居多，音节有限而词义却越来越多，就使得一词多义现象越来越多。例如《辞海》（第七版）中的"解"字下就有12个义项，分别是：1.剖开。2.分裂；涣散。3.脱去；解开。4.开放。5.废除；消除；停止。6.排泄；解手。7.明白；知道。8.解释；解答；破解。9.通达。10.乐曲、诗歌的章节。11.武术用语。12.六十四卦之一，坎下震上。由此可见，一词多义现象确实给我们阅读文言文造成了困难。

　　一词多义主要由本义、引申义、比喻义、假借义构成。一个词本来的意义就是本义，由本义出发能引申出来的就是引申义，比如"食"的本义是"吃"，能吃的当然就是食物，所以它又可引申出"食物"之义，食物是可以供养人生存的，所以又可引申出"供养、喂养"的意思，在这个意义上读为sì。比喻义是由本义通过打比方而产生的意义，比如"爪牙"的本义是"动物的爪子和牙齿"，是重要的器官，当然可以比喻成"得力帮手"一类的意思。假借义是因假借而产生的意义，它与本义毫不相干，相对难些，在平时的学习中一定要多留意古代这种音同或音近通假的例子，比如"归"的本义是"女子出嫁"，假借为"馈"，表示"赠送"的意思，如《静女》"自牧归荑"中的"归"就是"赠送"的意思。

　　在一个句子里，我们怎样确定一个词究竟用的是它的哪个义项呢？除了依靠平时积累、认真阅读外，我们还可以利用以下三条规律：

　　1. 正确答案的词性必须与被解释字词的词性相同。

　　2. 正确答案必须是被解释字词的本义、引申义、比喻义或假借义。

　　3. 正确答案代入原文必须能保证语句通顺。

自测练习

一、解释下列词语在语句中的含义。

1. 度：A. 内立法度，务耕织。

　　　B. 岐王宅里寻常见，崔九堂前几度闻。

　　　C. 度我至军中，公乃入。

　　　D. 已得履，乃曰："吾忘持度。"

2. 过：A. 君子博学而日参省乎己，则知明而行无过矣。

　　　B. 雷霆乍惊，宫车过也。

　　　C. 都城过百雉，国之害也。

　　　D. 闻大王有意督过之。

3. 间：A. 彼节者有间，而刀刃者无厚。

　　　B. 谗人间之，可谓穷矣。

　　　C. 臣诚恐见欺于王而负赵，故令人持璧归，间至赵矣。

　　　D. 肉食者谋之，又何间焉。

4. 矢：A. 秦无亡矢遗镞之费，而天下诸侯已困矣。

　　　B.（2016·全国Ⅱ卷）副使崔应麟，见民啖泽中雁矢。

　　　C. 矢志不渝。

5. 除：A. 黎明即起，洒扫庭除。

　　　B. 诛乱除害。

　　　C. 寻蒙国恩，除臣洗马。

二、根据题干要求，选出合适的答案。

1. 下列各项中的"爱"与"向使三国各爱其地"中的"爱"意义相同的一项是（　　　）。

　　A. 秦爱纷奢。　　　　　　　　　　B. 齐国虽褊小，我何爱一牛。

　　C. 予独爱莲之出淤泥而不染。　　　D. 爱而不见，搔首踟蹰。

2. 下列各项中的"兵"与"短兵相接"中的"兵"意义相同的一项是（　　　）。

　　A. 赵亦盛设兵以待秦，秦不敢动。

　　B. 左右欲兵之，王止。

　　C. 斩木为兵，揭竿为旗。

　　D. 故上兵伐谋，其次伐交。

3. 下列各项中的"顾"与"君臣相顾，泣下沾襟"中的"顾"意义相同的一项是（　　）。

    A. 三顾臣于草庐之中。

    B. 顾野有麦场，乃奔倚其下。

    C. 子布、元表诸人各顾妻子。

    D. 顾不如蜀鄙之僧哉。

4. 下列各组句子中，加点词语的意义相同的一项是（　　）。

    A. 永元中，举孝廉不行。   选贤举能，讲信修睦。

    B. 今亡亦死，举大计亦死。   举疾首蹙頞而相告。

    C. 杀人如不能举。   主人不问，客不先举。

    D. 戍卒叫，函谷举。   兔起凫举。

5. 下列对加点词语的解释有误的一项是（　　）。

    A. 既克，公问其故。   既：已经。

    B. 齐与楚从亲，惠王患之。   患：疾病。

    C. 君子疾夫舍曰欲之而必为之辞。   疾：厌恶。

    D. 君美甚，徐公何能及君也。   及：比得上。

答案见 P240

第二节　古今异义

热身练习

解释下列句子中加点词语的古今意义。

1. 秦以虎狼之势，与中国抗衡。
2. 率妻子邑人来此绝境。
3. 古之学者必有师。
4. 行李之往来，共其乏困。
5. 兔走触株，折颈而死。
6. 或取诸怀抱。

参考答案

1. 古：中原。今：中华人民共和国。
2. 古：妻子儿女。今：男子的配偶，与丈夫相对。
3. 古：求学的人。今：学术上有一定成就的人。
4. 古：出使的人、外交使团。今：出门时带的包裹、行囊。
5. 古：跑。今：行走。
6. 古：胸怀抱负。今：抱在怀里；胸前。

知识解析

　　古今词义的异同大致可以分为三种类型：有的词，比如"人""手""马""牛""山""星"等基本词汇的词义是基本未变的；有的词，比如"城"（古义"城墙"，今义"城市"）、"国"（古义"国都"，今义"国家"）等的词义是在逐步变化的；有的词，比如"绸"（古义"缠绕"，今义"丝绸"）、"该"（古义"完备"，今义"应当"）等的词义是迥异的。

　　古今异义就是指相同书写形式的词或短语在古代汉语与现代汉语中意义迥异的现象，这种现象是由语言的发展演变带来的。掌握常见的古今异义现象，有助于提高理解文言文的能力。

判断古今异义现象的方法主要有以下四种：

1. 利用字形进行分析

汉字是表意文字，其中的形符往往与造字时所取的意义有联系。如"劝"字无论是繁体还是简体都有力字旁而没有言字旁，可见它的古义不是今天的"劝说"之义，而是"勉励、鼓励"的意思。再如"诛"字历来都是言字旁的，可见它的古义不是今天的"诛杀"之义，而是"声讨、谴责"的意思。再如"醒"字是酉字旁，可见它的古义是"酒醒"，而非"睡醒"。

2. 利用语境进行分析

根据词语所处的上下文语境以及句中的搭配关系可以分析出它的古义。比如我们根据《秋声赋》"童子莫对，垂头而睡"的语境，能够推断出"睡"在其中是"瞌睡"的意思，而非今天的"睡觉"之义。再如我们从《左传》"一鼓作气，再而衰，三而竭"中可以看出"再"是和"一""三"搭配使用的，也就可以推断出"再"当是"第二次"的意思，而非今天的"又一次"之义。

3. 利用现今使用的联合式复合词进行分析

复合词是指由两个或两个以上的词素结合而成的词，如"教育""装修""洗衣机"等。其中，联合式复合词的词素一般是同义、近义或反义的，比如"进退""宫室"等。因此，我们就可以由一个已知的词素意义去推断另一个词素的古义。比如"宫室"中的两个词素"宫"和"室"本身是一组同义词或近义词，由此可以推断"宫"的古义是"房屋"。

4. 利用成语进行分析

成语中的字词往往保留了古义，如我们可以从"揭竿而起""走马观花""举世无双"中分析出"揭""走""举"的古义分别是"举""跑""全"，这样一来，考试时就不容易出现错误了。

自测练习

一、解释下列句子中加点词语的古今意义。

1. 弟走从军阿姨死，暮去朝来颜色故。
2. 上初即位，富于春秋。
3. 愿为市鞍马。
4. 寡君之师徒，不足以辱君矣。

5. 言讫，唏嘘流涕。

6. 山东豪杰遂并起而亡秦族矣。

7. 亦将有感于斯文。

8. 屈原疾王听之不聪也。

二、解释下列句子中加点的词语。

1. 有功故出反囚，罪当诛，请按之。

2. 皆顿首谢，及期无敢违。

3. 城谦恭简素，遇人长幼如一。

4. 上闻而谴之，竟坐免。

5. 众皆夷踞相对，容独危坐愈恭。

三、解释下列成语中加点的词语。

1. 狐假虎威

2. 烈士暮年

3. 因人成事

4. 赴汤蹈火

5. 百读不厌

6. 事必躬亲

7. 不速之客

8. 片言折狱

答案见 P241

第三节 偏义复词

热身练习

结合句意，说说下列加点词语的意思。

1. 成败之机，在于今日。

_____

2. 曾不吝情去留。

_____

3. 无羽毛以御寒暑。

_____

4. 举翅万余里，行止自成行。

_____

5. 大夫不得造车马。

_____

参考答案

1. 这句话的意思是：成功的机会，就在今天。在这句话中，"成败"的语义偏在"成"上，"成败"可译为"成功"。

2. 这句话的意思是：竟然不会舍不得离开。在这句话中，"去留"的语义偏在"去"上，"去留"可译为"离开""离去"。

3. 这句话的意思是：没有羽毛来抵御寒冷。在这句话中，"寒暑"的语义偏在"寒"上，"寒暑"可译为"寒冷"。

4. 这句话的意思是：举翅飞翔万余里，飞行时自然排列成行。在这句话中，"行止"的语义偏在"行"上，"行止"可译为"飞行"。

5. 这句话的意思是：大夫不可以造车。在这句话中，"车马"的语义偏在"车"上，"车马"可译为"车"。

知识解析

　　古代汉语中有一种比较特殊的复音词，叫作"偏义复词"，它往往是由两个意义相关或相反的词素组成的，在句中被使用时，两个词素的地位作用不一样，其中一个词素负担了整个复音词的意义，另一个词素只是作为陪衬，完全没有意义。比如《出师表》"陟罚臧否，不宜异同"中的"异同"就是由一对反义词素构成的偏义复词，其语义偏在"异"上，"同"只起陪衬作用，没有任何意义。

　　本来用一个单音词就可以表达意义，古人之所以会加上另一个陪衬的单音词素组成偏义复词，可能是为了达到节奏均衡、语句和谐的效果，这就需要我们灵活掌握，具体问题具体分析。比如2003年上海高考题中有一道关于"盖目眶尽肿，不可开合也"的翻译题，一些考生将后半句误译为"张不开闭不上"。其实，无论是从语境出发，还是结合现实生活来理解，眼眶肿了，肯定是不能睁开眼的，所以说这句话中的"开合"明显是个偏义复词，语义偏在"开"上。

　　常见的偏义复词大体可分为两种形式：

1. 两个词素语义相对

（1）备他盗之出入与非常也。

出入：语义偏在"入（进入）"上。

（2）昼夜勤作息。

作息：语义偏在"作（劳作）"上。

（3）死生，昼夜事也。

死生：语义偏在"死（死亡）"上。

2. 两个词素语义相近或相关

（1）无一时一刻不适耳目之观。

耳目：语义偏在"目（眼睛）"上。

（2）寻常巷陌，人道寄奴曾住。

巷陌：语义偏在"巷（街巷）"上。

（3）今有一人，入人园圃，窃其桃李。

园圃：语义偏在"园（果园）"上。

自测练习

结合句意，说说下列加点词语的意思。

1. 缘溪行，忘路之远近。

2. 冀缓急或可救助。

3. 便可白公姥，及时相遣归。

4. 廉公失权势，门馆有盈虚。

5. 令五人者保其首领以老于户牖之下。

6. 齐桓用其仇，有益于时，不顾逆顺，此所谓伯道者也。

答案见 P242

第四章　虚词

虚词，即没有实在意义的词。大部分虚词能够起关联作用，作为一种组合实词的语法手段；还有一部分虚词能够表示语气，成为某种短语或句子的标志。一般情况下，学界将古代汉语虚词划分为代词、副词、介词、连词、助词、叹词。《考试大纲》要求"理解常见文言虚词在文中的意义和用法"，这就要求我们既能辨别出虚词的词性、用法，又能理解其意义。

第一节　代词

热身练习

解释下列句子中加点的词语，并说明其词性。

1. 齐人未尝赂秦，终继五国迁灭，何哉？
2. 臣从其计，大王亦幸赦臣。
3. 尔其无忘乃父之志。
4. 某所，而母立于兹。
5. 驴不胜怒，蹄之。

参考答案

1. 何：疑问代词，可译为"为什么""什么原因"。
2. 其：第三人称代词，可译为"他的"。
3. 尔：第二人称代词，可译为"你"。
4. 兹：指示代词，可译为"这里"。
5. 之：第三人称代词，可译为"它"。

知识解析

　　代词是用来指代词、短语和句子的词。代词有代替的作用，使用代词可以避免语言的重复、单调，能使文章更为简洁。代词在古代汉语中是个比较活跃的词类，虽然和现代汉语一样，包括人称代词、指示代词、疑问代词三类，但其中人称代词的形式、指示代词的种类等都与现代汉语有很大的不同。

　　古代汉语中的代词一般有以下几种情况：

1. 人称代词

分类	例词	例句
第一人称	吾、予、余、我	生乎吾前，其闻道也固先乎吾。 然余居于此，多可喜，亦多可悲。 君为我呼入，吾得兄事之。 万物皆备于我矣。
第二人称	女、汝、若、尔、而、乃、戎	诲女知之乎！ 某所，而母立于兹。 家祭无忘告乃翁。
第三人称	之、其、彼、厥、渠	彼与彼年相若也，道相似也。 思厥先祖父，暴霜露，斩荆棘。 虽与府吏要，渠会永无缘。

　　需要指出的是，在古代汉语中，"侪""辈""等""属""曹"等可以放在第一、第二人称代词及部分谦称或尊称之后表示复数的含义，如"此故吾侪（我辈、我们这类人）同说书者也""不者，若属（你们）皆且为所虏""公等（各位、你们）遇雨，皆已失期""尔曹（你辈、你们）身与名俱灭，不废江河万古流"等。

2. 指示代词

分类	例词	释义	例句
近指代词	是、此、斯、兹、之	这、这个、这里	是寡人之过也。 之二虫又何知？

分类	例词	释义	例句
远指代词	彼、夫、其	那、那个、那些、那里	以彼易此,孰得孰失,必有能辨之者。 微夫人之力不及此。
泛指代词	然、若、尔	这样	故人苟生之为见,若者必死。 君子哉若人。 故事半古之人,功必倍之,惟此时为然。 物固莫不有长,莫不有短,人亦然。 夫子何善尔也?
无定代词	或	有的、有人	或师焉,或不焉。 或百步而后止,或五十步而后止。
	莫	没有谁、没有什么	背负青天,而莫之夭阏者。
辅助性指示代词	者	……的人、……的事物、……的情况	后生可畏,焉知来者之不如今也? 弱者吾威之,强者吾辟之。
	所	……的地方、……的事物、……的人	视其所以,观其所由,察其所安。 其北陵,文王之所辟风雨也。 乡为身死而不受,今为所识穷乏者得我而为之。

3. 疑问代词

分类	例词	释义	例句
代人	谁、孰、何	谁、哪个	王曰:"谁可使者?" 我孰与城北徐公美? 君王将何问者也? 无父何怙,无母何恃?

续表

分类	例词	释义	例句
代事物	胡、奚、何、曷、盍	什么	嗟尔远道之人胡为乎来哉？ 卫君待子而为政，子将奚先？ 蹈死不顾，亦曷故哉？ 其赠维何？
代处所	胡、安、焉、恶、何	在哪里、哪里	沛公安在？ 彼且恶乎待哉！ 哀我人斯，于何从禄？

自测练习

一、解释下列句子中加点的词语。

1. 同予者何人？

2. 若为佣耕，何富贵也？

3. 彼竭我盈，故克之。

4. 此诚危急存亡之秋也。

5. 非夫人之物而强假焉。

6. 或以为死，或以为亡。

7. 燕雀安知鸿鹄之志哉？

8. 恶得之？

9. 夫我乃行之，反而求之，不得吾心。

10. 胡不见我于王？

二、根据题干要求，选出合适的答案。

1. 下列各组句子中，加点词语的意义和用法都相同的一项是（　　）。

A. 奚以之九万里而南为？　　　鄙贱之人，不知将军宽之至此也。

B. 之二虫又何知。　　　均之二策，宁许之以负秦曲。

C. 蚓无爪牙之利，筋骨之强。　　背负青天而莫之夭阏者。

D. 甚善矣，子之治东阿也！　　余扃牖而居，久之，能以足音辨人。

2. 下列各组句子中，加点词语的意义和用法不同的一项是（　　　）。

  A. 若入前为寿。   不者，若属皆且为所虏。

  B. 若据而有之，此帝王之资也。 若不能，何不按兵束甲。

  C. 徐公不若君之美也。   若舍郑以为东道主。

  D. 吾翁即若翁。   以若所为，求若所欲，犹缘木而求鱼也。

3. 下列句子中，加点词语的用法与其他三项不同的一项是（　　　）。

  A. 缦立远视，而望幸焉。

  B. 籍吏民，封府库，而待将军。

  C. 妪每谓余曰："某所，而母立于兹。"

  D. 亡羊而补牢。

4. 下列各组句子中，加点词语的意义和用法都相同的一项是（　　　）。

  A. 或异二者之为，何哉？   齐人未尝赂秦，终继五国迁灭，何哉？

  B. 大王来何操？   至于誓天断发，泣下沾襟，何其衰也！

  C. 信臣精卒陈利兵而谁何。   何者？严大国之威以修敬也。

  D. 徐公何能及君也？   何以战？

5. 下列句子中，加点词语用为代词的一项是（　　　）。

  A. 其闻道也固先乎吾   B. 与尔三矢，尔其无忘乃父之志。

  C. 路漫漫其修远兮。   D. 其真无马邪？

答案见 P242

第二节　介词

热身练习

解释下列句子中加点的词语，并说明其词性。

1. 亮见权于柴桑。
2. 青，取之于蓝。
3. 扶苏以数谏故，上使外将兵。
4. 公输盘为楚造云梯之械。
5. 因利乘便，宰割天下，分裂山河。

> **参考答案**
>
> 1. 于：介词，可译为"在"。
> 2. 于：介词，可译为"从"。
> 3. 以：介词，可译为"因为"。
> 4. 为：介词，可译为"为了"。
> 5. 因：介词，可译为"依靠""凭借"。

知识解析

　　介词是由动词虚化而来的，它的作用是把表示人、事物的结构介绍给表示活动变化、性质状态的结构。介词的特点是：能够带宾语，构成介宾短语；不能充当谓语。介宾短语可以表示动作、行为的时间、处所、工具、方式、原因、目的、对象等。

　　在古代汉语中，介词的宾语常放在介词后面，但有些介词，比如"以"，它的宾语往往因为表达的需要而放在其前面，如"楚战士无不一以当十"中的"一以当十"；在现代汉语中，介词的宾语不能省略，在古代汉语中，"以""为""与""从"等介词的宾语有时可以省略，如"即墨大夫出与战，皆死"中的"与"后面就省略了宾语。

　　古代汉语中的介词一般有以下几种情况：

用法	例词	释义	例句
引出动作、行为的工具、方法	以、因	拿、用、通过、凭借、按照	何以战？（凭借） 济济多士，文王以宁。（用） 因人之力而敝之，不仁。（凭借） 振声激扬，伺者因此觉知。（凭借）
引出动作、行为的原因、依据	于、以、因	由于、因为、依据、依照、趁	业精于勤，荒于嬉。（由于） 不以物喜，不以己悲。（因为） 君子不以言举人，不以人废言。（因为） 善战者因其势而利导之。（依据） 因其无备，卒然击之。（趁）
引出动作、行为的时间、处所	于、乎、自、从、与、缘	在、从、到、沿着	生乎吾前，其闻道也固先乎吾，吾从而师之。 辞楼下殿，辇来于秦。 缘溪行，忘路之远近。
引出动作、行为的对象	于、与、乎	同、跟、给、对于、向	于其身也，则耻师焉。 醉翁之意不在酒，在乎山水之间也。 刑于寡妻，至于兄弟，以御于家邦。 国将兴，听于民；将亡，听于神。 沛公居山东时，贪于财货。
引出比较的对象	于、乎、与	比、跟、同	苛政猛于虎也。 是故弟子不必不如师，师不必贤于弟子。 以吾一日长乎尔，毋吾以也。 沛公曰："孰与君少长？"
引出被动句中动作、行为的施动者	于、乎	被	通者常制人，穷者常制于人。 郤克伤于矢。 吾长见笑于大方之家。 万尝与庄公战，获乎庄公。

自测练习

一、翻译下列句子。

1. 庖丁为文惠君解牛。

2. 先生巡视茶马于秦，不名一钱。

3. 九月，清兵驻于牛兰。

4. 或因讼而纳贿。

5. 河内凶，则移其民于河东。

6. 吾独穷困乎此时也！

7. 寿毕，请以剑舞。

8. 苛政猛于虎也。

9. 执其手而与之谋。

10. 项梁乃以八千人渡江而西。

二、根据题干要求，选出合适的答案。

1. （2015·四川卷）下列各组句子中，加点词语的意义和用法都相同的一项是（　　）。

A. 岂非化以成俗。　　　　　　　始以强壮出。

B. 咸休息乎太和之中。　　　　　相与枕藉乎舟中。

C. 甚于丹青。　　　　　　　　　善假于物也。

D. 朋友钦而乐之。　　　　　　　秦以城求璧而赵不许。

2. 下列各组句子中，加点词语的意义和用法都相同的一项是（　　）。

A. 沛公军霸上，未得与项羽相见。　　唯江上之清风，与山间之明月。

B. 陈涉少时，尝与人佣耕。　　　　　与尔三矢，尔其无忘乃父之志。

C. 孰与君少长？　　　　　　　　　　较秦之所得与战胜而得者，其实百倍。

D. 则与一生彘肩。　　　　　　　　　无乃尔是过与？

3. 下列各组句子中，加点词语的意义和用法都相同的一项是（　　）。

A. 变法者因时而化。　　　　　善战者因其势而利导之。

B. 因人之力而敝之，不仁。　　于今无会因。

C. 蒙故业，因遗策。　　　　　因拔所佩刀断一指。

D. 无因而至前也。　　　　　　因前使绝国功，封骞博望侯。

4.（2018•天津卷）下列各组句子中，加点词语的意义和用法都相同的一项是（　　）。

　A. 因以为名也。　　　　　　　　　君因我降，与君为兄弟。

　B. 作八角亭以游息焉。　　　　　　焚百家之言，以愚黔首。

　C. 康之由，革弊兴利。　　　　　　夫人之相与，俯仰一世。

　D. 天涯若比邻。　　　　　　　　　若属皆且为所虏。

5. 下列句子中，加点词语的词性与其他三项不同的一项是（　　）。

　A. 狐偃，其舅也，而惠以有谋。

　B. 余船以次俱进。

　C. 秦亦不以城予赵，赵亦终不予秦璧。

　D. 以鲁哀公十六年四月己丑卒。

答案见 P243

字词篇

句式篇

断句、翻译及阅读理解篇

文化常识篇

第三节　连词

热身练习

解释下列句子中加点的词语，并说明其词性。

1. 子罕言利与命与仁。
2. 敏于事而慎于言。
3. 王如知此，则无望民之多于邻国也。
4. 臣死且不避，卮酒安足辞。
5. 青，取之于蓝，而青于蓝。

参考答案

1. 与：连词，可译为"和"。

2. 而：连词，可译为"又"。

3. 则：连词，可译为"就"。

4. 且：连词，可译为"尚且"。

5. 而：连词，可译为"但""但是""却"。

知识解析

连词就是连接词、短语或句子的虚词，用来表示被连接的成分之间的语法关系或逻辑关系。这些关系可以分为并列、承接、递进、选择、假设、因果、转折等小类。

连词只有连接作用，没有修饰作用，这与修饰动词和形容词的副词、引介动词的介词都是不同的。如：

1. 宁正言不讳以危身乎？将从俗富贵以偷生乎？

宁……**将**……：连词，表示选择，是……还是……。

2. 君将何以教我？

将：副词，将要。

答案解析

第一章　字音

第一节　多音字

一、

1. A 中的 "行" 读 xíng，B 中的 "行" 读 háng。两者词性不同，前者是动词，后者是名词。

2. A 中的 "少" 读 shǎo，B 中的 "少" 读 shào。两者意义不同，前者是 "少数" 的意思，后者是 "少年" 的意思。

3. A 中的 "薄" 读 báo，B 中的 "薄" 读 bó。两者用法不同，前者是单用，后者是连用。

4. A 中的 "发" 读 fā，B 中的 "发" 读 fà。两者来源不同，前者来源于繁体字 "發"，后者来源于繁体字 "髮"。

二、

1. B。A 项中的 "蔓" 应读 wàn；C 项中的 "轴" 应读 zhòu；D 项中的 "轧" 应读 yà。

2. D。A 项中的 "杳" 应读 yǎo；B 项中的 "毗" 应读 pí；C 项中的 "笺" 应读 jiān。

3. B。A 项中的 "歃" 应读 shà；C 项中的 "中" 应读 zhòng；D 项中的 "监" 应读 jiàn。

4. B。A 项中的 "瞋" 应读 chēn；C 项中的 "咤" 应读 zhà；D 项中的 "模" 应读 mú。

5．B。A项中的"窒"与"峙"读音相同；C项中的"叫"与"酵"读音相同，两个"倒"读音相同；D项中的"延"与"筵"读音相同。

第二节 异读字

1．艾：同"乂"，通假字，动词，读 yì，惩戒、治理。

2．被：同"披"，古今字，动词，读 pī，穿。

3．衣：动词，读 yì，穿衣。

4．乘：名词，读 shèng，兵车。

5．说：同"悦"，古今字，形容词，读 yuè，高兴、喜悦。

6．识：动词，读 zhì，记、记住。

7．抢：动词，读 qiāng，触、碰、撞。

8．女：同"汝"，通假字，读 rǔ，第二人称代词，你。

9．语：动词，读 yù，告诉。

10．遗：动词，读 wèi，给予、馈赠。

11．纶：名词，读 guān，与"巾"组合指用青丝带做的头巾。

12．龟兹：名词，读 Qiūcí。

13．单：读 chán，"单于"是汉代匈奴人对首领的称呼。

14．氏：读 zhī，"大月氏"是汉代西域古国。

15．万俟：读 Mòqí，本为鲜卑族部落名，后魏时成为复姓。

第二章 字形

第一节 古今字

1．被：同"披"，古今字，穿着。

2．奉：同"捧"，古今字，手捧。

3．华：同"花"，古今字，花白。

4．说：同"悦"，古今字，喜悦、高兴。

5. 知：同"智"，古今字，智慧。

6. 队：同"坠"，古今字，坠落。

7. 昏：同"婚"，古今字，结婚。

8. 臭：同"嗅"，古今字，闻。

9. 避：同"避"，古今字，躲避。

10. 原：同"源"，古今字，水源、源泉。

第二节　异体字

1. B　　2. E　　3. A　　4. C　　5. B

6. D　　7. B　　8. D　　9. C　　10. A

第三节　通假字

1. 具：同"俱"，通假字，全、皆、都。

2. 信：同"伸"，通假字，伸张。

3. 蕃：同"繁"，通假字，多。

4. 矢：同"誓"，通假字，发誓。

5. 要：同"邀"，通假字，邀请。

6. 阳：同"佯"，通假字，假装。

7. 振：同"震"，通假字，震动。

8. 颁：同"斑"，通假字，斑驳。

9. 倍：同"背"，通假字，背叛、背离。

10. 裁：同"才"，通假字，刚刚。

11. 奉：同"俸"，通假字，俸禄、薪俸。

12. 畔：同"叛"，通假字，背叛、叛离。

13. 卒：同"猝"，通假字，仓促、猝然。

14. 上：同"尚"，通假字，崇尚。

15. 无：同"毋"，通假字，不要。

第三章　实词

第一节　一词多义

一、

1. A：制度 　　　　　　　B：量词，回、次

   C：推测、估计 　　　　D：尺码、尺寸

2. A：过错、过失 　　　　B：路过、经过

   C：超过 　　　　　　　D：责备

3. A：空隙 　　　　　　　B：离间

   C：从小路、偷偷地 　　D：参与

4. A：箭矢 　　　　　　　B：同"屎"，通假字，粪便

   C：同"誓"，通假字，发誓

5. A：台阶 　　　　　　　B：除去、铲除

   C：授职、任命

二、

1. B。B项中的"爱"为"爱惜、吝惜"义，与题干中"爱"的意义相同。A项中的"爱"为"喜欢、爱好"义。C项中的"爱"为"爱慕、欣赏"义。D项中的"爱"同"薆"，通假字，为"隐藏、躲藏"义。

2. C。C项中的"兵"为"兵器"义，与题干中"兵"的意义相同。A项中的"兵"为"军队"义。B项中的"兵"名词活用为动词，为"杀"义。D项中的"兵"为"兵法"义。

3. B。B项中的"顾"为"看"义，与题干中"顾"的意义相同。A项中的"顾"为"拜访"义。C项中的"顾"为"顾惜"义。D项中的"顾"是副词，为"反而、却"义。

4. A。A项中的"举"都为"举荐"义。B项中的"举"分别为"发动"义和"全"义。C项中的"举"分别为"尽"义和"发问"义。D项中的"举"分别为"（被）攻占"义和"飞"义。

5．B。B项中的"患"应为"忧虑、以……为忧患"义。

第二节 古今异义

一、

1．古义：母亲、鸨母。今义：晚辈对女性长辈的亲切称呼。

2．古义：年岁、年龄。今义：春天和秋天。

3．古义：买。今义：城镇；集市。

4．古义：军队士兵。今义：师傅和徒弟。

5．古义：眼泪。今义：鼻涕。

6．古义：山的东面，这里指崤山以东。今义：山东省。

7．古义：这篇文章。今义：文雅。

8．古义：痛恨。今义：迅疾；疾病。

二、

1．按：审理。

2．谢：谢罪。

3．遇：对待。

4．坐：获罪。

5．危：端正；正直。

三、

1．假：借助、凭借。

2．烈士：志向远大的英雄。

3．因：依靠。

4．汤：热水。

5．厌：满足。

6．躬：亲自。

7．速：邀请。

8．狱：案件。

241

第三节　偏义复词

1. 这句话的意思是：沿着小溪前行，忘了路途的遥远。在这句话中，"远近"的语义偏在"远"上，整体可译为"遥远"。

2. 这句话的意思是：希望紧急时或许可以救助。在这句话中，"缓急"的语义偏在"急"上，整体可译为"紧急"。

3. 这句话的意思是：便可以去禀告婆婆，趁早把我遣送回娘家。在这句话中，"公姥"的语义偏在"姥"上，整体可译为"婆婆"。

4. 这句话的意思是：廉公失去了权势，招待宾客的馆舍都空荡无人了。在这句话中，"盈虚"的语义偏在"虚"上，整体可译为"空虚""空荡无人"。

5. 这句话的意思是：让这五个人保全他们的脑袋，老死在家里。在这句话中，"首领"的语义偏在"首"上，整体可译为"头颅""脑袋"。

6. 这句话的意思是：齐桓公任用他的仇人（管仲），对当时有利，不顾及他（管仲）的悖逆，这就是所谓的霸道啊。在这句话中，"逆顺"的语义偏在"逆"上，整体可译为"悖逆""违逆"。

第四章　虚词

第一节　代词

一、

1. 予：第一人称代词，可译为"我"。
2. 若：第二人称代词，可译为"你"。
3. 彼：第三人称代词，可译为"他""他们"。
4. 此：指示代词，可译为"这"。
5. 夫：指示代词，可译为"那"。
6. 或：指示代词，可译为"有的人"。
7. 安：疑问代词，可译为"哪里"。
8. 恶：疑问代词，可译为"哪里"。

9. 乃：指示代词，可译为"这样"。

10. 胡：疑问代词，可译为"为什么"。

二、

1. B。B项中的"之"都是指示代词，可译为"这"。A项中前一个"之"是动词，可译为"到……去"；后一个"之"是代词，可译为"这个（鄙贱之人）"。C项中前一个"之"是定语后置的标志，可译为"的"；后一个"之"是代词，是否定句中"夭阙"的前置宾语。D项中前一个"之"是结构助词，用在主谓之间，取消句子独立性，可不译；后一个"之"是衬音助词，用在时间名词后面，没有实际意义，可不译。

2. C。C项中前一个"若"是动词，可译为"如""像"；后一个"若"是连词，表示假设，可译为"如果""如若"。A项中的"若"都是第二人称代词，可译为"你"。B项中的"若"都是连词，表示假设，可译为"如果""如若"。D项中的"若"都是第二人称代词，可译为"你"。

3. C。C项中的"而"同"尔"，通假字，第二人称代词，可译为"你""你的"。A项、B项、D项中的"而"都是连词。

4. A。A项中的"何"都是疑问代词，可译为"为什么""什么原因"。B项中前一个"何"是疑问代词，可译为"什么"；后一个"何其……也"为固定句式，可译为"怎么那么……啊""多么……啊"。C项中前一个"何"同"呵"，通假字，"谁何"整体可译为"稽查盘问"；后一个"何"是疑问代词，可译为"为什么"。D项中前一个"何"是语气副词，表示反问，可译为"怎么"；后一个"何"是疑问代词，可译为"什么"。

5. A。A项中的"其"是代词，可译为"他的"。B项中的"其"是语气副词，表示祈使，可译为"一定"。C项中的"其"是衬音助词，可不译。D项中的"其"是语气副词，表示反问，可译为"难道"。

第二节　介词

一、

1. 庖丁给梁惠王肢解分割牛肉。

2. 先生到秦地任茶马司巡视，不占有一文钱，极其贫困。

3. 九月，清军驻扎在牛兰。

4. 有的趁着打官司收受贿赂。

5. 河内遇到饥荒凶年，就把那里的老百姓迁移到河东去。

6. 只有我在这时走投无路。

7. 祝寿完毕，请求拿剑跳舞。

8. 苛政比老虎更凶猛。

9. 拉着他的手同他商量。

10. 项梁于是率领八千人渡过黄河向西进军。

二、

1. B。B项中的"乎"都是介词，引出动作、行为的时间或处所，可译为"在"。A项中前一个"以"是连词，表示承接，可译为"来"；后一个"以"是介词，引出动作、行为的工具方法，可译为"用""凭借"。C项中前一个"于"是介词，引出比较的对象，可译为"比"；后一个"于"是介词，引出动作、行为的对象，可译为"向"。D项中前一个"而"是连词，表示递进，可译为"并且"；后一个"而"是连词，表示转折，可译为"然而"。

2. C。C项中的"与"都是介词，引出比较的对象。A项中前一个"与"是介词，引出动作、行为的对象；后一个"与"是连词，表示并列，可译为"和"。B项中前一个"与"是介词，引出动作、行为的对象；后一个"与"是动词，可译为"给"。D项中前一个"与"是动词，可译为"给"；后一个"与"是句末语气助词，同"欤"，通假字。

3. A。A项中的"因"都是介词，引出动作、行为的原因、依据，可译为"依据""根据"。B项中前一个"因"是介词，引出动作、行为的工具、方法，可译为"用""凭借"；后一个"因"是名词，可译为"原因"。C项中前一个"因"是动词，可译为"沿袭""继承"；后一个"因"是连词，表示承接，可译为"于是"。D项中前一个"因"是名词，可译为"原因"；

后一个"因"是介词，引出动作、行为的原因、依据，可译为"由于"。

4. B。B项中的"以"都是连词，表示承接，可译为"来"。A项中前一个"因"是连词，表示承接，可译为"于是""就"；后一个"因"是介词，引出动作、行为的工具、方法，可译为"通过""凭借"。C项中前一个"之"是结构助词，可译为"的"；后一个"之"是结构助词，用在主谓之间，取消句子独立性，可不译。D项中前一个"若"是动词，可译为"像""如同"；后一个"若"是第二人称代词，可译为"你"。

5. A。A项中的"以"是连词，表示递进，可译为"而""而且"。B项中的"以"是介词，引出动作、行为的工具、方法，可译为"按照"。C项中的"以"是介词，引出动作、行为的对象，可译为"把"。D项中的"以"是介词，引出动作、行为的时间、处所，可译为"在"。

第三节　连词

一、

1. 且：连词，表示并列，可译为"一边……一边……"。
2. 以：连词，表示承接，可译为"然后"。
3. 则：连词，表示承接，可译为"就"。
4. 然：连词，表示转折，可译为"然而"。
5. 苟：连词，表示假设，可译为"如果"。
6. 即：连词，表示假设，可译为"如果"。
7. 而：连词，表示承接，可译为"便"。
8. 而：连词，表示承接，可译为"然后"。
9. 则：连词，表示承接，可译为"就"。
10. 若：连词，表示假设，可译为"如果"。

二、

1. 若：如果。全句可译为：如果挟持天子保住许昌，仗着帝王的威仪，用插着鸟羽的文书征召四方军队，谁敢不听从您呢？

2. 虽：即使。全句可译为：即使活着，还有什么脸面回到汉廷去呢！

3. 乃：于是。全句可译为：赵襄子害怕了，于是就逃跑到晋阳退守。

4. 而：但、但是。全句可译为：即使到如今有五十多年了，（外祖母）提到这些还总是落泪。

5. 遂：于是、就。全句可译为：虞公不听，就接受了晋国的礼物，借路给晋国。

第四节　副词

1. 独：范围副词，可译为"单单""只"。

2. 会：时间副词，可译为"正""正要"。

3. 勿：否定副词，可译为"不要"。

4. 窃：情态副词，可译为"偷偷地"。

5. 诚：语气副词，可译为"确实""的确"。

6. 垂：时间副词，可译为"将要"。

7. 须臾：时间副词，可译为"片刻""一会儿"。

8. 方：时间副词，可译为"正在"。

9. 至：程度副词，可译为"最"。

10. 毕：范围副词，可译为"全""都"。

11. 间：情态副词，可译为"偷偷地"。

12. 庶几：范围副词，可译为"差不多""几乎"。

13. 旋：时间副词，可译为"不久""立刻"。

14. 徒：范围副词，可译为"只"。

15. 靡：否定副词，可译为"不""无"。

16. 曩：时间副词，可译为"以前"。

17. 良：程度副词，可译为"非常""很"。

18. 间：时间副词，可译为"间或"。

19. 固：情态副词，可译为"本来"。

20. 顿：时间副词，可译为"立刻""顿时"。

第五节　助词

1. 之：结构助词，用于主谓之间，取消句子独立性，可不译。

2. 唯：句首语气助词，可不译。

3. 也：句末语气助词，可不译。

4. 之：结构助词，用于定语和中心语之间，可译为"的"。

5. 邪：句末语气助词，同"耶"，通假字，可译为"吗"。

6. 夫：句首语气助词，表议论，可不译。

7. 也：句末语气助词，可不译。

8. 之：结构助词，用于定语和中心语之间，可译为"的"。

9. 夫：句首语气助词，可不译。

10. 夫：句末语气助词，可译为"啊"。

第六节　叹词

1. 嗟乎：叹词，可译为"哎呀"。

2. 呜乎：叹词，可译为"哎呀"。

3. 噫：叹词，可译为"唉"。

4. 嘻：叹词，可译为"哎"。

5. 嗟哉：叹词，可译为"哎呀"。

第五章　词类活用

第一节　名词活用为动词

一、

1. 军：名词，军队。后面是名词，此处的"军"活用为动词，可译为"驻军""驻扎"。

2. 腊：名词，干肉。后面是代词，此处的"腊"活用为动词，可译为"把（蛇肉）晾干"。

3. 罾：名词，渔网。前面是"所"，此处的"罾"活用为动词，可译为"捕捞""捕捉"。

4. 鼓：名词，钟鼓。后面是代词，此处的"鼓"活用为动词，可译为"击鼓"。

5. 绿：名词，绿色。后面是名词，此处的"绿"活用为动词，可译为"吹绿"。

6. 名：名词，名字。后面是代词，此处的"名"活用为动词，可译为"命名"。

7. 族：名词，部族。后面是名词，此处的"族"活用为动词，可译为"灭族"。

8. 下：名词，下面。后面是名词，此处的"下"活用为动词，可译为"攻取""占领"。

9. 一：名词，表数量。前面是名词，此处的"一"活用为动词，可译为"统一"。

10. 君：名词，君王。前面是副词，此处的"君"活用为动词，可译为"行君道"。

11. 履：名词，鞋子。前面是"所"，此处的"履"活用为动词，可译为"踩踏"。

12. 名：名词，名声。前面是承接连词，此处的"名"活用为动词，可译为"出名"。

13. 礼：名词，礼节、礼法。后面是名词，此处的"礼"活用为动词，可译为"礼遇"。

14. 宴：名词，宴席。前面是副词，此处的"宴"活用为动词，可译为"宴请"。

15. 目：名词，眼睛。后面是名词，此处的"目"活用为动词，可译为"看""使眼色"。

二、

1. 蝗：名词，蝗虫。前面是副词，此处的"蝗"活用为动词，可译为"闹蝗灾"。全句可译为：后来青州闹蝗灾，蝗虫侵入平原界内就死，平原地区连年丰收，百姓都歌颂他。

2. 德：名词，德行。前面是副词，此处的"德"活用为动词，可译为"感激"。全句可译为：假如刘裕取胜，一定会感激我们借道给他的恩情。

3. 则：名词，法则。后面是名词，此处的"则"活用为动词，可译为"效法"。全句可译为：我效法上天做事，有什么不可以！

4. 族：名词，部族。后面是名词，此处的"族"活用为动词，可译为"灭族"。全句可译为：去年春天，汉室将淮阴侯灭族。

5. 妻：名词，妻子。后面是代词，此处的"妻"活用为动词，可译为"嫁给"。全句可译为：经过打听，原来（这个人）是（王）羲之，于是就把自己的女儿嫁给了他。

第二节　名词用作状语

一、

1. 儿：名词用作状语，像小孩儿一样。

2. 蛇：名词用作状语，像蛇一样。

3. 岁：名词用作状语，每年。

4. 郊：名词用作状语，在郊外。

5. 空：名词用作状语，在空中。

6. 隶：名词用作状语，像对待奴隶一样。

7. 日：名词用作状语，一天天地。

8. 前：名词用作状语，向前。

9. 倡优：名词用作状语，像对待倡优一样。

10. 门外：名词用作状语，在门外。

11. 箕畚：名词用作状语，用箕畚。

12. 日：名词用作状语，每天。

13. 夜：名词用作状语，在夜里。

14. 日：名词用作状语，往日。

15. 师：名词用作状语，像对待老师一样。

二、

1. 日夜：名词用作状语，每日每夜。全句可译为：每天每夜都盼望将军到来。

2. 面：名词用作状语，当面。全句可译为：大臣官吏以及百姓，能当面指出我的过错的，给予上等奖赏。

3. 旦：名词用作状语，在早上。暮：名词用作状语，在晚上。全句可译为：早上辞别父母离开，晚上就住在黄河边。

4. 上：名词用作状语，向上。下：名词用作状语，向下。全句可译为：向上可以报效国家，向下可以安定百姓。

5. 语：名词用作状语，用言语。全句可译为：（灌）夫在座位上用言语冒犯他。

第三节　形容词活用为动词

1. 弱：形容词活用为动词，削弱。

2. 低：形容词活用为动词，降低。

3. 长：形容词活用为动词，擅长。短：形容词活用为动词，缺乏、不擅长。

4. 坚明：形容词活用为动词，坚定明确地遵守。

5. 多：形容词活用为动词，夸奖、赞美。

6. 高：形容词活用为动词，升高。

7. 速：形容词活用为动词，快速前进。

8. 严：形容词活用为动词，重视。

9. 完：形容词活用为动词，保全、存在。

10. 极：形容词活用为动词，尽情享受。

11. 重：形容词活用为动词，重视、看重。

12. 穷：形容词活用为动词，穷尽、走完。

13. 善：形容词活用为动词，擅长。

14. 辱：形容词活用为动词，受辱。

15. 远：形容词活用为动词，远离。

第四节　形容词活用为名词

一、

1. 善：形容词活用为名词，善事、好事。劳：形容词活用为名词，劳苦的事。

2. 贤：形容词活用为名词，贤良的人。善：形容词活用为名词，有德行的人、好人。

3. 丑：形容词活用为名词，丑恶的人。

4. 绿：形容词活用为名词，绿叶。红：形容词活用为名词，红花。

5. 坚：形容词活用为名词，坚固的车。肥：形容词活用为名词，肥壮的马。

6. 幼：形容词活用为名词，幼儿、小孩子。

7. 少：形容词活用为名词，年少之人。长：形容词活用为名词，年长之人。

8. 微贱：形容词活用为名词，卑微、低贱的身份。

9. 小：形容词活用为名词，小的方面。大：形容词活用为名词，大的方面。

10. 肥甘：形容词活用为名词，肥美甘甜的食物。轻暖：形容词活用为名词，轻便暖和的衣服。

二、

1. 老：形容词活用为名词，老人。全句可译为：尊敬我的老人，进而推及别人的老人。

2. 险：形容词活用为名词，险峻的地方。远：形容词活用为名词，距离远的地方。全句可译为：险峻、距离远的地方，到的人就少。

3. 圣：形容词活用为名词，圣人。愚：形容词活用为名词，愚人。全句可译为：所以圣人更加圣明，愚人更加愚笨。

4. 小：形容词活用为名词，小的事情。全句可译为：小的事情不忍耐，便会败坏大的谋略。

5. 良：形容词活用为名词，善良的人。实：形容词活用为名词，诚实的人。全句可译为：侍中、侍郎郭攸之、费祎、董允等都是善良诚实的人。

第五节　动词活用为名词

1. 入：动词活用为名词，国内。出：动词活用为名词，国外。

2. 同：动词活用为名词，观点相同的人。

3. 伏：动词活用为名词，伏兵。

4. 往：动词活用为名词，前人的事业。来：动词活用为名词，未来的道路。

5. 戮：动词活用为名词，杀戮的对象。

6. 奔：动词活用为名词，奔驰的快马。

7. 闻：动词活用为名词，听觉。见：动词活用为名词，视觉。

8. 救：动词活用为名词，救兵。

9. 巡徼：动词活用为名词，巡逻兵。

10. 传：动词活用为名词，传授的知识。

第六节　使动用法

一、

1. 舞：动词的使动用法，使……舞动。泣：动词的使动用法，使……哭泣。

2. 从：动词的使动用法，使……跟从。

3. 进：动词的使动用法，使……前进。退：动词的使动用法，使……后退。

4. 降：动词的使动用法，使……投降。

5. 斗：动词的使动用法，使……争斗。

6. 固：形容词的使动用法，使……稳固。

7. 洁：形容词的使动用法，使……洁净。

8. 美：形容词的使动用法，使……完美。

9. 劳：形容词的使动用法，使……劳苦。

10. 美：形容词的使动用法，使……美。饱：形容词的使动用法，使……饱。

11. 臣：名词的使动用法，使……臣服。

12. 将：名词的使动用法，使……成为将军。

13. 封：名词的使动用法，使……成为疆界。

二、

1. 却：动词的使动用法，使……退却。全句可译为：（秦始皇）于是派蒙
恬到北方去修筑长城守卫边境，使北方匈奴退却七百余里。

2. 相：名词的使动用法，使……担任相。全句可译为：桓公解开了管仲的
束缚而让他担任相。

3. 愚：形容词的使动用法，使……愚昧。全句可译为：于是废除了先王的治国之道，焚烧了诸子百家的书籍，以此来达到使百姓愚昧的目的。

4. 惊：形容词的使动用法，使……惊。全句可译为：庄公出生时脚先出来，使姜氏受惊。

5. 富贵：形容词的使动用法，使……富贵。全句可译为：能使将军您富贵的是皇上。

6. 王：名词的使动用法，使……称王、立……为王。全句可译为：纵使江东父兄可怜我让我继续称王，可我有什么面目见他们呢？

第七节　意动用法

一、

1. 亲（前一个）：形容词的意动用法，以……为亲。

2. 大：形容词的意动用法，以……为大。小：形容词的意动用法，以……为小。

3. 先：形容词的意动用法，以……为先。后：形容词的意动用法，以……为后。

4. 劣：形容词的意动用法，以……为劣、认为……不好。

5. 幼（第一个）：形容词的意动用法，以……为幼。

6. 甘：形容词的意动用法，以……为甘。美：形容词的意动用法，以……为美。安：形容词的意动用法，以……为安。乐：形容词的意动用法，以……为乐。

7. 羞：形容词的意动用法，以……为羞、认为……是羞耻的。

8. 药：名词的意动用法，以……为药。

9. 鱼肉：名词的意动用法，以……为鱼肉、把……视为鱼肉。

10. 齐：形容词的意动用法，以……为齐、把……等同、认为……是一样的。

二、

1. 宝：名词的意动用法，以……为宝。全句可译为：把珍珠美玉当作珍宝的人，灾祸必定会落到他的身上。

2. 甘：形容词的意动用法，以……为甘。全句可译为：饥饿的人认为任何食物都是甜美的，干渴的人认为任何饮品都是甜美的。

3. 小：形容词的意动用法，以……为小、看不起。全句可译为：管仲，世人都认为是贤臣，孔子却看不起他。

4. 襟：名词的意动用法，以……为衣襟。带：名词的意动用法，以……为衣带。全句可译为：以三江为衣襟，以五湖为衣带。

5. 利：名词的意动用法，以……为利、认为……有利。全句可译为：他的父亲认为这样有利可图，就每天领着仲永四处拜访同县的人，不让他学习。

第六章　古代汉语特殊句式

第一节　判断句

一、

1. 滕国是个小国。

2. 廉颇是赵国的良将。

3. 项梁的父亲就是楚国的将领项燕。

4. 和氏璧是天下所公认的宝贝。

5. 千里马一餐有时能吃掉一石粟米。

6. 桀溺说："你是谁？"子路说："（我）是仲由。"

7. 如今公子遇到了危急的情况，正是我效命的时候。

8. 当着孩子面责骂其父亲，就是没有礼貌。

9. 作战靠的是勇气。

10. 秦国是像虎狼一样凶猛贪婪的国家，是不可信任的。

二、

1. D。D项中前一句属于叙述句，后一句属于判断句。A项、B项、C项都属于判断句。

2. C。C项属于叙述句。A项、B项、D项都属于判断句。

3. B。B项中的"为"是句末语气词。A项、C项、D项中的"为"都是表判断的用法。

4. D。D项属于宾语前置句。A项、B项、C项都属于判断句。

5. D。D项属于标准格式的判断句。A项、B项、C项都属于一般形式的判断句。

第二节　倒装句

一、

1. 宾语前置句。全句可译为：为谁干呢？让谁听呢？

2. 宾语前置句。全句可译为：皮不存在了，毛又附着在哪里呢？

3. 宾语前置句。全句可译为：你依靠什么前去呢？

4. 宾语前置句。全句可译为：这样还不能称王于天下的，是没有过的。

5. 宾语前置句。全句可译为：恐怕岁月不会等待我。

6. 宾语前置句。全句可译为：他不优待我。

7. 宾语前置句。全句可译为：只举荐人才。

8. 宾语前置句。全句可译为：不知道断句，解答不了疑惑。

9. 宾语前置句。全句可译为：只看我的马头的方向。

10. 介宾短语后置句。全句可译为：在城墙角落里等待我。

11. 介宾短语后置句。全句可译为：种上桑树。

12. 定语后置句。全句可译为：邠州人中那些惯偷以及贪婪、凶残、邪恶的人，大都用贿赂的手段把名字混入军队编制里。

13. 谓语前置句。全句可译为：此话不假啊！

14. 定语后置句。全句可译为：把谢庄精通武术的少年召集起来。

15. 定语后置句。全句可译为：太子和知道这件事的宾客都穿着白衣，戴着白帽给他送行。

二、

1. C。C项属于判断句。A项、B项、D项都属于谓语前置句。

2．A。A项属于被动句、介宾短语后置句。B项、C项、D项都属于定语后置句。

3．C。C项属于疑问句。A项、B项、D项都属于宾语前置句。

4．B。B项属于省略句，"报"后省略了介词"于"。A项、C项、D项都属于介宾短语后置句。

5．A。A项属于谓语前置句。B项、C项、D项都属于宾语前置句。

第三节　被动句

一、

1．大臣无罪而全家被杀的有几十家。

2．秦国子婴死在别人（项羽）手里，被天下人耻笑，这是为什么呢？

3．屈原被放逐，才写出《离骚》。

4．卫太子被江充打败。

5．我将长久地被懂得大道理的人耻笑。

6．先与齐国绝交，然后再去要地，必然会被张仪欺骗。

7．（刘）岱不听，于是与其作战，果然被杀。

8．当年龙逢被斩首，比干被剖心。

9．正好赶上社会动乱，担心被仇人抓住。

10．闵王被五国打败，桓公被鲁庄公劫持。

二、

1．C。C项属于省略句，"被"前省略了"轲"。A项、B项、D项都属于被动句。

2．B。B项属于介宾短语后置句。A项、C项、D项都属于被动句。

3．A。A项属于宾语前置句，其中的"见"位于动词前，指代自己、我。B项、C项、D项中的"见"都表示被动。

4．A。A项属于被动句。B项属于介宾短语后置句。C项属于判断句。D项属于叙述句。

5．B。B项属于被动句。A项、C项、D项都属于叙述句。

第四节　省略句

一、

1. 项王；于。

2. 廉颇。

3. 陈相；孟子曰；陈相；孟子；陈相；孟子；陈相；孟子；陈相；孟子；陈相；
   孟子曰；陈相。

4. 为乐。

5. 穿；戴。

6. 吃；喝；穿；穿。

7. 于。

二、

1. 仆人欢快地迎接我，幼儿守候在门口等待我。

2. 沛公在霸上驻军。

3. 朝臣家中有人得流行病，如果三人以上传染，即使朝臣本人未病，百
   日之内也不准进宫。

4. 百姓思念王涣的恩德，在安阳亭西为他建造祠堂，每到进食时就奏乐歌咏。

5. 孔子说："可以跟他说的话却不同他说，这就错过了朋友；不可以跟他说
   的话却同他说，这就说错了话。有智慧的人既不失去朋友，也不说错话。"

第五节　常见固定句式

1. 爱护百姓，治理国家，怎能没有智慧呢？

2. 真的没有千里马吗？大概是不认识千里马吧！

3. 您却还想着让诸侯归附您，这不也很困难吗？您的话错了。

4. 这怎么就不算是一件好事呢？

5. 哪里用得着高飞九万里往南去呢？

6. 与其当面被人赞誉，不如背后无人诋毁。

7. 人并非都是尧、舜，怎能每件事都做得完美？

8. 兼而有之的人，大概就是我的朋友杨君吧？

9. 你的父亲廉洁，你们恐怕很穷困吧？

10. 军队疲劳，力气耗尽，远方的君主已有所准备，恐怕不行吧？

第七章　断句、翻译

第一节　断句

一、

1. 今人毁君 / 君亦毁人 / 譬如贾竖女子争言 / 何其无大体也 /

2. 天不为人之恶寒而辍其冬 / 地不为人之恶险而辍其广 / 君子不为小人之匈匈而易其行 /

3. 秦王坐章台见相如 / 相如奉璧奏秦王 / 秦王大喜 / 传以示美人及左右 / 左右皆呼万岁 /

4. 贼食尽无所掠 / 众稍散归行恭 / 行恭乃率其众 / 与师利迎谒秦王于渭北 / 拜光禄大夫 /

5. 帝怒 / 问廷臣 / 或指其书曰 / 此诽谤非法 / 问濂 / 对曰 / 彼尽忠于陛下耳 / 陛下方开言路 / 恶可深罪 /

6. 沛公为汉王 / 以何为丞相 / 项王与诸侯屠烧咸阳而去 / 汉王所以具知天下厄塞 / 户口多少 / 强弱之处 / 民所疾苦者 / 以何具得秦图书也 /

7. 其积于中者 / 浩如江河之停蓄 / 其发于外者 / 烂如日星之光辉 / 其清音幽韵 / 凄如飘风急雨之骤至 / 其雄辞闳辩 / 快如轻车骏马之奔驰 /

8. 时发其愤闷于歌诗 / 至其所激 / 往往惊绝 / 又喜行草书 / 皆可爱 / 故虽其短章醉墨 / 落笔争为人所传 /

9. 隆曰 / 陛下若能任臣 / 当听臣自任 / 帝曰 / 云何 / 隆曰 / 臣请募勇士三千人 / 无问所从来 / 率之鼓行而西 / 禀陛下威德 / 丑虏何足灭哉 /

10. 积善多者 / 虽有一恶 / 是为过失 / 未足以亡 / 积恶多者 / 虽有一善 / 是为误中 / 未足以存 / 人君闻此 / 可以悚惧 / 布衣闻此 / 可以改容 /

二、

1. A　　2. B　　3. B　　4. B　　5. B

第二节　翻译

1. 君主讨厌听到自己的过错，那么忠臣就会变成佞臣；君主乐意听到实话，佞臣也会变成忠臣。

2. 天下人不称赞管仲的贤能，而称赞鲍叔牙善于识别人才。

3. 别人都有兄弟，单单我没有。

4. 在朝廷当官，不知道战场上的危急；依仗有俸禄的收入，不懂得耕作的劳苦。

5. 然而陈涉是个用破瓮做窗户、用草绳做门扇开关的枢轴的贫家子弟，是平民奴隶一类的人，后来还做了被迁谪戍边的卒子。

6. 我再次读信，更加伤感，难道是我立身行事的差错吗？

7. 他的文章博大深沉，光辉灿烂，称雄百代，自有文章以来也属少有的。

8. 请允许我简略地说其中的一小部分，您来仔细审度它可信与否。

9. （如果）燕国不解救魏国，魏国就会改变志节割让土地，把国家的半数土地割给秦国，秦国一定会撤兵。

10. 圣人如果可以使国家强盛，不必效法陈规；如果能够对百姓有利，就不必遵守旧的礼制。

第八章　阅读理解

第一节　理解文章内容

1. A。A项中的"肯定了明辨利害就是'智者'的看法"是错误的。查对原文"世之所谓智者，知天下之利害，而审乎计之得失，如斯而已矣。此其为智犹有所穷"，可知作者并不认为仅仅明辨利害就是"智者"。

2. B。B项中的"建造了三个亭子，在亭中弹琴、下棋、喝酒"是错误的。

查对原文"庵之正南又若干步，地明迥爽洁，东西北诸峰，皆竞秀献状，令人爱玩忘倦，兼之可琴可弈，可挈尊罍而饮，无不宜者，君复为构环中亭"，可知可以弹琴、下棋、喝酒的亭子是正南方的环中亭。

3. B。B项中的"这三人却因为喜欢高谈阔论而不被孔子喜欢"是错误的。查对原文"然三子者，每不为夫子之所悦"，可知原文并没有"这三人却因为喜欢高谈阔论而不被孔子喜欢"的信息。

4. C。C项中的"斩杀了组织者，然后解散了投诉者"是错误的。查对原文"博驻车决遣，四五百人皆罢去，如神。吏民大惊。后博徐问，果老从事教民聚会。博杀此吏，州郡畏博威严"，可知真实情况是先解散了投诉者，然后才是斩杀了组织者。

第二节　分析人物形象

1. A。A项中的"不应杀害寇准，将寇准流放到更远的地方即可"是错误的。查对原文"寇准判永兴，黥有罪者徙湖南，道由京师，上准变事。夷简曰：'准治下急，是欲中伤准尔，宜勿问，益徙之远方。'从之"，可知吕夷简并没有提到要不要杀害寇准这个问题，而是认为最好不要过问，而且并不是要将寇准流放到更远的地方，而是要将诋毁者流放到更远的地方。

2. D。D项中的"仍然忙得无法分身"是错误的。查对原文"一岁断狱，不过数十"，可知任峻一年断案不超过数十件，可见他并非"忙得无法分身"。

3. C。C项中的"他嫉妒吕谭地位超过自己"是错误的。查对原文"惧其重入，遂密令直省至谭管内构求谭过失"，可知他是害怕吕谭重新入朝为相才捏造其过失的。

4. C。C项中的"借口家中有人患病，不愿到任办公"是错误的。查对原文"旧制，朝臣家有时疾，染易三人以上者，身虽无病，百日不得入宫"，可知当时就有这种制度，并不是官员不愿到任上班。

第三节 把握文章主旨

1. B。B项中的"严刑峻法反而不能达到目的"是错误的。查对原文"朕当去奢省费，轻徭薄赋，选用廉吏，使民衣食有余，则自不为盗，安用重法邪！"，可知唐太宗只是说"哪里用得着重法"，并没有说重法"不能达到目的"。

2. D。D项中的"鸟贪高、鱼贪深而被抓"是错误的。查对原文"然而为人所获者，皆由贪饵故也"，可知鸟、鱼被抓都是因为"贪饵"。

3. B。B项中的"代价与成功总是成正比"是错误的。查对原文，可知文中列举周公、齐桓、曹子的事例是为了表明"人有厚德，无问其小节；而有大誉，无疵其小故"和"小形不足以包大体"的主旨，并没有"代价与成功总是成正比"的信息。

4. C。C项中的"为了记载岳州面貌的改变和百姓安居乐业的情景"是错误的。查对原文，作者在文章的最后一段已经表明主旨，也就是文中所说的"三宜书"。其一，滕侯深思熟虑之后的做事行为，值得后人效法；其二，告诉后代不要废弃滕侯不追求一时名誉而追求造福于后代的思想；其三，岳阳的百姓和湖中往来的人都想为滕侯写这个记，所以作者就写了。这个主旨是明确的，并不是"为了记载岳州面貌的改变和百姓安居乐业的情景"。

第九章 文化常识

第一节 姓氏称谓

一、

1. ×。敬称多用于他称。

2. ×。屈原姓"芈"，名"平"，字"原"，氏为"屈"。

3. ×。古人的字是用来让别人称呼自己的，不是自称。

4. ×。"殿下"不可用于称呼高官。

5．×。女子应行笄礼，不行冠礼。

6．√。

7．×。"只有夷光未字"中的"未字"是指女子未出嫁。

8．√。

9．×。秦穆公的"穆"是褒义的，属于美谥。

10．√。

二、

1．A。A项中的"都是自称"是错误的。"陛下""足下"是他称。

2．C。C项"令爱"用于称呼对方的女儿，即可用于称呼女性。A项"昆仲"用于称呼别人兄弟，不可用于称呼女性。B项"东宫"指代太子，不可用于称呼女性。D项"老朽"是老年男子的谦称，不可用于称呼女性。

3．B。B项中的"杜陵"是杜甫第十三世祖杜预的籍贯，杜陵杜氏是名门望族，"杜陵布衣"等就是杜甫以郡望自称。A项中的"和子孙共度乞巧节"是错误的，"内子"是指妻子。C项中的"姓源于父系社会"是错误的，姓源于母系社会。D项中的"王羲之祖籍江西临川"是错误的，因祖籍江西临川而被称为"王临川"的是王安石。

4．D。D项"臧获"不属于对平民的称呼，是指奴婢。

5．C。C项中的"昌黎"不属于"以官地相称"，是韩愈的祖籍与郡望。

第二节 文史典籍

1．×。"二十四史"中的史书很多都是后人写的。

2．×。历史学家陈寿是西晋时人。

3．√。

4．×。宋代在"十二经"的基础上增加的是《孟子》。

5．√。

6．√。

7. ×。记录宋朝历史的史书是《宋史》。

8. √。

9. √。

10. ×。刘向是西汉时人。

二、

1. A　　2. B　　3. C　　4. B　　5. D

第三节　选官制度与古代官职

一、

1. √。

2. ×。由中央官署的高级官僚或地方政府的官吏征聘，然后向上举荐的授官方式应叫"辟"。

3. ×。唐代的节度使拥兵自重，独霸一方，造成了藩镇割据的局面。

4. ×。应考的生员不论年龄大小都称为"儒童"。

5. √。

6. ×。巡抚是明清时期的官职。

7. ×。"洗马"是太子的随从官员，太子出行时为前导。

8. √。

9. ×。"下车"指新官就职。

10. ×。"释褐"指入仕为官。

二、

1. C。C项"擢"即表示升职。A项"黜"表示免职。B项"谪"表示降职。D项"知"表示主持掌管。

2. A。A项"提督"是武官。B项、C项、D项的官职都属于文官。

3. B。B项中的"清代的总兵是中堂的属下"是错误的。清代的总兵是提督的属下。

4. D。D项"府尹"即属于地方官。A项、B项、C项的官职都属于中央官。

5．A。A项"舍人"是文官，没有军事权。B项、C项、D项的官职都属于武官，有军事权。

第四节　古代地理

一、

1．√。

2．×。"平阳公主"是唐代李渊的三女儿。

3．√。

4．×。"崤"在河南省西部。

5．√。

6．√。

7．×。"关西"指函谷关以西地区。

8．×。"鄱阳湖"位于江西省北部。

9．×。"锦官城"指成都。

10．√。

二、

1．B。B项中的"六合""八荒"即泛指天下。A项中的"云梦""九江"是指洞庭湖。C项中"又称'会稽''越州'"的是绍兴。D项中的"五岳之首"是泰山。

2．A。A项"嘉峪关"即号称"天下雄关"。

3．B。B项"巢湖"即在安徽省。A项"鄱阳湖"在江西省。C项"太湖"在江苏省南部、浙江省北部。D项"洪泽湖"在江苏省西部。

4．C。C项"华山"即被称为"奇险天下第一山"。

5．D。D项"会稽"是绍兴的别称。A项、B项、C项都属于南京的别称。

第五节　天文历法与传统节日

1．×。"晦"是指农历每月最后一天。

2. √。

3. √。

4. ×。"晡时"是指吃晚饭的时间。

5. √。

6. √。

7. ×。"处暑"是在农历七月。

8. ×。"祭祖、扫墓、踏青、吃青团"是清明节的习俗。

9. √。

10. ×。《青玉案·元夕》反映的应是元宵节。

二、

1. D。D项即属于年号纪年法。A项属于干支纪年法。B项属于王公即位年次纪年法。C项属于干支纪年法。

2. B。B项就是隅中（巳时）。A项是食时（辰时）。C项是日中（午时）。D项是日昳（未时）。

3. C。C项时节纪月法即利用四季或节气物候的特点来代称月份，以"孟冬"指农历十月就属于这种纪月法。

4. B。B项"水星"别名就是"辰星"。A项"木星"别名为"岁星"。C项"金星"别名为"太白""启明"等。D项"火星"别名为"荧惑"。

5. A。A项"曜"可用来称日、月、星。B项、C项、D项都属于月相词。

第六节　礼仪

一、

1. √。

2. ×。"寿冢"是生前预置的坟墓。

3. √。

4. ×。"执绋"是指送葬时帮助牵引棺椁或灵车。

5. ×。"稽首"后来用于新婚夫妇拜天地、父母，而不用于夫妻对拜。

6．√。

7．×。"长跪"是指挺直上身而跪的跪姿。

8．×。"太牢"是天子祭祀时用，"少牢"是诸侯祭祀时用。

9．√。

10．×。"椁"是套在"棺"外面的。

二、

1．B。B项"墓"就是和地面平齐的。A项、C项、D项所指代的坟墓都高于地面。

2．A。A项"七出"就是古代封建社会休弃妻子的理由。B项、C项、D项所说的都是封建社会的道德规范。

3．A。A项"宗子"就是指继承始祖爵位的嫡长子，地位尊贵，能主持始祖庙的祭祀。B项"庶子"是指妾所生之子，地位比嫡子低。C项"嫡子"是指正妻所生的儿子，其中继承爵位的嫡长子地位最高。D项"支子"是指嫡长子以外的其他儿子，对于嫡长子处于从属地位。

4．C。C项"圆寂"是指僧人死亡。A项、B项、D项的代称都表示父母去世。

5．D。D项中的"纳征"指订婚，"亲迎"指迎亲，是"六礼"中最为重要的两道手续。

第七节　衣食住行

一、

1．×。"苍头"是指仆隶。

2．√。

3．√。

4．×。"举案齐眉"是指送饭时把盛装食物的托盘举得跟眉毛一样高。

5．√。

6．×。"菽"才是豆类的总称。

7. √。

8. √。

9. √。

10. ×。"醨"是一种普通的、味道很淡的酒。

二、

1. B。B项"榭"是指建在高台上的敞屋。A项、C项、D项都可指旅店。

2. A。A项"幞头"最初是平民所戴的头巾，后来演变成"乌纱帽"。

3. C。C项"轩"是指大夫以上高级官员乘坐的车。A项、B项、D项都属于古代车马构件。

4. D。D项"衮"是天子、贵族和高级官员的礼服。A项、B项、C项都属于古代平民可以穿的衣服。

5. B。B项"羹"含水较多，易变质腐败，不易携带。A项、C项、D项都属于古人远行时可以携带的食物。

第八节 文化常识真题演练

一、

1. D。D项中的"有时也可指其他儿子"是错误的。太子就是被确定要继承君位的人，不可能指其他儿子。

2. C。C项中的"我国封建王朝通常实行长子继承制，君位由最年长的儿子继承"是错误的。按我国古代的宗法制度，儿子除了有长幼之分外，还有嫡庶之分，我国封建王朝通常实行的是嫡长子继承制。

3. C。C项中的"可用'有司'来指称朝廷中的各级官员"是错误的。有司可指主管某部门的官吏，也可泛指相关部门的官吏，但不能指朝廷中的决策中枢。

4. C。C项中的"职位很高"是错误的。封建王朝为了防止近侍胡作非为，往往严格限制他们的品级和职位，所以他们的职位都不高。

5. D。D项中的"'京''师'单用，旧时均可指国都"是错误的。"师"

单用时不可指国都。

6. C。C项中的"韩、赵、燕"是错误的。瓜分晋国的是韩、赵、魏三家。

7. B。B项中的"汤武，即商汤与孙武的并称"是错误的。"武"是指周武王，古人经常将商汤和周武王这两位明君并称。

8. A。A项中的"考生来自全国各地"是错误的。乡试的考生是当地人。

9. A。A项中的"主要掌管民政、司法、军事、科举等事务"是错误的。太守不负责军事、科举事务。

10. C。C项中的"殿下，是古代对太子、诸王、丞相的敬称"是错误的。"殿下"是我国古代对皇后、皇太子、诸王的敬称，不能称丞相为"殿下"。

二、

1. B。B项中的"文中指曾祖、祖父、父亲三代"是错误的。"三代"本可指夏、商、周三代，也可指曾祖、祖父、父亲三代。但查对原文"乃博考三代典礼，至于文字、训诂、名物、象数，益以论撰之文，为《述学》内外篇"，可知此"三代"当指前者，并非指后者。

2. B。B项中的"是血亲中的一部分"是错误的。"姻亲""血亲"二者有同有异，不是从属关系。

3. C。C项中的"用武力打败敌对势力"是错误的。"践阼"是"登上庙堂的台阶""登上君位"的意思，和"用武力打败敌对势力"无关。

4. C。C项中的"（尹）是知府的简称"是错误的。"尹"是古代官名的通称，如京兆尹、河南尹等，知府则是明清时期府一级的行政长官，二者不是同一概念；再者，本段选文出自宋代，而"知府"的官名是明清时期才有的，二者的时代也不相符。

5. C。C项中的"闰某月指加在某月之前的那个月"是错误的。"闰某月"是指加在某月之后的那个月。

3．命子封帅车二百乘以伐京。

以：连词，表示承接，来。

4．秦亦不以城予赵。

以：介词，拿、把。

古代汉语中的连词一般有以下几种情况：

分类	例词	释义	例句
表示并列	与、及、且、而、以、且……且……、载……载……	与、和、及、又、又……又……、一边……一边……	河汉清且浅，相去复几许。 四体康且直。 敏于事而慎于言。 既见复关，载笑载言。
表示承接	而、则、因、乃、遂、以、而后、若夫	于是、就、便、然后、来	亚父受玉斗，置之地，拔剑撞而破之。 楚服，因还袭蔡。 不复出焉，遂与外人间隔。 志士仁人，无求生以害仁，有杀身以成仁。
表示递进	而、且、况	而且、并且、何况	君子博学而日参省乎己。 比及三年，可使有勇，且知方也。 蔓草犹不可除，况君之宠弟乎？
表示选择	宁 / 与 / 与其……将 / 抑 / 且 / 岂若……	与其……宁可 / 还是 / 不如……、是……还是……	与其害于民，宁我独死。 且而与其从辟人之士也，岂若从辟世之士哉？ 宁诛锄草茅以力耕乎？将游大人以成名乎？
表示因果	以、为、因、由、缘、而、故、是故、是以、以故	由于、因为、因而、所以	白发三千丈，缘愁似个长。 是故弟子不必不如师。 哀群芳之不传，因笔志之。

字词篇

句式篇

断句、翻译及阅读理解篇

文化常识篇

续表

分类	例词	释义	例句
表示假设	而、苟、向、向使、使、则、即、若、必、今	如果、假如	人而无信，不知其可也。 苟非吾之所有，虽一毫而莫取。 使六国各爱其人，则足以拒秦。 王即不听用鞅，必杀之，无令出境。 今王与民同乐，则王矣。 今不急下，吾烹太公。
表示转折	而、则、然则、犹、然	却、可是、但是、然而、但	于其身也，则耻师焉。 虽然，犹有未树也。 然视其左右，来而记之者已少。
表示让步	虽、即、纵、纵使、纵令、藉第令	即使、纵然	失火而取水于海，海水虽多，火必不灭矣。 公子即合符，而晋鄙不授公子兵而复请之，事必危矣。 纵江东父兄怜而王我，我何面目见之？ 纵使晴明无雨色，入云深处亦沾衣。 藉第令毋斩，而戍死者固十六七。

自测练习

一、解释下列句子中加点的词语。

1. 且引且战，连斗八日。
2. 自始合，而矢贯余手及肘，余折以御。
3. 谏而不入，则莫之继也。
4. 然郑亡，子亦有不利焉。
5. 苟富贵，无相忘。

6．君即百岁后，谁可代君？

7．上因感鬼神事，而问鬼神之本。

8．予既烹而食之。

9．既见君子，我心则喜。

10．若使烛之武见秦军，师必退。

二、解释下列句子中加点的词语，并翻译全句。

1．（2018·全国Ⅰ卷）若挟天子保许昌，杖大威以羽檄征四方兵，孰敢不从？

_____

2．虽生，何面目以归汉！

_____

3．赵襄子惧，乃奔保晋阳。

_____

4．即逮今五十余年，而语及辄涕。

_____

5．虞公弗听，遂受其币而借之道。

_____

答案见 P245

第四节 副词

热身练习

解释下列句子中加点的词语，并说明其词性。

1. 岂非欲盖弥彰乎？
2. 老臣今者殊不欲食，乃自强步，日三四里。
3. 闻而愈悲。
4. 此人可方比干，第朕非纣耳。
5. 故有所览辄省记。

参考答案

1. 弥：副词，可译为"更加"。
2. 殊：副词，可译为"特别"。
3. 愈：副词，可译为"更加"。
4. 第：副词，可译为"只是"。
5. 辄：副词，可译为"就"。

知识解析

副词的基本作用是修饰动词和形容词，在句子中多位于谓语动词前面，充当句子的状语，如"老臣今者殊不欲食"；有时也位于谓语之后，充当句子的补语，如"可谓富贵极矣""君美甚"。现代汉语中的副词一般不修饰名词。在古代汉语中，当名词充当句子的谓语时，副词可以放到它前面，如"不蔓不枝"；又因为古代汉语中判断句的谓语多是名词性成分，所以副词也可以在判断句中修饰名词谓语，如"身非木石"。

学界一般将古代汉语中的副词分为程度副词、范围副词、时间副词、情态副词、否定副词、谦敬副词、语气副词等几类，还有一类特殊的指代性副词。

1. 程度副词

分类	例词	释义	例句
表示程度深	殊、很、极、甚、绝、至、良、孔	很、太、极、特别、非常、分外	于是饮酒乐甚，扣舷而歌之。 李广军极简易。
表示程度浅	微、小、少、稍、略、差	稍微、略微	其为人也小有才。 其人差短小，言语不与汉同。 略知其意，又不肯竟学。
表示程度变化	益、弥、尤、愈、加、滋	更加、尤其、越	是故圣益圣，愚益愚。 仰之弥高，钻之弥坚。 若是，则弟子之惑滋甚。

2. 范围副词

分类	例词	释义	例句
表示总括范围	俱、具、毕、凡、皆、咸、举、悉、尽、都、共、率、了	全、都、凡是、大凡、总共、共、大都、大致	天下咸宁。 灵公问其笑故，具告灵公。 （王）戎湛然不动，了无恐色。
表示限制范围	但、唯、止、仅、独、徒、特、第、直、庶几	只、仅、只是、几乎、将近、差不多	为将当有怯弱时，不可但恃勇也。 徒善不足以为政，徒法不能以自行。 狡兔有三窟，仅得免其死耳。

3. 时间副词

分类	例词	释义	例句
表示过去	既、业、已、曾、尝、适、初、曩、昔、向、乡	已经、过去、刚才、之前	梁王以此怨盎，曾使人刺盎。 寻向所志，遂迷，不复得路。 曩者辱赐书。
表示现在	方、会、适	正、正好、正要、刚刚	如今人方为刀俎，我为鱼肉。 明日，会天疾风。 此时鲁仲连适游赵，会秦围赵。

续表

分类	例词	释义	例句
表示将来	且、将、欲、行、垂、方将、方且	将、将要、将会、将近	雄据巴、汉垂三十年。 北山愚公者，年且九十。 夫人将启之。
表示开始	先、初、肇、始、才	开始	晋侯始入而教其民。 周公初基作新大邑于东国洛。 肇锡余以嘉名。
表示经常、永久	常、雅、素、恒、宿、长、向、永	经常、时常、平素、一向	庸蜀之南，恒雨少日。 安帝雅闻衡善术学。 吴广素爱人，士卒多为用者。
表示偶尔、暂时	斯须、俄而、旋、暂、寻顿、未几、须臾、无何、猝、乍、暴、忽、既而、立、登、间	不久、一会儿、片刻、突然、马上、立刻、偶尔	我有善则立誉我，我有过则立毁我。 自晨至中，紫云杳起，甘雨登降。 坐须臾，沛公起如厕。
表示重复、多次	数、亟、累、屡、仍、辄、每、复	多次、重复、就、总是	范增数目项王。 每冒风驰行，未百步辄返。 爱共叔段，欲立之，亟请于武公。

4. 情态副词

分类	例词	释义	例句
表示方式	俱、偕、并、间、微、窃、故、固	一起、暗中、偷偷地、坚决、的确	卫国之法，窃驾君车者罪刖。 （李）牧杜门不出，固称疾。 相与偕出，请相与偕告。
表示速度	暂、遽、卒（猝）、旋、稍、渐、忽、暴、溘	匆忙、急迫、急促、忽然、突然	饥馑暴至，军旅卒发。 （李）广暂腾而上胡儿马。 瞻之在前，忽焉在后。 屠暴起，以刀劈狼首。

5. 否定副词

分类	例词	释义	例句
表示否定	不、弗、莫、毋、无、未、匪、非、靡、勿、微	不、无、没有	夙兴夜寐，靡有朝矣。 亟请于武公，公弗许。 微斯人，吾谁与归？
表示禁止	毋、勿、莫、休、漫	不要、别	将军毋失时，时间不容息。 己所不欲，勿施于人。 洛阳宫殿化为烽，休道秦关百二重。

6. 谦敬副词

分类	例词	释义	例句
表示恭敬	请、敬、谨、幸、惠、辱、垂、蒙	承蒙、有幸、屈尊、恭谨；请求对方做某事、请允许我做某事	君惠徼福于鄙邑之社稷。 太后曰："敬诺，年几何矣？" 王好战，请以战喻。（请允许我） 若弗与，则请除之。（请求对方）
表示谦虚	敢、窃、忝、猥、伏、鄙	私下地、斗胆、偷偷地	伏惟启阿母。 臣忝当大任，义在安国。 猥以微贱，当侍东宫。

7. 语气副词

分类	例词	释义	例句
表示肯定、强调	乃、必、定、诚、信、果、唯、繄	就、就是、一定、实在、确实、的确、果真、果然	吕公女乃吕后也。 劳民者，其国必无力。 臣诚知不如徐公美。 子皙信美矣。 暮而果大亡其财。 唯余马首是瞻。 尔有母遗，繄我独无。

字词篇　句式篇　断句、翻译及阅读理解篇　文化常识篇

续表

分类	例词	释义	例句
表示推测	盖、殆、其	大概、可能、也许、或许、恐怕	盖其又深，则其至又加少矣。 张仪，天下贤士，吾殆弗如也。 圣人之所以为圣，愚人之所以为愚，其皆出于此乎？
表示祈使	其、庶	请、必须、一定、希望	尔其无忘乃父之志。 我君景公引领西望，曰："庶抚我乎！"
表示反问	岂、宁、庸、独、其	难道、怎么	日夜望将军至，岂敢反乎？ 王侯将相，宁有种乎？ 夫庸知其年之先后生于吾乎？ 子独不闻涸泽之蛇乎？ 欲加之罪，其无辞乎？
表示惊异	曾	竟、竟然	一岁决刑，曾不满十人。 汝心之固，固不可彻，曾不若孀妻弱子。
表示侥幸	幸	幸亏、幸好	适为虞人逐，其来甚速，幸先生生我。 幸而杀彼，甚善。

8. 指代性副词

分类	例词	释义	例句
指代第一、二、三人称的受事宾语	相	我、你、他	儿童相见不相识。（指代第一人称，可译为"我"。） 若望仆不相师。（指代第二人称，你。） 长卿故倦游，虽贫，其人材足依也，且又令客，独奈何相辱如此。（指代第三人称，可译为"他"。）
仅指代第一人称的受事宾语	见	我、自己	生孩六月，慈父见背。 君既若见录。

自测练习

解释下列句子中加点的词语。

1. 不治科举文词，独探古始立论议。

2. 大丈夫在世当如是，会为国灭贼以取功名。

3. 帝曰："卿姑断其可否，勿问其人也。"

4. 窥父不在，窃发盆。

5. 子诚齐人也，知管仲、晏子而已矣。

6. 其晚节不终，功败垂成者，不知凡几。

7. 世界须臾变。

8. 秦王方还柱走，卒惶急不知所为。

9. 罪至重而刑至轻，庸人不知恶矣。

10. 莫不毕集。

11. 侯生乃屏人间语。

12. 中兴机会，庶几在此。

13. 旋见鸡伸颈摆扑，临视，则虫集冠上。

14. 强秦之所以不敢加兵于赵者，徒以吾两人在也。

15. 天高地迥，号呼靡及。

16. 曩者辱赐书，教以慎于接物，推贤进士为务。

17. 魏其良久乃闻。

18. 数月之后，时时而间进。

19. 生乎吾前，其闻道也固先乎吾，吾从而师之。

20. 顿非前物。

答案见 P246

第五节　助词

热身练习

解释下列句子中加点的词语，并说明其词性。

1．欲勿予，即患秦兵之来。

2．夫将者，国之辅也。

3．大隧之中，其乐也融融。

4．顷之，持一象笏至。

5．赵王岂以一璧之故欺秦邪？

参考答案

1．之：结构助词，用于主谓之间，取消句子独立性，可不译。

2．夫：句首语气助词，表示议论，可不译。

3．也：句中语气助词，表示停顿，可不译。

4．之：衬音助词，可不译。

5．邪：句末语气助词，同"耶"，通假字，可译为"吗"。

知识解析

　　助词通常附着于词、短语或句子上，用来突出词、短语、句子的结构或者某种功能。助词若位于句子的前、中、后部，通常表示某种语气；若用于词与词之间，则提示某种结构上的关系。

　　一般情况下，助词可分为结构助词、语气助词、衬音助词等。结构助词最常见的就是"之"和"是"，可以标注领属关系或修饰与被修饰关系，也可以作为宾语前置、定语后置的标志。语气助词就是表达某种语气的助词，按照所处位置又可分为句首、句中、句末语气助词。衬音助词是古人为了韵律的需要而加在词句里的助词，多见于《诗经》《楚辞》。

　　古代汉语中的助词一般有以下几种情况：

分类	例词	释义	例句
结构助词	之、是	的、得；或可不译。	邻国之民不加少，寡人之民不加多。（用于定语和中心语之间，可译为"的"。） 蚓无爪牙之利，筋骨之强。（作为定语后置的标志，可不译。） 子奚哭之悲也。（用于中心语和补语之间，可译为"得"。） 宋何罪之有？（作为宾语前置的标志，可不译。） 而两狼之并驱如故。（用于主谓之间，取消句子独立性，可不译。） 岂不谷是为？先君之好是继。（作为宾语前置的标志，可不译。）
句首语气助词	夫、且夫、若夫、维、惟、唯	表示议论或表示期望等语气，可不译。	夫如是，则能补过者鲜矣。 若夫淫雨霏霏。 且夫水之积也不厚。 惟辟作福，惟辟作威。 唯赤则非邦也与？
句中语气助词	也	表示停顿，可不译。	水之积也不厚，则其负大舟也无力。 丘也闻有国有家者，不患寡而患不均，不患贫而患不安。
句末语气助词	**陈述语气：** 也、矣、焉、耳、已	罢了、了；或可不译。	苛政猛于虎也。 且壮士不死则已，死即举大名耳。

续表

分类	例词	释义	例句
句末语气助词	**疑问语气：**乎、诸、与（欤）、邪（耶）、夫、兮、哉	呢、吗	子知子之所不知邪？ 孝弟也者，其为仁之本与？ 子见夫子乎？ 晋，吾宗也，岂害我哉？
	感叹语气：哉、乎、也、夫、兮	呢、啊	呜呼，亦盛矣哉！ 天乎，吾无罪！ 逝者如斯夫，不舍昼夜。 彼君子兮，不素餐兮。
衬音助词	之、斯、思、言、云、于、聿、有	只起衬足音节的作用，可不译。	辍耕之垄上，怅恨久之。 彼路斯何？君子之车。 今我来思，雨雪霏霏。 言告师氏。 云我无所。 我征聿至。 之子于归。 及有周而甚详。

自测练习

解释下列句子中加点的词语。

1. 悍吏之来吾乡，叫嚣乎东西。
2. 阙秦以利晋，唯君图之。
3. 南冥者，天池也。
4. 王莽秉政，阴有篡国之心。
5. 吏不当若是邪？尉无赖！

6. 夫民为国本，而贪吏迫使为盗。

7. 此天下之公言也。

8. 一人之心，千万人之心也。

9. 夫战，勇气也。

10. 子在川上曰："逝者如斯夫，不舍昼夜。"

答案见 P247

字词篇

句式篇

断句、翻译及阅读理解篇

文化常识篇

第六节 叹词

热身练习

解释下列句子中加点的词语，并说明其词性。

1. 噫！菊之爱，陶后鲜有闻。
2. 呜呼！孰知赋敛之毒有甚是蛇者乎。
3. 嗟乎！臣有三罪，死而不自知乎？

参考答案

1. 叹词，可译为"唉"。
2. 叹词，可译为"哎呀"。
3. 叹词，可译为"唉"。

知识解析

　　叹词是表示人们的喜、怒、哀、乐、惊讶等情感的词，一般用在其他句子的前面，单独构成一个句子。

　　古代汉语中的叹词一般有以下几种情况：

分类	例词	释义	例句
单音节叹词	唉、嘻、噫、吁、嗟	唉、哎	唉！竖子不足与谋！ 帝曰："吁！博物之士，至于此乎！" 王曰："噫！其自有公论。"

续表

分类	例词	释义	例句
多音节叹词	呜呼、呜乎、於戏、嗟乎、嗟哉、猗与、噫吁嚱、呜呼噫嘻	啊、唉、哎呀	呜呼！尚生不存，仲氏既往，山阿寂寥，千载谁赏？
			嗟乎！一人之心，千万人之心也。
			於戏！王公群后，百辟卿士，靖康厥职，帅意无怠，以永天休。
			噫吁嚱！危乎高哉！
			呜呼噫嘻！时耶？命耶？从古如斯。

自测练习

解释下列句子中加点的词语。

1. 嗟乎！是安知古之所谓廉者哉？

2. 呜乎！其志亦大矣。

3. 噫！天丧予！天丧予！

4. 嘻，善哉！技盖至此乎！

5. 嗟哉，义重于生，以至是乎！

答案见 P247

字词篇

句式篇

断句、翻译及阅读理解篇

文化常识篇

第五章　词类活用

　　词类活用是世界上很多语言中都存在的语言现象，一般是指一个词在特定的语境中临时改变词性而作为另一类词使用，随着词性的改变，这个词同时具有了新的含义。我们今天的语言中也存在词类活用的现象。比如现代汉语中的"铁"，本来是名词，可在"铁了心"这句话中就活用为动词。英语中也有这种用法，比如名词"water（水）"就可以充当动词表示"浇水"之意。

　　在词汇贫乏的时代，泛化词义是扩充词汇量最便捷的方法，所以早期的语言中就会出现较多词类活用的现象。这是古代汉语和现代汉语的区别之一，也是我们学习古代汉语的重点和难点之一。

第一节　名词活用为动词

热身练习

结合句意，说说下列句子中加点词语的意思与用法。

1. 从左右，皆肘之。
2. 左右欲刃相如。
3. 宋有富人，天雨墙坏。
4. 饭疏食，饮水，曲肱而枕之。
5. 驴不胜怒，蹄之。

参考答案

1. 这句话的意思是：站在左边或右边，（韩厥）都用肘部击打制止他。肘：名词，上臂和前臂相接处向外突起的部分，这里活用为动词，可译为"用肘部击打制止"。

2. 这句话的意思是：秦王左右的侍从要杀相如。刃：名词，刀刃，这里活用为动词，可译为"杀"。

3. 这句话的意思是：天上下雨，墙被毁坏了。雨：名词，雨水，这里活用为动词，可译为"下雨"。

4. 这句话的意思是：吃粗粮，喝水，弯着胳膊枕着睡觉。饭：名词，饭菜，这里活用为动词，可译为"吃"。

5. 这句话的意思是：驴忍不住发怒，用蹄子踢了它（老虎）。蹄：名词，马、牛、猪等的脚，这里活用为动词，可译为"用蹄子踢"。

知识解析

名词活用为一般动词，活用后的意义仍和这个名词的意义密切相关，只不过是将其动作化了而已。比如《狼》"一狼洞其中"中的"洞"，原为名词性的"洞穴"义，如按"洞穴"义去理解，这句话中明显没有谓语动词，所以这句话主语"狼"后面的"洞"应活用为动词，表示"打洞、挖洞"一类的意思。

名词活用为动词一般有以下几种情况：

1. 名词+名词

（1）籍吏民，封府库。

籍：名词，登记册、户口册一类的文书。后面的"吏民"同样是名词，两者构成动宾关系，此处的"籍"活用为动词，可译为"登记"。

（2）腰白玉之环。

腰：名词，腰部。后面的"白玉之环"同样是名词，两者构成动宾关系，此处的"腰"活用为动词，可译为"在腰上佩戴""腰佩……"。

（3）乃使其从者衣褐。

衣：名词，衣服、衣物。后面的"褐"同样是名词，两者构成动宾关系，此处的"衣"活用为动词，可译为"穿"。

（4）唐叔与吕尚邦齐、晋。

邦：名词，邦国。后面的"齐、晋"同样是名词，表示处所。此处的"邦"活用为动词，可译为"立邦""建立邦国"。

2. 名词+介词"于"或"乎"构成的介宾短语

（1）浴乎沂，风乎舞雩，咏而归。

风：名词。因其后有介宾短语，此处的"风"活用为动词，可译为"吹风""乘凉"。

（2）后妃率九嫔蚕于郊，桑于公田。

蚕、桑：名词。因其后都有介宾短语，此处的"蚕"和"桑"都活用为动词，可分别译为"养蚕""种桑"。

3. 能愿动词+名词

能愿动词一般用在动词前边，表示可能、必要和意愿。古代汉语常见的能愿动词有"能""可""欲""足""克""愿""敢""肯"等。

（1）假舟楫者，非能水也，而绝江河。

水：名词，河水。前面有能愿动词"能"，此处的"水"活用为动词，可译为"游泳"。

（2）沛公欲王关中。

王：名词，大王。前面有能愿动词"欲"，此处的"王"活用为动词，可译为"称王"。

（3）愿为市鞍马，从此替爷征。

市：名词，市场。前面有能愿动词"愿"，此处的"市"活用为动词，可译为"买"。

4. 副词+名词

（1）小信未孚，神弗福也。

福：名词，福气。前面有否定副词"弗"，此处的"福"活用为动词，可译为"赐福"。

（2）子高曰："微二子者，楚不国矣。"

国：名词，国家。前面有否定副词"不"，此处的"国"活用为动词，可译为"成为国家"。

（3）从弟子女十人所，皆衣缯单衣。

衣：名词，衣服。前面有范围副词"皆"，此处的"衣"活用为动词，可译为"穿"。

5. "所"+名词

在"所"字结构里，"所"字后面往往是动词，二者构成的短语是名词性的。不过"所"字后面偶尔也会出现名词，此时这个名词活用为动词。

（1）所食之粟，伯夷之所树与？抑盗跖之所树与？

树：名词，树木。前面有"所"字，此处的"树"活用为动词，可译为"种植"。

（2）置人所罾鱼腹中。

罾：名词，渔网。前面有"所"字，此处的"罾"活用为动词，可译为"捕捞""捕捉"。

6. 名词+"之""其""尔""汝""我"等代词

（1）买五人之头而函之。

函：名词，盒子。后面是代词"之"，此处的"函"活用为动词，可译为"用盒子装殓"。

（2）汝幸而偶我。

偶：名词，配偶。后面是代词"我"，此处的"偶"活用为动词，可译为"嫁给"。

（3）人有百口，口有百舌，不能名其一处也。

名：名词，名字。后面是代词"其"，此处的"名"活用为动词，可译为"说出"。

7. 介宾短语+名词

石之铿然有声者，所在皆是也，而此独以钟名，何哉？

名：名词，名字。前面有介宾短语"以钟"，此处的"名"活用为动词，可译为"命名"。

自测练习

一、找出下列句子中词类活用的词，并加以解释。

1．沛公军霸上。

2．然得而腊之以为饵。

3．置人所罾鱼腹中。

4．公将鼓之。

5．春风又绿江南岸。

6．名之者谁？

7．族秦者秦也，非天下也。

8. 乐毅扶持微弱之燕，下齐七十余城。

9. 六王毕，四海一。

10. 晋灵公不君。

11. 足之所履，膝之所踦。

12. 山不在高，有仙则名。

13. 以事秦之心，礼天下之奇才。

14. 会宾客大宴。

15. 范增数目项王。

二、解释下列句子中加点的词语，并翻译全句。

1. （2017·全国Ⅱ卷）后青州大蝗，侵入平原界辄死，岁屡有年，百姓歌之。

_____

2. 使裕胜也，必德我假道之惠。

_____

3. 我则天而行，有何不可！

_____

4. 往年春，汉族淮阴。

_____

5. 访之，乃羲之也，遂以女妻之。

_____

答案见 P247

第二节　名词用作状语

热身练习

结合句意，说说下列句子中加点词语的意思与用法。

1. 豕人立而啼。
2. 学而时习之。
3. 刘备、周瑜水陆并进。
4. 良庖岁更刀，割也；族庖月更刀，折也。
5. 从小丘西行百二十步。

参考答案

1. 人：名词用作状语，像人一样。
2. 时：名词用作状语，按时。
3. 水陆：名词用作状语，从水陆。
4. 岁：名词用作状语，每年。月：名词用作状语，每月。
5. 西：名词用作状语，向西。

知识解析

现代汉语中的普通名词是不能用作状语修饰谓语的，但古代汉语中名词用作状语的现象却较为常见。在一些特殊的语境中，名词位于动词之前，但并不是动作行为的实施者，而是担负形容词、副词的语法功能，充当句子的状语。

一般来说，当一个名词的后面出现了一个动词且二者不构成主谓关系时，我们就要考虑它是否属于名词用作状语的情况了。

名词用作状语一般有以下几种情况：

（一）普通名词用作状语

1. 表示比喻

多用来修饰动作行为的特征或状态，可译为"像……似的""像……一样"一类的意思，如：

（1）蚕食鲸吞。

蚕：像蚕一样。**鲸**：像鲸鱼一样。

（2）嫂蛇行匍伏，四拜自跪而谢。

蛇：像蛇一样。

（3）项伯亦拔剑起舞，常以身翼蔽沛公。

翼：像鸟类张开翅膀一样。

2. 表示某种态度或状态

可译为"像对待……那样""如同……一样"，如：

（1）齐将田忌善而客待之。

客：像对待贵客一样。

（2）君为我呼入，吾得兄事之。

兄：像对待兄长那样。

（3）兵挫地削，亡其六郡，身客死于秦，为天下笑。

客：像客人一样。

3. 表示动作行为的依据、方式或工具

可译为"用……""按……""根据……"，如：

（1）有好事者船载以入。

船：用船。

（2）市中游侠儿得佳者笼养之。

笼：用笼子。

（3）失期，法皆斩。

法：按照法律。

4. 表示动作行为的时间或处所

可译为"在……""从……"，如：

（1）道芷阳间行。

间：从小道。

（2）项伯乃夜驰之沛公军。

夜：在夜里。

（3）而相如廷叱之。

廷：在朝廷上。

（二）方位名词用作状语

方位名词，如"东""南""西""北""上""下""左""右""前""后"等用作

状语时，可译为"在……""到……""往……""向……"，如：

（1）既东封郑。

东：在东面。

（2）尘泥渗漉，雨泽下注。

下：往下。

（3）南取汉中，西举巴、蜀，东割膏腴之地，北收要害之郡。

南：向南。**西**：向西。**东**：向东。**北**：向北。

（三）时间名词"岁""月""日"用作状语

1. 表示行为的频率

（1）后青州大蝗，侵入平原界辄死，岁屡有年，百姓歌之。

岁：连年。

（2）日积月累。

日：每天。**月**：每月。

2. "日"表示状态的逐渐发展

贱妾留空房，相见常日稀。

日：一天天地。

3. "日"用于句首主语前面，表示对往事的追述

可译为"往日""昔日""当初"，如：

（1）日卫不睦，故取其地。

日：往日、昔日。

（2）日者荆王兼有其地，今死亡后。

日：往日、昔日。

自测练习

一、解释下列句子中加点的词语。

1. 子产治郑二十六年而死，丁壮号哭，老人儿啼。

2. 潭西南而望，斗折蛇行。

3. 宫中尚促织之戏，岁征民间。

4. 赵襄王郊迎甘罗。

5. 皆若空游无所依。

6. 人皆得以隶使之。

7. 而刘病日笃。

8. 复前行，欲穷其林。

9. 倡优畜之，流俗之所轻也。

10. 元方时年七岁，门外戏。

11. 箕畚运于渤海之尾。

12. 今有人日攘其邻之鸡者。

13. 一夫夜呼，乱者四应。

14. 日宋之盟，屈建问范会之德于赵武。

15. 田单乃起，引还，东乡坐，师事之。

二、解释下列句子中加点的词语，并翻译全句。

1. 日夜望将军至。

_____

2. 群臣吏民能面刺寡人之过者，受上赏。

_____

3. 旦辞爷娘去，暮宿黄河边。

_____

4. 上报国家，下安黎庶。

_____

5. 夫从坐上语侵之。

_____

答案见 P249

第三节 形容词活用为动词

热身练习

结合句意，说说下列句子中加点词语的意思与用法。

1. 欲穷千里目，更上一层楼。
2. 天下苦秦久矣。
3. 火尚足以明也。
4. 不弱兵，欲攻齐。
5. 素善留侯张良。

参考答案

1. 穷：形容词活用为动词，穷尽。
2. 苦：形容词活用为动词，痛恨、因……而痛苦。
3. 明：形容词活用为动词，照明。
4. 弱：形容词活用为动词，减少、削弱。
5. 善：形容词活用为动词，与……交好。

知识解析

一般情况下，形容词是不带宾语的。如果形容词处于谓语的位置且后面带了宾语，那么这个形容词就活用为动词了。活用为动词后，形容词就不再表示事物的性质，而是表示相应的动作行为或发展变化。

由于这种用法相对较少，其含义又不是显性的，有时甚至不带宾语，所以判断起来会有一定的难度。

形容词活用为动词一般有以下几种情况：

1. 形容词带宾语，活用为及物动词

（1）卒使上官大夫短屈原于顷襄王。

短：揭短、说坏话。

（2）别人弱他官府，我却不弱他。

弱：惧怕。

2. 形容词不带宾语，活用为不及物动词

（1）水不在深，有龙则灵。

灵：显灵、灵验。

（2）负势竞上，互相轩邈。

轩：往高处长。**邈**：往远处伸展。

3. 用在能愿动词之后，活用为动词

（1）（子大叔）曰："楚子将死矣！不修其正德，而贪昧于诸侯，以逞其愿，欲久，得乎？"

久：活得长久。

（2）欲速则不达。

速：快速进行。

4. 用在"所"之后，活用为动词

（1）故俗之所贵，主之所贱也。

贵：认为珍贵。**贱**：认为卑贱。

（2）今夫子所贤者何也？

贤：认为贤良。

自测练习

解释下列句子中加点的词语。

1. 诸侯恐惧，会盟而谋弱秦。

2. 逾时，楼渐低，可见其顶。

3. 西人长火器而短技击。

4. 未尝有坚明约束者也。

5. 此诚雕虫之戏，不足为多也。

6. 牛困人饥日已高，市南门外泥中歇。

7. 君欲速，故以乘车逆子。

8. 严大国之威以修敬也。

9. 不能独完。

10. 不得极夫游之乐也。

11. 古者重冠礼。

12. 复前行，欲穷其林。

13. 杭有卖果者，善藏柑。

14. 祇辱于奴隶人之手。

15. 敌人远我，欲以火器困我也。

答案见 P250

第四节　形容词活用为名词

热身练习

结合句意，说说下列句子中加点词语的意思与用法。

1. 兼百花之长而各去其短。

2. 将军身被坚执锐。

3. 晓看红湿处。

4. 尊贤而重士。

5. 吾尝跂而望矣，不如登高之博见也。

参考答案

1. 长：形容词活用为名词，长处、优点。短：形容词活用为名词，短处、缺点。

2. 坚：形容词活用为名词，坚固的铠甲。锐：形容词活用为名词，锐利的兵器。

3. 红：形容词活用为名词，红花。

4. 贤：形容词活用为名词，贤良的人。

5. 高：形容词活用为名词，高处。

知识解析

　　形容词活用为名词的情况比较常见。如果形容词处于主语或宾语的位置，那么这个形容词就活用为名词了。活用为名词后，形容词就不再表示事物的性质或特征，而是表示具有某种性质或特征的事物。对于形容词活用为名词的情况，我们在翻译时一定要以这个形容词为定语，补出中心语（名词）。如：

1. 秦孝公据崤函之固。

固：坚固的地势。

2. 小则获邑，大则得城。

小：小的贿赂。**大**：大的贿赂。

3. 温故而知新，可以为师矣。

故：旧知识。**新**：新知识。

4．越国以鄙远，君知其难也。

远：远方的国家、远地。

5．攘除奸凶。

奸凶：奸凶的人。

自测练习

一、解释下列句子中加点的词语。

1．愿无伐善，无施劳。

2．君子尊贤而容众，嘉善而矜不能。

3．俾除丑逆。

4．知否，知否，应是绿肥红瘦。

5．乘坚策肥，履丝曳缟。

6．携幼入室，有酒盈樽。

7．群贤毕至，少长咸集。

8．猥以微贱，当侍东宫，非臣陨首所能上报。

9．小学而大遗，吾未见其明也。

10．为肥甘不足于口与？轻暖不足于体与？

二、解释下列句子中加点的词语，并翻译全句。

1．老吾老，以及人之老。

_____

2．险以远，则至者少。

_____

3．是故圣益圣，愚益愚。

_____

4．小不忍，则乱大谋。

_____

5．侍中、侍郎郭攸之、费祎、董允等，此皆良实。

_____

答案见 P250

第五节　动词活用为名词

热身练习

结合句意，说说下列句子中加点词语的意思与用法。

1. 司马子反渴而求饮。

2. 其继有在者乎？

3. 殚其地之出，竭其庐之入。

4. 政通人和，百废具兴。

5. 燕赵之收藏，韩魏之经营。

> **参考答案**
>
> 1. 饮：动词活用为名词，饮料、饮品。
>
> 2. 继：动词活用为名词，继承者。
>
> 3. 出：动词活用为名词，出产的物品。入：动词活用为名词，收获的物品。
>
> 4. 废：动词活用为名词，荒废的事业。
>
> 5. 收藏、经营：动词活用为名词，泛指金银珠宝。

知识解析

　　动词的主要作用是充当谓语，表示人或事物的动作、行为等的动态变化。但动词有时也会出现在主语或宾语的位置，表示与动作行为相关的人或事，在这种情况下，动词就活用为名词了。有时，"其""之"等词会出现在活用为名词的动词前，我们可以利用这个特点来帮助判断。对于动词活用为名词的情况，我们在翻译时一定要以这个动词为定语，补出中心语（名词）。如：

　　1. 钩党之捕遍于天下。

捕：抓捕活动。

　　2. 未尝有坚明约束者也。

约束：盟约。

3．问其名居，不告而退。

居： 居住的地方、住址。

4．盖其又深，则其至又加少矣。

至： 到达的人。

5．吾射不亦精乎？

射： 射箭的本领。

自测练习

解释下列句子中加点的词语。

1．入则无法家拂士，出则无敌国外患者，国恒亡。

2．至有石渠分争之论，党同伐异之说。

3．夫大国，难测也，惧有伏焉。

4．此其继往开来之功。

5．桓庄之族何罪，而以为戮？

6．虽乘奔御风，不以疾也。

7．三日不食，耳无闻，目无见也。

8．今邯郸旦暮降秦而魏救不至，安在公子能急人之困也。

9．贾家庄几为巡徼所陵迫死。

10．传不习乎？

答案见 P251

第六节　使动用法

热身练习

结合句意，说说下列句子中加点词语的意思与用法。

1. 项伯杀人，臣活之。
2. 若夫经史而外，诸子百家，汗牛充栋。
3. 若亡郑而有益于君。
4. 求木之长者，必固其根本。
5. 有能助寡人谋而退吴者，吾与之共知越国之政。

> **参考答案**
>
> 1. 活：动词的使动用法，使……存活。
> 2. 汗：名词的使动用法，使……出汗。
> 3. 亡：动词的使动用法，使……灭亡。
> 4. 固：形容词的使动用法，使……稳固。
> 5. 退：动词的使动用法，使……退兵。

知识解析

　　使动用法往往表达"主语使（让）宾语怎么样"的意思，即谓语动词（包括活用为动词的名词、形容词）表示的动作不是由主语施行的，而是主语使得宾语发出的，是一种客观的行为。在古代汉语中，动词、形容词、名词都有使动用法。我们在阅读文言文的时候，一定要从实际语境出发，具体问题具体分析。

1. 动词的使动用法

　　在这类用法中，主语代表的人或事物并不施行这个动词所表示的动作，而是使宾语代表的人或事物施行这个动作。一般情况下，使动用法中的动词大多数是不及物动词。不及物动词本来是不带宾语的，在使动用法中则可以带宾语，形成一种特殊的动宾关系。有时这种用法也可以省略宾语，主要是由于这个宾语在前面的语境中已经出现，无须再述。

（1）明月别枝惊鹊，清风半夜鸣蝉。

惊： 使……惊。**鸣：** 使……鸣叫。

（2）重为之礼而归之。

归： 使……归去。

（3）操军方连船舰，首尾相接，可烧而走也。

走： 使……败走。

（4）今以钟磬置水中，虽大风浪而不能鸣也。

鸣： 使……鸣响。

（5）乃与赵衰等谋，醉重耳，载以行。

醉： 使……喝醉。

2. 形容词的使动用法

与动词的使动用法一样，形容词的使动用法在古代汉语中也较为常见。在这类用法中，主语所代表的人或事物并不具有该形容词所表示的性质或状态，而是使宾语所代表的人或事物具有该形容词所表示的性质或状态。

（1）于是梁王虚上位，以故相为上将军。

虚： 使……空虚。

（2）青海长云暗雪山，孤城遥望玉门关。

暗： 使……灰暗。

（3）既来之，则安之。

来： 使……来，归附。**安：** 使……安心，安顿。

（4）大王必欲急臣，臣头今与璧俱碎于柱矣！

急： 使……急，逼迫。

（5）故天将降大任于是人也，必先苦其心志。

苦： 使……痛苦。

3. 名词的使动用法

相较于前两种使动用法，名词的使动用法并不常见。在这类用法中，名词用作动词，表示主语使宾语成为该名词所表示的人或事物，或者使宾语与该名词所表示的动作行为产生联系。

（1）兵不血刃。

血： 使……有血。

（2）文王以百里之壤而臣诸侯。

臣： 使……臣服。

（3）尔欲吴王我乎?

吴王：使……成为吴王。

（4）筑室百堵，西南其户。

西南：使……朝向西南。

（5）域民不以封疆之界。

域：使……定居。

自测练习

一、解释下列句子中加点的词语。

1. 舞幽壑之潜蛟，泣孤舟之嫠妇。

2. 沛公旦日从百余骑来见项王。

3. 求也退，故进之；由也兼人，故退之。

4. 城陷，贼以刃胁降巡，巡不屈。

5. 外连衡而斗诸侯。

6. 固国不以山溪之险。

7. 欲洁其身，而乱大伦。

8. 君子之学也，以美其身。

9. 何必劳神苦思。

10. 美其服，饱其食。

11. 项王虽霸天下而臣诸侯，不居关中而都彭城。

12. 齐威王欲将孙膑。

13. 既东封郑。

二、解释下列句子中加点的词语，并翻译全句。

1. 乃使蒙恬北筑长城而守藩篱，却匈奴七百余里。

_____

2. 桓公解管仲之束缚而相之。

_____

3. 于是废先王之道，焚百家之言，以愚黔首。

_____

4. 庄公寤生，惊姜氏。

5. 能富贵将军者，上也。

6. 纵江东父兄怜而王我，我何面目见之？

答案见 P252

第七节　意动用法

热身练习

结合句意，说说下列句子中加点词语的意思与用法。

1. 友风而子雨。
2. 孔子登东山而小鲁，登泰山而小天下。
3. 吾妻之美我者，私我也。
4. 吾从而师之。
5. 老吾老，以及人之老。

> **参考答案**
>
> 1. 友、子：名词的意动用法，以……为朋友、以……为孩子。
> 2. 小：形容词的意动用法，以……为小、认为……小。
> 3. 美：形容词的意动用法，以……为美、认为……漂亮。
> 4. 师：名词的意动用法，以……为师、把……当老师。
> 5. 老：名词的意动用法，以……为老、把……当老人。

知识解析

意动用法和使动用法一样，都是特殊的活用现象。与使动用法不同的是，意动用法完全是一种主观的行为，是一种存在于意念或想象中的看法，客观上不一定如此。

意动用法可以用来表达"主语主观认为宾语怎么样或应该怎么样""把宾语所表示的人或事物看作什么"的意思，一般只有形容词和名词有意动用法，可译为"认为……""以为……""以……为……"。

1. 形容词的意动用法

（1）是故明君贵五谷而贱金玉。

贵：认为……贵重。**贱：**认为……轻贱。

（2）渔人甚异之。

异：以……为异、认为……很奇怪。

（3）邑人奇之，稍稍宾客其父。

奇：以……为奇、认为……不一般。

（4）时充国年七十余，上老之。

老：以……为老、认为……老。

（5）人主自智而愚人，自巧而拙人。

智：认为……聪明。**愚：**认为……愚昧。**巧：**认为……灵巧。**拙：**认为……笨拙。

2. 名词的意动用法

（1）侣鱼虾而友麋鹿。

侣：以……为伴侣。**友：**以……为朋友。

（2）孟尝君客我。

客：以……为客人、把……当客人。

（3）邑人奇之，稍稍宾客其父。

宾客：以……为宾客、把……当作宾客。

（4）草菅人命。

草菅：以……为草菅、把……当作野草。

（5）粪土当年万户侯。

粪土：以……为粪土、认为……是粪土。

自测练习

一、找出下列句子中词类活用的词，并加以解释。

1. 故人不独亲其亲。

2. 然则吾大天地而小毫末，可乎？

3. 先天下之忧而忧，后天下之乐而乐。

4. 成以其小，劣之。

5. 幼吾幼，以及人之幼。

6. 甘其食，美其服，安其居，乐其俗。

7. 且庸人尚羞之，况将相乎？

8. 不如吾闻而药之也。

9. 鱼肉百姓，以盈其欲。

10. 齐死生，则志不慑矣。

二、解释下列句子中加点的词语，并翻译全句。

1. 宝珠玉者，殃必及身。

_____

2. 饥者甘食，渴者甘饮。

_____

3. 管仲，世所谓贤臣，而孔子小之。

_____

4. 襟三江而带五湖。

_____

5. 父利其然也，日扳仲永环谒于邑人，不使学。

_____

答案见 P253

句式篇

第六章　特殊句式

　　语言中词语的顺序以及相互位置关系的不同就构成了不同的句式，大多数古代汉语句式和现代汉语句式是一致的，但也有一些古代汉语句式与现代汉语迥然不同，我们称之为"特殊句式"，这些特殊句式有可能成为我们阅读文言文的障碍。

　　一般来说，这些特殊句式主要包括判断句、倒装句、被动句、省略句及其他一些固定句式。

第一节　判断句

热身练习

翻译下列句子。

1. 制，岩邑也。

_____

2. 陈涉者，阳城人也。

_____

3. 臣本布衣。

_____

4. 兵者，不祥之器。

_____

5. 贡之不入，寡君之罪也。

_____

参考答案

1. 制是个险要的城邑。

2. 陈涉是阳城人。

3. 我本是平民百姓。

4. 兵器是不祥的器物。

5. 贡品没有交纳，是我们国君的过错。

知识解析

判断句是用名词或名词性短语作为谓语，表示某种事物是什么或不是什么、某种事物属于某一类或不属于某一类的句子。在现代汉语判断句中，主语和谓语之间一般用判断词（亦称"系词"）"是"来联系以表示判断。秦汉以前的判断句中一般不用判断词，而是直接用名词或名词性短语充当谓语，唐代以后的判断句中才大量出现用判断词"是"表示判断的情况。

常见的判断句式一般有以下几种情况：

1. 主语+"者"+谓语+"也"

这是古代汉语判断句中最常见、最标准的格式，主语后面用"者"表示停顿，谓语后面用"也"表示判断，翻译时可不译。

（1）君者，舟也；庶人者，水也。

君王是舟，百姓是水。

（2）强秦之所以不敢加兵于赵者，徒以吾两人在也。

强大的秦国之所以不敢出兵侵略赵国，只是因为有我们两人在。

（3）亚父者，范增也。

亚父就是范增。

2. 主语+"者"+谓语

这种情况不常见。

（1）四人者，庐陵萧君圭君玉，长乐王回深父，余弟安国平父、安上纯父。

四个人是庐陵人萧君圭，字君玉；长乐人王回，字深甫；我的弟弟王安国，字平甫；王安上，字纯甫。

（2）天下者，高祖天下。

天下是高祖的天下。

（3）至如信者，国士无双。

至于像韩信那样的人，是国家独一无二的人才。

3. 主语+谓语+"也"

（1）范文正公，苏人也。

范文正公是苏州人。

（2）昔者鬼侯、鄂侯、文王，纣之三公也。

当初鬼侯、鄂侯、文王是纣王的三位诸侯。

（3）操虽托名汉相，其实汉贼也。

曹操虽然自称汉朝的丞相，他实际却是一个想要夺取汉家天下的贼。

4. 主语+谓语

（1）刘备，天下枭雄。

刘备是天下枭雄。

（2）宾主尽东南之美。

宾客和主人都是东南地区的英雄才俊。

（3）席方平，东安人。

席方平是东安人。

5. 主语+谓语+"者也"

（1）城北徐公，齐国之美丽者也。

城北的徐公是齐国的美男子。

（2）晏婴，齐之习辞者也。

晏婴是齐国善于辞令的人。

（3）莲，花之君子者也。

莲花是花中的君子。

6. 主语+副词+谓语（+"也"）

为了加强判断的语气，古人常用一些表示肯定或否定的副词放在谓语前面，如"乃""诚""即""素""定""必""非"等。

（1）吾乃常山赵子龙。

我是常山赵子龙。

（2）此诚危急存亡之秋也。

这确实已经到了关乎生死存亡的时期了。

（3）梁父即楚将项燕。

项梁的父亲就是楚国的将领项燕。

（4）且相如素贱人。

况且蔺相如本来就是低贱的人。

（5）论人之性，定有善有恶。

要说人的天性，必定有的善良有的邪恶。

（6）三人行，必有我师焉。

几个人一起走路，其中必定有人可以作为我的老师。

（7）是非贿得之。

这不是受贿得到的。

7.　主语+"为"+宾语

（1）臣以王吏之攻宋也，为与此同类。

我认为大王手下的官吏攻打宋国，是和这种做法一样的。

（2）我为赵将，有攻城野战之大功。

我是赵国的将军，有攻打城池、野外作战的大功劳。

（3）如今人方为刀俎，我为鱼肉。

如今人家正好比是菜刀和砧板，我们则好比是鱼和肉。

8.　主语+"是"+谓语

这种形式的判断句出现的时间较晚。

（1）汝是大家子，仕宦于台阁。

你是大家子弟，在朝中做官。

（2）日中不至，则是无信。

中午了你都没到，就是没有信用。

（3）同行十二年，不知木兰是女郎。

在一起生活十二年，竟不知道木兰是女的。

自测练习

一、翻译下列句子。

1. 滕，小国也。

2. 廉颇者，赵之良将也。

_____

3. 梁父即楚将项燕。

_____

4. 和氏璧，天下所共传宝也。

_____

5. 马之千里者，一食或尽粟一石。

_____

6. 桀溺曰："子为谁?"曰："为仲由。"

_____

7. 今公子有急，此乃臣效命之秋也。

_____

8. 对子骂父，则是无礼。

_____

9. 夫战，勇气也。

_____

10. 秦，虎狼之国，不可信。

_____

二、根据题干要求，选出合适的答案。

1. 下列各组句子中的两个句子句式不同的一项是（　　　）。

    A. 如今人方为刀俎，我为鱼肉。　　　子由为武城宰。

    B. 刘备，天下枭雄。　　　君子之德风，小人之德草。

    C. 妪，先大母婢也。　　　《诗》三百篇，大底圣贤发愤之所为作也。

    D. 屈平疾王听之不聪也。　　　城北徐公，齐国之美丽者也。

2. 下列句子中，不属于判断句的一项是（　　　）。

    A. 秦，虎狼之国。　　　　　　　　B. 此则岳阳楼之大观也。

    C. 武夫力而拘诸原。　　　　　　　D. 南冥者，天池也。

3. 下列句子中，"为"不表示判断的一项是（　　　）。

    A. 是为何谷？　　　　　　　　　　B. 是社稷之臣也，何以伐为？

    C. 以臣为愚。　　　　　　　　　　D. 故今之墓中全乎为五人也。

4. 下列句子中，句式不同于其他三句的一项是（　　）。

　　A. 管仲，贤佐也。　　　　　　　B. 桓公，霸君也。

　　C. 此乃臣效命之秋也。　　　　　D. 三岁贯女，莫我肯顾。

5. 下列句子中，属于标准格式的判断句的一项是（　　）。

　　A. 日中不至，则是无信。　　　　B. 汝是大家子，仕宦于台阁。

　　C. 刘备，天下枭雄。　　　　　　D. 亚父者，范增也。

答案见 P254

字词篇

句式篇

断句、翻译及阅读理解篇

文化常识篇

第二节　倒装句

热身练习

翻译下列句子。

1. 君子居之，何陋之有？

_____

2. 僧之富者不能至。

_____

3. 且立石于其墓之门。

_____

4. 亦太甚矣，先生之言也！

_____

5. 我持白璧一双，欲献项王。

_____

参考答案

1. 君子住在那里，有什么简陋的呢？
2. 富有的和尚不能到达。
3. 并且在他们的墓门前立石碑。
4. 先生的话也太过分了！
5. 我带着一对白璧，准备献给项王。

知识解析

汉语完整规范的语序是"（定语）主语（状语）谓语（补语）（定语）宾语"，如：

1. 和蔼、亲切的 张老师 给我们 上了 一堂生动而又难忘的 政治课。
　　　定语　　　　主语　状语　谓语　　　　定语　　　　　宾语

2. 全体 同学 都 做 完了 语法 作业。
　 定语 主语 状语 谓语 补语 定语 宾语。

3．**邺** 吏民 大 惊恐。

　　定语 主语 状语 谓语

不过古代汉语中经常会出现语序与现代汉语不一致的句式，统称为"倒装句式"，简称"倒装句"。一般包括宾语前置句、定语后置句、介宾短语后置句、谓语前置句等。

（一）宾语前置句

古人在某些特定的语法条件下，为了突出和强调宾语，习惯将宾语置于动词（介词）前，称为"宾语前置"。一般有以下几种情况：

1．疑问代词充当句子的宾语

古代汉语常见的疑问代词有"何""安""谁""孰""胡""焉"等。

（1）吾谁欺？欺天乎？

我欺骗谁？欺骗上天吗？

（2）沛公安在？

沛公在哪里？

（3）臣实不才，又谁敢怨？

我确实没有才干，又敢怨恨谁呢？

2．否定句中，代词充当句子的宾语

古代汉语常见的否定词有"莫""不""未""非""无""弗"等。

（1）每自比于管仲、乐毅，时人莫之许也。

常常把自己比作管仲、乐毅，当时的人没有谁承认这件事。

（2）日月逝矣，岁不我与。

日月飞逝，时光不会等待我。

（3）（2017·山东卷）叔陵雅钦重之，弗之罪也。

叔陵向来钦佩敬重他，不怪罪他。

3．用代词复指前置宾语

为了强调宾语，古人常借助代词"之""是"把宾语从动词的后面提到动词的前面，"之""是"便成了宾语前置句的标志，无其他意义。有时还会在宾语前面加上语气副词"唯""惟""维"等，组成"唯/惟/维……是/之……"的形式。

（1）吾以子为异之问，曾由与求之问。

我以为你要问别人，原来是问由（子路）与求（冉有）。

（2）惟弈秋之为听。

只听弈秋的教导。

字词篇　句式篇　断句、翻译及阅读理解篇　文化常识篇

（3）唯利是图。

只贪图利益。

4. 介词"以"的宾语有时不需要条件就可以前置

（1）《诗》三百，一言以蔽之，曰思无邪。

《诗经》三百篇，用一句话概括它，就是思想纯正，没有邪念。

（2）仁以为己任。

把实现仁德视为自己的责任。

（3）楚战士无不一以当十。

楚国战士没有一个不是以一当十的。

（4）楚国方城以为城。

楚国以方城山为城墙。

（二）定语后置句

定语是修饰或限制中心语的。中心语是一个结构中的中心成分，比如，"开心地玩耍"中的"玩耍"和"快乐的姑娘"中的"姑娘"就是中心语。在现代汉语中，定语一般放在中心语前面，但是在古代汉语中，为了突出和强调定语，有时会把定语放在中心语之后，这种情况就叫作"定语后置"。一般有以下几种情况：

1. 由名词充当的中心语+定语+"者"

（1）遂率子孙荷担者三夫。

（愚公）就率领三个能挑担的儿子和孙子。

（2）村中少年好事者驯养一虫。

村中有个好事的少年，驯养了一只蟋蟀。

（3）有奇字素无备者，旋刻之。

有些平时没有准备的生僻字，当即就把它刻出来。

2. 由名词充当的中心语+"之"+定语+"者"

（1）五谷，种之美者也。

五谷就是优良的品种。

（2）马之千里者，一食或尽粟一石。

千里马一餐有时能吃掉一石粟米。

（3）石之铿然有声者。

铿然有声的石头。

3. 由名词充当的中心语+"之"+定语

（1）蚓无爪牙之利，筋骨之强。

蚯蚓没有尖利的爪牙和强健的筋骨。

（2）居庙堂之高则忧其民，处江湖之远则忧其君。

在朝廷做高官就担忧他的百姓，处在僻远的江湖就担心他的君王。

（3）仰观宇宙之大，俯察品类之盛。

仰首观览浩大的宇宙，俯身观察众多的物类。

4. 由名词充当的中心语+"而"+定语+"者"

（1）此四者，天下之穷民而无告者。

这四种人，是天下穷苦而无依无靠的人。

（2）缙绅而能不易其志者，四海之大，有几人与？

能够不改变自己志向的官员，普天之下，有几个人呢？

5. 由名词充当的中心语+数词或量词或数量短语

（1）军书十二卷，卷卷有爷名。

十二卷军书，每一卷都有父亲的名字。

（2）尝贻余核舟一。

曾经送给我一个用核桃雕刻的小船。

（3）比至陈，车六七百乘，骑千余，卒数万人。

等到了陈地，有六七百辆车，一千多名骑兵，数万名步兵。

（三）介宾短语后置句

在现代汉语中，状语一般位于谓语动词的前面，比如在"小明在图书馆看书"这个句子中，状语就是"在图书馆"，位于谓语"看书"前面。而古代汉语中的情况正好相反，介宾短语"于……"或"以……"等往往会出现在谓语动词的后面，这种情况我们一般称为"介宾短语后置"或"状语后置"。翻译时，要将后置的介宾短语放到谓语动词的前面。

1. 动词+介词"于"构成的介宾短语

（1）桓公问治民于管子。

桓公问管仲如何治理百姓。

（2）赵尝五战于秦。

赵国曾经和秦国打过五次仗。

（3）请奉命求救于孙将军。

请让我奉命去向孙将军求救。

2. 动+介词"乎"构成的介宾短语

（1）风乎舞雩。

在舞雩台上吹风。

（2）生乎吾前。

在我之前出生。

（3）吾独穷困乎此时也。

我只在这时候走投无路。

3. 动+介词"以"构成的介宾短语

（1）饰以篆文山龟鸟兽之形。

用篆文山龟鸟兽的形体来装饰。

（2）覆之以掌。

用手掌覆盖它（蟋蟀）。

（3）三顾臣于草庐之中，咨臣以当世之事。

多次到我居住的草庐中拜访我，询问我对时事的看法。

（四）谓语前置句

在现代汉语里，谓语一般放在主语之后，比如在"颜回是有贤德的人"这个句子中，谓语"是有贤德的人"就位于主语"颜回"后。但是在古代汉语中，为了突出和强调谓语，有时也可以把它放在主语的前面，这种情况一般出现在感叹句或疑问句中，我们称之为"谓语前置"或"主谓倒装"。

1. 感叹句中的谓语前置

（1）默默乎，河伯！

河伯，不要说了吧！

（2）惜惜乎，子不遇时！

你没有赶上好时候，可惜啊！

（3）大哉，尧之为君也！

尧作为君主真是伟大啊！

2. 疑问句中的谓语前置

（1）谁与，哭者？

哭的人是谁啊？

（2）谁可使者？

可以派遣的人是谁呢？

（3）子邪，言伐莒者？

说攻打莒国的人是你吗？

自测练习

一、说明下列句子的句式，并翻译全句。

1. 谁为为之？孰令听之？

_____

2. 皮之不存，毛将安傅？

_____

3. 子何恃而往？

_____

4. 然而不王者，未之有也。

_____

5. 恐年岁之不吾与。

_____

6. 彼不我恩也。

_____

7. 唯才是举。

_____

8. 句读之不知，惑之不解。

_____

9. 惟余马首是瞻。

_____

10. 俟我于城隅。

_____

11. 树之以桑。

_____

12. 邻人偷嗜暴恶者，率以货窜名军伍中。

_____

13. 信哉，是言也！

_____

14. 集谢庄少年之精技击者。

_____

15. 太子及宾客知其事者，皆白衣冠以送之。

_____

二、根据题干要求，选出合适的答案。

1. 下列句子中，不属于谓语前置句的一项是（　　）。

   A. 美哉，我少年中国！   B. 善哉，论事！

   C. 六国破灭，非兵不利，战不善，弊在赂秦。

   D. 闻鬼曰："壮哉，此汉！"

2. 下列句子中，不属于定语后置句的一项是（　　）。

   A. 舜发于畎亩之中，傅说举于版筑之间。

   B. 处江湖之远则忧其君。

   C. 村中少年好事者驯养一虫。

   D. 太子及宾客知其事者，皆白衣冠以送之。

3. 下列句子中，不属于宾语前置句的一项是（　　）。

   A. 宋何罪之有？   B. 三岁贯女，莫我肯德。

   C. 而此独以"钟"名，何哉？   D. 大命将泛，莫之振救。

4. 下列句子中，不属于介宾短语后置句的一项是（　　）。

   A. 子路宿于石门。   B. 具以沛公言报项王。

   C. 樊哙覆其盾于地。   D. 杀人以刀与梃，有以异乎？

5. 下列句子中，不属于宾语前置句的一项是（　　）。

   A. 甚矣，汝之不惠。

   B. 古之人不余欺也。

   C. 天大寒，砚冰坚，手指不可屈伸，弗之怠。

   D. 臣实不才，又谁敢怨？

答案见 P255

第三节 被动句

热身练习

翻译下列句子。

1. 父母亲族，皆为戮没。

_____

2. 先发制人，后发制于人。

_____

3. 众人皆醉而我独醒，是以见放。

_____

4. 兔死狗烹。

_____

5. 戍卒叫，函谷举。

_____

参考答案

1. 父母及整个家族都被杀了。
2. 先下手就能制服人，后下手就被人家制服。
3. 大家都醉了，只有我是清醒的，所以被放逐。
4. 兔子死了，猎狗也就被煮来吃了。
5. 戍边的士卒陈涉、吴广一声喊叫，函谷关就被攻下。

知识解析

被动句是指主语与谓语之间是被动关系，主语是谓语动词所表示的动作的接受者（亦称"受事者"）的句子。古代汉语中的被动句大致可以分为两类，一类是有形式标志的被动句，一类是无形式标志的被动句。无形式标志的被动句与主动句形式完全一样；被动意义只能从主语和谓语动词之间的语义关系来理解。分析被动句时一定要从语境入手，仔细观察主语是否处于谓语动词的受事地位，如果是，那这个句子肯定是被动句。

1. 有形式标志的被动句

在现代汉语中，被动句最常见的标志就是"被"字。这种形式大约萌芽于战国末期，如《战国策》中的"万乘之国，被围于赵"。不过，"被"字句在古代汉语中相对少见。在古代汉语中，被动句常见的标志有"于""见""为""见……于……""受……于……""为……所……""……为所……"等。

（1）而君幸于赵王。

而您被赵王宠幸。

（2）欲予秦，秦城恐不可得，徒见欺。

如果（把和氏璧）给了秦国，秦国的城邑恐怕不可能得到，白白地被欺骗。

（3）臣诚恐见欺于王而负赵。

我实在怕被大王欺骗而辜负了赵国。

"见"还有一种特殊用法，与含有"见"字的被动句形式相似，如"慈父见背""见谅"等。这些"见"位于动词前，指代自己、我，整体可表示对方对自己如何，可以视为宾语前置句。

（4）受制于人。

被人制约。

（5）身客死于秦，为天下笑。

自己远离故国死在秦国，被天下人耻笑。

（6）申徒狄谏而不听，负石投于河，为鱼鳖所食。

申徒狄劝谏而没有被听从，（就）背上石头跳进河里，被鱼和鳖吃掉了。

（7）不者，若属皆且为所虏。

不这样的话，你们都将被他俘虏。

2. 无形式标志的被动句

这种被动句一般可以从三个方面检验：

（1）如果谓语动词是由人发出的动作，而主语却不是一个表示人的名词，那么这个句子就是被动句。如：

蔓草犹不可除，况君之宠弟乎？

"蔓草"指四处生长的野草，本身不能发出"除"的动作，所以句中的"除"表示被动，可译为"被除掉"。

（2）如果谓语是及物动词，但后面没有宾语，也无法补出宾语，那么这个句子就是被动句。如：

兵挫地削。

"挫""削"后面没有宾语，所以在此句中都表示被动，可译为"被挫败""被削除"。

（3）如果宾语表示的事物属于主语的一部分，谓语表示的动作又是支配主语的，那么这个句子就是被动句。

孙子膑脚，兵法修列。

宾语"脚"属于主语"孙子"的一部分，谓语"膑"表示"剔去膝盖骨"，是支配主语的动作，所以句中的"膑"表示被动，可译为"被剔去膝盖骨"。

自测练习

一、翻译下列句子。

1. 大臣亡罪夷灭者数十家。

_____

2. 身死人手，为天下笑者，何也？

_____

3. 屈原放逐，乃赋《离骚》。

_____

4. 卫太子为江充所败。

_____

5. 吾长见笑于大方之家。

_____

6. 先绝齐而后责地，必受欺于张仪。

_____

7. 岱不从，遂与战，果为所杀。

_____

8. 昔者龙逢斩，比干剖。

_____

9.（2017·天津卷）会世扰乱，恐为怨仇所擒。

_____

10. 闵王毁于五国，桓公劫于鲁庄。

二、根据题干要求，选出合适的答案。

1. 下列句子中，不属于被动句的一项是（　　）。

　　A. 而君幸于赵王。　　　　　　　　　B. 遂见用于小邑。

　　C. 秦王复击轲，被八创。　　　　　　D. 锲而不舍，金石可镂。

2. 下列句子中，不属于被动句的一项是（　　）。

　　A. 不拘于时。　　　　　　　　　　　B. 乃设九宾礼于廷。

　　C. 通者常制人，穷者常制于人。　　　D. 故内惑于郑袖，外欺于张仪。

3. 下列句子中，"见"不表示被动的一项是（　　）。

　　A. 生孩六月，慈父见背。

　　B. 百姓之不见保，为不用恩焉。

　　C. 众人皆醉而我独醒，是以见放。

　　D. 人皆以见侮为辱，故斗也。

4. 下列句子中，属于被动句的一项是（　　）。

　　A. 予犹记周公之被逮。

　　B. 寡人不祥，被于宗庙之祟。

　　C. 今京不度，非制也，君将不堪。

　　D. 民不被其泽。

5. 下列句子中，句式不同于其他三句的一项是（　　）。

　　A. 郑武公娶于申。　　　　　　　　　B. 山峦为晴雪所洗，娟然如拭。

　　C. 马逸不能止。　　　　　　　　　　D. 齐侯以诸侯之师侵蔡。

答案见 P256

第四节　省略句

热身练习

仔细阅读文句，在括号内将省略的部分补齐。

1. 永州之野产异蛇，（　　　）黑质而白章；（　　　）触草木，（　　　）尽死；（　　　）以啮人，（　　　）无御之者。

2. 权起更衣，肃追（　　　）于宇下。

3. 羸兵为人马所蹈藉，陷（　　　）泥中，死者甚众。

4. 陈涉自立为将军，（　　　）吴广为都尉。

5. 每字为一印，火烧（　　　）令（　　　）坚。

参考答案

1. 蛇、蛇、草木、蛇、人。
2. 之。
3. 于。
4. 立。
5. 之、其。

知识解析

　　为了语言的简洁凝练，人们在交谈或行文中往往会省略掉前后已经出现或不影响理解的一些句子成分，经过省略的句子就叫"省略句"。省略句是一种常见的语言现象。古代汉语的省略现象比现代汉语更加常见，很多现代汉语中不能省略的句子成分，在古代汉语中也经常省略。如果不了解古代汉语的省略，就会给阅读文言文带来困难，甚至引起误解。

　　古代汉语的省略句一般包括主语省略、谓语省略、宾语省略、定语省略、介词省略等，理解和翻译的时候要根据具体语境把省略的部分补出来。

1. 主语省略

（1）（公）度我至军中，公乃入。

（2）（村里的人）见渔人，（村里的人）乃大惊，（村里的人）问所从来，（渔人）具答之。

（3）蔺相如固止之，（蔺相如）曰：“公之视廉将军孰与秦王？”（舍人们）曰：“（廉将军）不若也。”

2. 谓语省略

（1）一鼓作气，再（鼓）而衰，三（鼓）而竭。

（2）择其善者而从之，（择）其不善者而改之。

（3）杨子之邻人亡羊，既率其党（追之），又请杨子之竖追之。

3. 宾语省略

（1）尉剑挺，广起，夺（剑）而杀尉。

（2）以相如功大，拜（相如）为上卿。

（3）公输般为楚造云梯之械，将以（云梯之械）攻宋。

4. 定语省略

（1）吾妻之美我者，私我也；（吾）妾之美我者，畏我也；（吾）客之美我者，欲有求于我也。

（2）王使人问（其）疾。

（3）三军可夺（其）帅也，匹夫不可夺（其）志也。

5. 介词省略

（1）臣与将军戮力而攻秦，将军战（于）河南，臣战（于）河北。

（2）余自束发读书（于）轩中。

（3）吾闻汉购我头（以）千金。

自测练习

一、仔细阅读文句，在括号内将省略的部分补齐。

1. 项王则受璧，（　　）置之（　　）坐上。

2. 廉颇为赵将，（　　）伐齐，大破之。

3. 陈相见孟子，道许行之言曰……孟子曰：“许子必织布然后衣乎？”（　　）曰：“否。许子衣褐。”（　　）“许子冠乎？”（　　）曰：“冠。”（　　）曰：“奚冠？”

（　　　）曰："冠素。"（　　　）曰："自织之与?"（　　　）曰："否,以粟易之。"
（　　　）曰："许子奚为不自织?"（　　　）曰："害于耕。"（　　　）曰："许子以
釜甑爨,以铁耕乎?"（　　　）曰："然。"（　　　）"自为之与?"（　　　）曰："否,
以粟易之。"

4. 军中无以为乐,请以剑舞（　　　）。

5. 城之破也,有亲见忠烈（　　　）青衣（　　　）乌帽,乘白马,出天宁门投江而
死者,未尝殒于城中也。

6. 尧之王天下也,茅茨不剪,采椽不斫,（　　　）粝粢之食,（　　　）藜藿之羹,
冬日（　　　）麑裘,夏日（　　　）葛衣,虽监门之服养不亏于此矣。

7. 遂与秦王会（　　　）渑池。

二、翻译下列句子,注意补全省略的部分。

1. 僮仆欢迎,稚子候门。

_____

2. 沛公军霸上。

_____

3. （2020·全国Ⅲ卷）朝臣家有时疾,染易三人以上者,身虽无病,百日不得入宫。

_____

4. （2018·全国Ⅱ卷）民思其德,为立祠安阳亭西,每食辄弦歌而荐之。

_____

5. 子曰："可与言而不与之言,失人;不可与言而与之言,失言。知者不失人,亦
不失言。"

_____

答案见 P257

第五节　常见固定句式

热身练习

翻译下列句子，注意其中固定句式的含义。

1. 是故圣益圣，愚益愚。

_____

2. 今有一言，可以解燕国之患，而报将军之仇者，何如？

_____

3. 匈奴未灭，何以家为？

_____

4. 臣所以去亲戚而事君者，徒慕君之高义也。

_____

5. 家贫，无以致书以观。

_____

参考答案

1. "是故"是固定句式，表示因果。全句可译为：因此圣人更加圣明，愚人更加愚笨。

2. "何如"是固定句式，表示疑问。全句可译为：现有一个建议，可以解除燕国的祸患，又能报将军的仇恨，怎么样？

3. "何以"是固定句式，表示疑问。全句可译为：匈奴还没有被消灭，怎么能成家呢？

4. "所以"是固定句式，表示因果。全句可译为：我离开父母亲属来侍奉您的原因，只是仰慕您的崇高品德。

5. "无以"是固定句式，表示判断。全句可译为：家里贫穷，没有办法找到书籍来读。

知识解析

固定句式也称"固定结构"，是由一些实词或虚词组合在一起构成的固定形式，有一定的整体意义。理解和翻译固定句式时，不可将其拆开。熟记一些古代汉语中常见的固定句式，对于快速、准确地理解和翻译句子有很大帮助。

常见的固定句式一般包括以下几种类型：

（一）表示某种语气

1. 判断

（1）无以，可译为"没有用来……的办法""无法……"。

不积小流，无以成江海。

不积累细小的流水，就无法汇聚成江河大海。

（2）所以、之所以，可译为"用来……的""……的凭借""……的根据""……的方式"。

①师者，所以传道受业解惑也。

老师是用来传授道理、讲授知识、解答疑问的人。

②先王之所以为法者，何也？

先王用来制定法律的根据是什么？

③君相之所以为民计者，亦不过前此数法也。

君王、丞相用来为百姓生活谋划的方式，也不会超过前面说的这几种方法。

（3）……之谓，可译为"说的就是……"。

野语有之曰："闻道百，以为莫己若者"我之谓也。

俗话说，"听到了许多道理，就以为没有人比得上自己"，说的就是我啊。

（4）……之谓……，可译为"……叫作/称作/说/认为……"。

此之谓失其本心。

这就叫作失去本心。

2. 疑问

（1）安所，可译为"什么地方"。

若徐州不定，将军当安所归乎？

如果徐州没有平定，将军又将回到什么地方呢？

（2）如……何、若……何、奈……何，可译为"（能）把……怎么样""拿……怎么办"。

①以君之力，曾不能损魁父之丘，如太行、王屋何？

凭您的力气，连魁父这座小山丘都不能削平，能把太行山、王屋山怎么样呢？

②虞兮虞兮奈若何。

虞姬啊虞姬，我该把你怎么办呢？

（3）如何、若何、奈何，可译为"怎么""为什么""怎么样""怎么办"。

①孔明用如此人物，如何不误事！

孔明用这样的人物，怎么可能不耽误事情！

②缄愕然，谓诸将曰："诏不许，若何？"

缄很惊讶，对诸位将军说："诏书不答应，怎么办？"

③民不畏死，奈何以死惧之？

百姓不怕死，为什么还要拿死来恐吓他们呢？

（4）何如、奚如，可译为"怎么样"。

①今日之事何如？

今天的事情怎么样了？

②天旱不雨，寡人欲暴巫，奚如？

天旱不下雨，我打算晒巫求雨，怎么样？

（5）何以，可译为"为什么""凭借什么"。

今肃可迎操耳，如将军不可也。何以言之？

如今鲁肃我可以向曹操投降，但将军却不可以。为什么这样说呢？

3. 反问

（1）不亦……乎，可译为"不也是……吗"。

有朋自远方来，不亦乐乎？

有朋友从远方到来，不也很快乐吗？

（2）不为……乎，可译为"不算是……吗"。

此不为远者小而近者大乎？

这不算是远处的看着小而近处的看着大吗？

（3）何……为、何以……为、奚以……为，可译为"何必……呢""哪里用得着……呢"。

①天之亡我，我何渡为？

上天要灭亡我，我何必还渡乌江呢？

②（2017·全国Ⅲ卷）此事，申饬边臣岂不可，何以使为？

这件事情，告诫守边的大臣难道不行吗？何必还要出使呢？

③欲杀即杀，奚以锁为？

你想杀就杀，哪里还用得着用锁铐住我呢？

（4）何……之有，可译为"有什么……呢"。

夫晋，何厌之有？

晋国有什么满足的呢？

（5）其……乎、岂……乎、岂……邪/耶，可译为"大概……吧""难道……吗"。

①巫医乐师百工之人，君子不齿，今其智乃反不能及，其可怪也欤！

巫医乐师百工这些人是君子所看不起的，如今君子的智慧却反不如他们，这难道不奇怪吗？

②其孰能讥之乎？

难道谁还能讥笑他吗？

③日夜望将军至，岂敢反乎？

我日日夜夜盼望着将军到来，怎么敢反叛呢？

④盛衰之理，虽曰天命，岂非人事哉？

盛衰的道理，虽说是天命决定的，但难道没有人为因素吗？

（6）能无……乎，可译为"怎能没有……呢"。

信而见疑，忠而被谤，能无怨乎？

诚信却被怀疑，忠诚却被诽谤，怎能没有怨恨呢？

（7）安能、何能、何得，可译为"怎么能""怎能"。

①双兔傍地走，安能辨我是雄雌？

雄雌两兔一起并排跑，怎能分辨出哪只是雄兔、哪只是雌兔呢？

②君美甚，徐公何能及君也？

您漂亮极了，徐公怎么能比得上您呢？

③在上何得不骄？持满何得不溢？

身居高位怎能不傲慢？手持满杯怎能不溢出？

（8）独……乎/哉/耶，可译为"难道……吗"。

①公奈何众辱我，独无闲处乎？

您为什么当众羞辱我？难道不能私下告诉我吗？

②相如虽驽，独畏廉将军哉？

相如虽然才能低下，难道害怕廉将军吗？

③且公子纵轻胜，弃之降秦，独不怜公子姊耶？

况且您即使轻视我赵胜，抛弃我，让我向秦国投降，难道就不爱惜您的姐姐吗？

4. 感叹

（1）何其，可译为"多么"。

今人毁君，君亦毁人，譬如贾竖女子争言，何其无大体也！

如今别人诋毁您，您也诋毁别人，好像商人和女人争嘴，多么不识大体啊！

（2）特/直/止……耳，可译为"只不过……罢了"。

①特与婴儿戏耳。

只不过是跟孩子开玩笑罢了。

②驻足者，直三二人耳。

停下脚步的，只不过二三人罢了。

③禽兽之变诈几何哉？止增笑耳。

禽兽的欺骗手段能有多少啊？只不过增加笑料罢了。

（3）一何，可译为"多么"。

昔班彪依窦融而有河西之功，今一何相似也！

当初班彪因依附窦融而拥有劝河西归汉的功劳，如今的状况是多么相似啊！

5. 推测、揣测、商榷

（1）得无……乎/耶，可译为"该不会……吧""莫非……吧""恐怕……吧"。

①日食饮得无衰乎？

每天的饮食该不会减少吧？

②成反复自念，得无教我猎虫所耶？

成名反复自言自语，莫非是指示我捕捉蟋蟀的地方吧？

（2）无乃……乎，可译为"恐怕……吧"。

今君王既栖于会稽之上，然后乃求谋臣，无乃后乎？

如今您已经栖身在会稽山上，然后才来寻求谋臣，恐怕太迟了吧？

（3）庶几、庶几……乎，可译为"或许"。

①寡人以为善，庶几息兵革。

我认为这样很好，或许就可以停止战争了。

②吾王庶几无疾病与，何以能鼓乐也？

我的君王或许没有什么病吧，不然怎么能奏乐呢？

（二）表示某种关联

1. 比较

（1）孰与、……与……孰……，可译为"跟……相比，谁更……"。

①巫马子谓子墨子曰："鬼神孰与圣人明智？"

巫马子问墨子："鬼神与圣人相比，谁更明智呢？"

②名与身孰亲？身与货孰多？得与亡孰病？

名声和性命相比，哪一个更亲？性命和财物相比，哪一个更贵重？得到和丧失相比，哪一个更有害？

（2）孰若、与其……孰若……，可译为"哪里比得上""与其……不如……"。

①卿言多务，孰若孤？

你说你事务繁忙，哪里比得上我呢？

②与其害农，孰若取之于商贾？

与其损害农民的利益，哪里比得上向商人收税呢？

2. 选择

（1）惟……孰与……，可译为"是……还是……"。

惟坐而待亡，孰与伐之？

是坐而待毙，还是讨伐他？

（2）与其……孰若……，可译为"与其……不如……"。

与其有乐于身，孰若无忧于其心。

与其肉体上享受快乐，不如心里没有忧愁。

（3）其……其……，可译为"是……还是……"。

呜呼！其信然邪？其梦邪？其传之非其真邪？

唉！难道这是真的吗？还是做梦呢？还是传来的消息不是真的呢？

（4）与其……毋宁……，可译为"与其……不如……"。

与其使吾先死，毋宁汝先吾而死。

与其让我先死，不如你在我之前死去。

3. 因果

（1）所以、之所以，可译为"……的原因"。

①所以遣将守关者，备他盗之出入与非常也。

（我）派遣军队把守函谷关的原因，是防备其他盗贼进来和意外发生。

②原庄宗之所以得天下，与其所以失之者，可以知之矣。

推究庄宗得天下和失天下的原因，就能够知道了。

（2）以……故，可译为"因为……的缘故"。

此独以跛之故，父子相保。

唯独这个人因为腿瘸的缘故免于参军作战，父子得以保全。

（3）是以、是故、以故，可译为"因此""所以"。

①举世皆浊而我独清，众人皆醉而我独醒，是以见放。

整个世间都浑浊，只有我是干净的，众人都醉了，只有我是清醒的，所以被放逐。

②是故弟子不必不如师，师不必贤于弟子。

因此学生不一定不如老师，老师不一定比学生贤能。

③方急时，不及召下兵，以故荆轲逐秦王，而卒惶急无以击轲，而乃以手共搏之。

当时正危急，来不及召唤台阶下的兵士，所以荆轲追逐秦王，大家仓促间惊惶失措，没有武器可以用来攻击荆轲，仅凭借双手一起同荆轲搏斗。

4. 假设

（1）然则，可译为"既然如此/这样，那么……"。

然则，诸侯之地有限，暴秦之欲无厌。

既然如此，那么诸侯的土地有限，残暴的秦国的欲望永远没有满足。

（2）向使，可译为"假如""如果"。

向使能瞻前顾后，援镜自戒，则何陷于凶患乎？

假如能瞻前顾后，拿镜子自我警戒，怎么会陷入凶险的局面？

5. 转折

（1）虽然，可译为"即使如此/虽然如此，也……"。

虽然，必告不谷。

即使这样，也一定要告诉我。

（2）然而，可译为"这样却……"。

七十者衣帛食肉，黎民不饥不寒，然而不王者，未之有也。

年满七十岁的人能够穿丝绸、吃肉，老百姓不挨饿受冻，做到了这样而不能称王于天下的，是没有过的。

自测练习

翻译下列句子。

1. 爱民治国，能无知乎？

_____

2. 其真无马邪？其真不知马也！

_____

3.（2016·山东卷）公乃愿致诸侯，不亦难乎？公之言过矣。

_____

4. 此何遽不为福乎？

_____

5．奚以之九万里而南为？

_____

6．与其有誉于前，孰若无毁于其后。

_____

7．人非尧舜，何得每事尽善？

_____

8．（2018·天津卷）兼而有者，其吾友杨君乎？

_____

9．若翁廉，若辈得无苦贫乎？

_____

10．师劳力竭，远主备之，无乃不可乎？

_____

答案见 P257

字词篇

句式篇

断句、翻译及阅读理解篇

文化常识篇

断句、翻译及阅读理解篇

第七章　断句、翻译

我国古代并没有今天所用的标点符号，一篇文章，乃至一本书都是一个汉字接着一个汉字写下来的，所以古人读书都要自己断句。我们在高考中也要面对断句题，断句题的分值一般为3分。

而翻译句子也是我们阅读文言文所需的基本能力之一，翻译题的分值在整个文言文阅读部分中占比最大，一般在8分至10分之间。如果我们翻译句子的能力不强，就无法准确理解文章内容，从而影响整体得分。所以说，提升文言文断句和翻译的能力是非常必要的。

第一节　断句

热身练习

根据题干要求，选出合适的答案。

1.（2015·山东淄博一模）下列断句正确的一项是（　　）。

A. 西域法王来朝／帝欲郊劳／原吉不可／及法王入／原吉见／不拜／帝笑曰／卿欲效韩愈耶／

B. 西域法王来／朝帝欲郊劳／原吉不可及／法王入／原吉见／不拜／帝笑曰／卿欲效韩愈耶／

C. 西域法王来朝帝／欲郊劳原吉／不可及／法王入／原吉见不拜／帝笑曰／卿欲效韩愈耶／

D. 西域法王来朝帝／欲郊劳／原吉不可／及法王入／原吉见不拜帝／笑曰／卿欲效韩愈耶／

2.（2015·山东德州一模）下列断句正确的一项是（　　）。

A.（豫）让于此时曾无／一语开悟主心／视伯之危／亡犹越人视秦人之肥瘠也／

B.（豫）让于此时／曾无一语开悟／主心视伯之危亡／犹越人视秦人之肥瘠也／

C.（豫）让于此时／曾无一语开悟主心／视伯之危亡／犹越人视秦人之肥瘠也／

D.（豫）让于此／时曾无一语开悟主／心视伯之危亡犹越人／视秦人之肥瘠也／

3.（2018·全国Ⅱ卷）下列断句正确的一项是（　　　）。

A.王涣字稚子／广汉郪人也／父顺／安定太守／涣少好侠／尚气力／数通剽轻少年／晚而改节敦／儒学习《尚书》／读律令／略举大义／

B.王涣字稚子／广汉郪人也／父顺／安定太守／涣少好侠／尚气力／数通剽轻少年／晚而改节／敦儒学／习《尚书》／读律令／略举大义／

C.王涣字稚子／广汉郪人也／父顺／安定太守／涣少／好侠尚气力／数通剽轻少年／晚而改节敦／儒学习《尚书》／读律令／略举大义／

D.王涣字稚子／广汉郪人也／父顺／安定太守／涣少／好侠尚气力／数通剽轻少年／晚而改节／敦儒学／习《尚书》／读律令／略举大义／

4.下列断句正确的一项是（　　　）。

A.婴儿非／与戏也／婴儿非／有知也／待父母而学者／也听父母之教／今子欺之／是教子欺也／母欺子子／而不信其母／非以成教也／

B.婴儿非与戏也／婴儿非有知也／待父母／而学者也听父母之教／今子欺之是教子欺也／母欺子／子而不信其母非以成教也／

C.婴儿非／与戏也／婴儿非／有知也／待父母而学／者也／听父母之教／今子欺之／是教子欺也／母欺子子而不信其母／非以成教也／

D.婴儿非与戏也／婴儿非有知也／待父母而学者也／听父母之教／今子欺之／是教子欺也／母欺子／子而不信其母／非以成教也／

5.下列断句正确的一项是（　　　）。

A.鱼得水而游焉则乐／塘决水涸则为蝼蚁所食／有掌修其堤防／补其缺漏／则鱼得而利之／国有以存／人有以生／国之所以存者／仁义是也／人之所以生者／行善是也／

B.鱼得水而游焉／则乐塘决水涸／则为蝼蚁所食／有掌修其堤／防补其缺漏／则鱼得而利之／国有以存人／有以生国／之所以存者／仁义是也／人之所以生者／行善是也／

C.鱼得水而游焉则乐塘决／水涸则为蝼蚁所食／有掌修其堤防／补其缺／漏则鱼得而利之／国有以存／人有以生／国之所以存者／仁义是也／人之所以生者／行善是也／

D. 鱼得水而游焉 / 则乐塘决水 / 涸则为蝼蚁所食 / 有掌修其堤防补其缺漏 / 则鱼得而利之 / 国有以存人 / 有以生国 / 之所以存者 / 仁义是也 / 人之所以生者 / 行善是也 /

参考答案

1. A　　2. C　　3. B　　4. D　　5. A

知识解析

在一句话的末尾用句号断开，叫"句"；在一句话中语气停顿的地方用逗号或顿号断开，叫"读（dòu）"，所以文言文的断句称为"句读"或"句逗"。句读的正确与否很关键，正所谓"失之毫厘，差之千里"，句读直接影响着我们对文句的理解，韩愈《师说》中的"句读之不知，惑之不解"说的就是这个意思。断句是文言文阅读的基础能力。在高考中，断句题往往也是文言文阅读部分的第一道题。"良好的开端是成功的一半"，所以，我们一定要重视文言文的断句。

文言文的断句一般以选择题的形式进行考查，往往以"下列对文中画波浪线部分的断句，正确的一项是"的形式进行提问（本书的练习题将题干简化为"下列断句正确的一项是"）；而2023年高考新课标Ⅰ卷则使用了新的题型，需要考生在句中的八处位置里选出最需要断句的三处，如"韩非子书 A 云夫子 B 善之 C 引 D 以张本 E 然 F 后难之 G 岂有 H 不似哉"。试题将出现四种类型的得分——0分、1分、2分、3分，区分度得以提高。面对这样的题型，我们更加需要深入理解句意，在"可断可不断"与"非断不可"之间做出正确取舍。

（一）断句的基本步骤

面对一段需要断句的文言文，切记不要随意作答，一定要仔细分析思考。一般来说，断句的基本步骤有四个：

1. 通读全文，读懂文意

"书读百遍，其义自见"，领悟全篇的文意，对原文内容有大致的了解，知晓需要断句部分的性质，无疑会对断句有很大帮助。我们在平时也要多读文言文，培养自己的语感。形成一定的语感以后，在解答一些较为简单的断句题时就可以很快地完成。

2. 由浅入深，先易后难

将能轻易断开的地方先断开，然后分别向前或向后解决其他部分。逐步缩小范围，集中精力解决难点。

3. 找到标志，事半功倍

结合文言文的特点，找到标志性的词语或结构，如主谓宾等句子成分以及常见的语气词、人称代词、固定句式等，能够起到事半功倍的作用。

4. 通读复查，完成断句

通读断好的文句，结合文意进行复查，仔细检查是否符合上下文语境、是否符合语法规范等，如果没有问题，断句就完成了。

（二）断句的基本技巧

1. 借助名词或代词断句

名词，尤其是专有名词，如官职、官署、人名、地名等，内部不能断开，如"父友兵部主事常允恭死于九江"中的"父友兵部主事常允恭"是专有名词，充当句子的主语，其中间就不能断开。此外，方位名词如"东""西""南""北"等常常连用或对用，可以利用它们找到断句的位置，如在"西瞻蜀之岷山及离碓北自龙门至于朔方"中，"西""北"对用，句子无疑应该在"北"前断开。

代词包括第一人称代词（如"吾""我""予""余""朕"等）、第二人称代词（如"尔""汝""子"等）、第三人称代词（如"彼""之""其"等）、近指代词（如"是""此""兹"等）、远指代词（如"彼""夫"等）、疑问代词（如"谁""孰""何""奚""安"等）等等，往往可以充当句子的主语或宾语，充当句子的主语时，句子要在其前面断开，充当句子的宾语时，句子要在其后面断开，如在"张遁举兵应之贵乃命叱奴兴救隆州"中，"之"是代词，是动词"应"的宾语，那么首先就应该在"之"后断开。

2. 借助虚词位置断句

虚词按其所在位置可大致分为句首虚词、句中虚词、句末虚词。在古代，人们就很重视利用虚词的位置进行断句，如刘勰在《文心雕龙·章句》中就说："夫惟盖故者，发端之首唱；之而于以者，乃札句之旧体；乎哉矣也，亦送末之常科。"也就是说"夫""惟""盖""故"是句首常用的发语词，"之""而""于""以"是句中常用的虚词，"乎""哉""矣""也"是句末常用的虚词。因此，我们可以利用虚词的位置特点进行断句。如在"嗟乎退之之于唐盖不遇矣"中，"嗟乎"是叹词，应该单独成句，"盖"是发语词，应该在其前面断句，此句应断为"嗟乎/退之之于唐/盖不遇矣/"。

下表总结了常见的句首虚词、句中虚词、句末虚词及其断句位置。

位置	类型	举例	断句位置
句首	发语词	夫、惟、盖、故、唯、斯、凡、且、窃、敬、请、至若、若夫、且夫	在其前断
	时间词	初、今、向、顷之、未几、已而、斯须、俄而、既而、昔、昔者	
	关联词	虽、虽然、向使、即使、纵使、苟、是故、然则、至于、于是、岂	
	叹词	呜呼、嗟夫、嗟乎、噫、噫嘻、悲夫	单独成句
句中	关联词	而、于、以、则、犹、如、乃、况、然、亦	在其前断
	对话引语词	曰、云、言	在其后断
句末	语气词	乎、哉、矣、也、焉、耳、邪、耶、与、欤、夫	在其后断

3. 借助句式断句

古代汉语中的疑问句、特殊句式（如倒装句、判断句、被动句等）和固定句式（如"……者……也""无乃……乎""何……之有"等）是相沿已久的习惯用法，我们正好可以利用这点进行断句。如在"我之所以弗避而摄行政者恐天下畔周无以告我先王太王王季文王"中，"之所以……者"是表示原因的固定句式，"无以"是表示判断的固定句式，应该在"者"后和"无以"前断句，此句当断为"我之所以弗避而摄行政者/恐天下畔周/无以告我先王太王/王季/文王/"。

此外，省略句常常是准确断句的障碍，断句时往往需要补足省略的成分。如在"吾闻汉购我头千金邑万户吾为汝德"中，"头"和"千金"之间其实省略了介词"以"，补足成分后就可以知道"头"和"千金"之间不能断开，此句当断为"吾闻汉购我头千金/邑万户/吾为汝德/"。

下表总结了一些常见句式及其断句位置。

类型	举例	断句位置
疑问句	无乃……乎、得无……乎	
倒装句	唯/惟/维……是/之……	
判断句	……者……也、……为/乃/即/则……	在其后断
被动句	受……于……、见……于……、为……所……	
固定句式	无以、何以、何……之有、奈……何、何以……为、特……耳、以……故	具体问题具体分析

4. 借助修辞断句

古人在写文章时非常重视修辞，文本常常呈现出字数相同、句式整齐的现象。其中，比喻、对偶、排比、对比、顶真等修辞手法比较常见，借助它们的特点，也能帮助我们进行断句。

（1）比喻

比喻句中必有比喻词，断句时，快速、准确地判断出比喻词，找出前后与之相关的句子，有助于我们断句。如在"天下之势譬如一身"中，"譬"是比喻词，当在其前断，此句应断为"天下之势/譬如一身/"。

（2）对偶

对偶是一种用一对字数相等、结构相同的短语或句子来表达相反、相对或相似意思的修辞方式。断句时如果遇到对偶句，可先断开，再考虑其他。如在"不积跬步无以至千里不积小流无以成江海"中，我们首先能判断出这里运用了对偶的修辞方式，可以在"里"和"不"之间断开，又因为前半句和后半句都出现了固定句式"无以"，这句话自然就应断为"不积跬步/无以至千里/不积小流/无以成江海/"。

（3）排比

排比句的几个分句往往具有结构相同、字数大致相等、多重复用字等特点，我们可以利用这些特点进行断句。如在"知理而后可以举兵知势而后可以加兵知节而后可以用兵"中，分别出现了三个"知"，而且每个"知"后面都有七个字，那么这句话就应断为"知理而后可以举兵/知势而后可以加兵/知节而后可以用兵/"。

（4）对比

不同的事物，其表象、实质都不同，将它们并列在一起互相对照，从而突出要表述的观点，就是对比。抓住对比句中形成对比的几种事物，有助于我们断句。如在"燕雀乌鹊巢堂坛兮露申辛夷死林薄兮"中，"燕雀乌鹊"是鸟类，"露申辛夷"是植物，作者通过对比它们的不同结局来突出自己的观点，此句应断为"燕雀乌鹊/巢堂坛兮/露申辛夷/死林薄兮/"。

（5）顶真

顶真的特点就是上句的结尾和下句的开头使用相同的字或词。根据这个特点，我们很容易就能进行断句。如在"夫奢则不逊不逊必侮上侮上者逆道也"中，两个"不逊"和两个"侮上"明显就是顶真，必须要断开，此句应断为"夫奢则不逊/不逊必侮上/侮上者/逆道也/"。

5. 借助对话断句

在古代汉语中，对话和引文前常常有"曰""云""言""谓""白""语"等词语，我们可利用它们进行断句。如在"齐威王魏惠王会田于郊惠王曰齐亦有宝乎威王曰无有"中，两个"曰"以及它们的主语都能提示我们，此句应断为"齐威王/魏惠王会田于郊/惠王曰/齐亦有宝乎/威王曰/无有/"。

自测练习

一、用"/"给下列句子断句。

1. 今人毁君君亦毁人譬如贾竖女子争言何其无大体也

2. 天不为人之恶寒而辍其冬地不为人之恶险而辍其广君子不为小人之匈匈而易其行

3. 秦王坐章台见相如相如奉璧奏秦王秦王大喜传以示美人及左右左右皆呼万岁

4. 贼食尽无所掠众稍散归行恭行恭乃率其众与师利迎谒秦王于渭北拜光禄大夫

5. 帝怒问廷臣或指其书曰此诽谤非法问濂对曰彼尽忠于陛下耳陛下方开言路恶可深罪

6. 沛公为汉王以何为丞相项王与诸侯屠烧咸阳而去汉王所以具知天下厄塞户口多少强弱之处民所疾苦者以何具得秦图书也

7. 其积于中者浩如江河之停蓄其发于外者烂如日星之光辉其清音幽韵凄如飘风急雨之骤至其雄辞闳辩快如轻车骏马之奔驰

8. 时发其愤闷于歌诗至其所激往往惊绝又喜行草书皆可爱故虽其短章醉墨落笔争为人所传

9. 隆曰陛下若能任臣当听臣自任帝曰云何隆曰臣请募勇士三千人无问所从来率之鼓行而西禀陛下威德丑虏何足灭哉

10. 积善多者虽有一恶是为过失未足以亡积恶多者虽有一善是为误中未足以存人君闻此可以悚惧布衣闻此可以改容

二、根据题干要求，选出合适的答案。

1. （2021·山东泰安一模）下列断句正确的一项是（　　　）。

　　A.小王子万余骑入沙河堡/雄战却之/未几/复大人/不能御/求罢不许/移延绥/召金书后军都督府/

　　B.小王子万余骑/入沙河堡/雄战却之未几/复大人/不能御/求罢不许/移延绥/召金书后军都督府/

　　C.小王子万余骑/入沙河堡/雄战却之未几/复大人/不能御/求罢/不许移延绥/召金书后军都督府/

　　D.小王子万余骑入沙河堡/雄战却之/未几/复大人/不能御/求罢/不许移延绥/召金书后军都督府/

2. （2020·全国Ⅲ卷）下列断句正确的一项是（　　　）。

　　A.答曰/中兴以来/郊祀往往有赦/愚意尝谓非宜/何者/黎庶不达/其意将谓郊祀必赦/至此时/凶愚之辈复生心于侥幸矣/遂从之

　　B.答曰/中兴以来/郊祀往往有赦/愚意尝谓非宜/何者/黎庶不达其意/将谓郊祀必赦/至此时/凶愚之辈复生心于侥幸矣/遂从之

　　C.答曰/中兴以来/郊祀往往有赦/愚意尝谓非宜何者/黎庶不达/其意将谓郊祀必赦/至此时/凶愚之辈复生心于侥幸矣/遂从之

　　D.答曰/中兴以来/郊祀往往有赦/愚意尝谓非宜何者/黎庶不达其意/将谓郊祀必赦/至此时/凶愚之辈复生心于侥幸矣/遂从之

3. （2019·全国Ⅱ卷）下列断句正确的一项是（　　　）。

　　A.会痤病/魏惠王亲往问病/公叔曰/公孙鞅年虽少有/奇才/愿王举国而听之/王即不听用鞅/必杀之/无令出境/

　　B.会痤病/魏惠王亲往问病/公叔曰/公孙鞅年虽少/有奇才/愿王举国而听之/王即不听用鞅/必杀之/无令出境/

　　C.会痤病/魏惠王亲往问病/公叔曰/公孙鞅年虽少/有奇才/愿王举国而听之/王即不听/用鞅必杀之/无令出境/

D. 会痤病 / 魏惠王亲往问病 / 公叔曰 / 公孙鞅年虽少 / 有奇才 / 愿王举国 / 而听之 / 王即不听用鞅 / 必杀之 / 无令出境 /

4. （2019·天津卷）下列断句正确的一项是（ ）。

A. 然学自为学 / 政自为政 / 群居玩岁自好者 / 不过能通经缉文 / 以取科第 / 既得之 / 则昔之 / 所习者旋以废忘 /

B. 然学自为学 / 政自为政 / 群居玩岁 / 自好者不过能通经缉文 / 以取科第 / 既得之 / 则昔之所习者 / 旋以废忘 /

C. 然学自为学 / 政自为政 / 群居玩岁 / 自好者不过能通经 / 缉文以取科第 / 既得之则昔之 / 所习者 / 旋以废忘 /

D. 然学自为学 / 政自为政 / 群居玩岁自好者 / 不过能通经缉文 / 以取科第 / 既得之则昔之 / 所习者 / 旋以废忘 /

5. （2021·新高考Ⅰ卷）下列断句正确的一项是（ ）。

A. 初 / 上皇欲强宗室 / 以镇天下故皇 / 再从三从弟及兄弟之子 / 虽童孺皆为王 / 王者数十人 / 上从容问群臣 / 遍封宗子于天下利乎 /

B. 初 / 上皇欲强宗室以镇天下 / 故皇再从三从弟及兄弟之子 / 虽童孺皆为王 / 王者数十人 / 上从容问群臣 / 遍封宗子 / 于天下利乎 /

C. 初 / 上皇欲强宗室以镇天下 / 故皇再从三从弟及兄弟之子虽童孺 / 皆为王 / 王者数十人 / 上从容问群臣 / 遍封宗子于天下 / 利乎 /

D. 初 / 上皇欲强宗室 / 以镇天下故皇 / 再从三从弟及兄弟之子虽童孺 / 皆为王 / 王者数十人 / 上从容问群臣 / 遍封宗子于天下 / 利乎 /

答案见 P258

第二节 翻译

热身练习

翻译下列句子。

1. 王不行，示赵弱且怯也。

_____

2. 主人下马客在船，举酒欲饮无管弦。

_____

3. 生孩六月，慈父见背。

_____

4. （2004·全国Ⅲ卷）贤而多财，则损其志；愚而多财，则益其过。

_____

5. （2006·天津卷）光武难其守，问于邓禹曰："诸将谁可使守河内者？"

_____

参考答案

1. 大王如果不前往，就会显得赵国软弱而且胆怯。
2. 主人和客人下了马，走上了船，举起酒杯想要喝酒，却没有音乐助兴。
3. 生下我才六个月，慈祥的父亲就去世了。
4. 贤良的人，财产太多就会磨损他的志气；愚蠢的人，财产太多就会增加他的过错。
5. 光武帝认为河内很难防守，便问邓禹："众将中可以派谁去镇守河内？"

知识解析

　　前面说过，翻译题的分值在整个文言文阅读部分中的占比是最大的。由于古今汉语的差别较为明显，所以翻译题有一定难度，题目满分率不高，这样的题目非常值得我们重视。在夯实基础的前提下，我们要对文言文翻译的种类、基本原则、基本步骤、基本方法等有一定的了解，这样才能快速、准确地答题。

（一）翻译的种类

1. 直译

即用现代汉语逐字逐句地对原文进行翻译，尽量保证实词、虚词语义一一对应的翻译方法。直译要求原文的每一个字在译文中都有所体现，译文的每一个字都要在原文中有根据。它的好处是字字落实，不足之处就是译文有时会不通顺。

2. 意译

即根据原文的语义进行大致翻译，尽量符合原文的意思，语句尽可能照顾原文词义的翻译方法。意译有一定的灵活性，文字可增可减，词语的位置可以变化，句式也可以变化。它的好处是文意连贯，译文符合现代汉语的表达习惯，比较通顺、流畅、好懂，不足之处是有时不能字字落实。

从高考的特点和考查目的来看，我们应做到以直译为主，意译为辅，如果直译后语言不顺、表意不明，则可用意译；尤其在面对使用了比喻、借代、委婉、用典等修辞手法的句子时，一般要用到意译。

（二）翻译的基本原则

现今人们进行翻译时一般遵循清末严复在《天演论》中提出的"信、达、雅"三原则，他说："译事三难：信、达、雅。求其信已大难矣，顾信矣不达，虽译犹不译也，则达尚焉。……三者乃文章正轨，亦即为译事楷模。故信达而外，求其尔雅。"我们在平时的翻译训练中就要在这三原则上下功夫，这样在考试中才能得分。

1. 信——要忠于原文

要忠于原文的内容和每个字词的含义，采用直译的方法进行翻译，不可随意增减内容。

2. 达——语序要正确，语言要通顺

要把原文的语义、思想、语气都准确地表达出来，语言流畅通顺，不能有语病。

3. 雅——译文要有文采

要用简明、典雅、富有文采的现代汉语将原文的内容及风格准确地表达出来。这是翻译的最高要求，需要较高的语言素养。

（三）翻译的基本步骤

1. 读

多读几遍，先凭语感整体感知文意。

2. 找

找到需要翻译的句子在原文中的位置，仔细阅读前后文句，揣摩这段文字的大致含义。

3. 定

确定该句的重点字词，一般是动词、形容词、副词等，还包括词类活用、句式等内容。

4. 译

按照翻译的种类、基本原则、基本步骤、基本方法等翻译句子。

5. 留

翻译时，遇到疑难字词可暂时留下来不译，等译完上下文再仔细推敲疑难字词的含义。

6. 再读

通读几遍译文，检查译文是否准确、通顺，有无遗漏。

7. 誊

将检查后的译文抄到答题卡上，字迹要工整、规范。

（四）翻译的基本方法

通行的翻译方法一般包括留、删、换、调、补、贯等。其中，前三者是关于字词的，后三者是关于句子的。

1. 留

原文中的人名、地名、时间、日期、季节、年号、帝号、国号、庙号、谥号、书名、物名、官职、度量衡单位等，都要保留不译。如：

（1）庆历四年春，滕子京谪守巴陵郡。

"庆历"是年号，"四年"是时间，"春"是季节，"滕子京"是人名，"巴陵郡"是地名，这些词语在翻译时都可以保留。全句可译为：庆历四年春，滕子京被贬谪到巴陵郡任太守。

（2）南阳刘子骥，高尚士也。

"南阳"是地名，翻译时可以保留。全句可译为：南阳人刘子骥是一名志向高洁的隐士。

2. 删

对于原文中没有实际意义的字词，可以直接删去，不翻译，如发语词、结构助词、语气助词、同义连言中的一个词、偏义复词中陪衬的词素等。

（1）夫战，勇气也。

"夫"是发语词，"也"是语气助词，翻译时应删去。全句可译为：战争靠的是勇气。

（2）师道之不传也久矣。

"之"是主谓之间取消句子独立性的结构助词，"也"是语气助词，翻译时应删去。全句可译为：从师学习的风尚不流传已经很久了。

（3）或遇其叱咄，色愈恭，礼愈至，不敢出一言以复。

"叱咄"是同义连言，不必分别翻译，"咄"字可删去不译，整体将"叱咄"译为"叱责""喝叱""斥责""训斥"等义即可。全句可译为：有时遇到他的叱责，态度更加恭敬，礼数更加周到，一个字也不敢说。

（4）昼夜勤作息。

"作息"是偏义复词，在本句中语义偏在"作"上，"息"是陪衬的词素，翻译时应删去。全句可译为：白天黑夜勤恳地劳作。

3. 换

"换"是翻译的重点和难点所在。它所涉及的内容繁多，如需将文言词换成现今的词，需将古代汉语中的单音词换成现代汉语中的复音词，需将发生词类活用的词的本来词义换成活用后的词义，需将通假字换成本字，需将古代汉语中的特殊句式和固定结构换成现代汉语中的表达，等等。如：

（1）余闻而愈悲。

"余"需换成"我"；"闻"需换成"听到"；"愈"需换成"更加"；"悲"需换成"悲痛"。全句可译为：我听到后更加悲痛。

（2）故木受绳则直，金就砺则利。

"故"需换成"所以"；"木"需换成"木材"；"金"需换成"金属刀具"；"砺"需换成"磨刀石"；"利"需换成"锋利"。全句可译为：所以木材经墨线量过就笔直了，金属刀具经磨刀石磨过就锋利了。

（3）卒使上官大夫短屈原于顷襄王。

"短"是形容词活用为动词，"短小"义需换成"诋毁"义。全句可译为：最终让上官大夫在顷襄王面前诋毁了屈原。

（4）子之兄弟，事之数十年，师死而遂倍之。

"倍"是通假字，需换成本字"背"，意思是"背叛"。全句可译为：你们兄弟，侍奉老师数十年，老师一死就背叛他。

（5）（2017·全国Ⅲ卷）此事，申饬边臣岂不可，何以使为？

"何以……为"是古代汉语中表示反问的固定句式，翻译时需换成现代汉语的语序，即"哪里用得着……呢"。全句可译为：这件事情，命令守边大臣去做难道不行吗？哪里用得着使者呢？

4．调

翻译时要将原文中倒装句的语序调整为现代汉语的语序，主要包括宾语前置、谓语前置、定语后置、介宾短语后置等。如：

（1）（2017·山东卷）叔陵雅钦重之，弗之罪也。

"弗之罪"是宾语前置句，翻译时需将宾语"之"调到谓语"罪"之后。全句可译为：叔陵向来钦佩敬重他，不怪罪他。

（2）大哉，尧之为君也！

"大哉"是前置的谓语，翻译时需将其调到主语"尧之为君"的后面。全句可译为：尧作为君主真是伟大啊！

（3）集谢庄少年之精技击者。

"精技击者"是后置的定语，翻译时需将其调到中心语"少年"之前。全句可译为：把谢庄精通武术的少年召集起来。

（4）桓公问治民于管子。

"于管子"是后置的介宾短语，翻译时需将其调到谓语"问"的后面。全句可译为：桓公问管仲如何治理百姓。

5．补

对于省略句，要先补全省略的部分，再进行翻译。如：

（1）见渔人，乃大惊，问所从来，具答之。

这几个分句都是省略了主语的省略句，翻译时要分别将主语补足。全句可译为：村里人见到渔民都非常吃惊，问他从哪里来，渔民详细地做了回答。

（2）择其善者而从之，其不善者而改之。

第二个分句是省略了谓语的省略句，翻译时要补上谓语"择"。全句可译为：选择别人的优点去学习，看出别人的缺点（如果自己有）就改正。

（3）以相如功大，拜为上卿。

第二个分句是省略了宾语的省略句，翻译时要补上"拜"的宾语"相如"或"他"。全句可译为：因为蔺相如功劳大，拜他为上卿。

（4）今汝背恩如是，则并父子亦无矣。

第二个分句是省略了定语后的中心语的省略句，翻译时要在"父子"后面补上"之情"。全句可译为：如今你背叛有恩的人到这样的地步，就是连父子之情也没了啊。

（5）吾闻汉购我头千金。

这是省略了介词的省略句，翻译时要在"千金"之前补上"以"。全句可译为：

我听说汉王用千金求购我的头颅。

6. 贯

原文中如果使用了比喻、借代、用典、互文、委婉等修辞手法，翻译时要根据实际情况灵活贯通地翻译出来。

（1）乃使蒙恬北筑长城而守藩篱。

"藩篱"使用了比喻的修辞手法，翻译时需译为本体"边境"。全句可译为：于是派蒙恬到北方去修筑长城守卫边境。

（2）肉食者鄙，未能远谋。

"肉食者"使用了借代的修辞手法，翻译时需译为本体"做官的人"。全句可译为：做官的人见识浅薄，不能做长远的打算。

（3）臣生当陨首，死当结草。

"结草"是《左传》记载的春秋时期的报恩典故，与汉代的报恩典故"衔环"放在一起就是成语"结草衔环"，所以翻译时需译为"报恩"。全句可译为：我活着应当不惜肝脑涂地，死了也要报恩。

（4）秦时明月汉时关。

本句使用了互文的修辞手法，翻译时就要通盘考虑。全句可译为：秦汉时的明月，秦汉时的关。

（5）虽少，愿及未填沟壑而托之。

"填沟壑"是"死"的婉辞，翻译时需译为"死"。全句可译为：虽然他很年少，但我希望在我死之前把他托付给您。

自测练习

翻译下列句子。

1.（2021·新高考Ⅰ卷）君恶闻其过，则忠化为佞；君乐为直言，则佞化为忠。

_____

2. 天下不多管仲之贤而多鲍叔能知人也。

_____

3. 人皆有兄弟，我独亡。

_____

4.（2006·湖北卷）处庙堂之下，不知有战阵之急；保俸禄之资，不知有耕稼之苦。

_____

5. 然陈涉瓮牖绳枢之子，氓隶之人，而迁徙之徒也。

_____

6. （2021·浙江卷）襄又复而读之，益悲，岂行己之谬与？

_____

7. （2020·全国Ⅰ卷）其体浑涵光芒，雄视百代，有文章以来，盖亦鲜矣。

_____

8. （2023·新课标Ⅰ卷）请略说一隅，而君子审其信否焉。

_____

9. （2022·新课标Ⅰ卷）燕不救魏，魏王折节割地，以国之半与秦，秦必去矣。

_____

10. （2019·全国Ⅱ卷）圣人苟可以强国，不法其故；苟可以利民，不循其礼。

_____

答案见 P259

字词篇

句式篇

断句、翻译及阅读理解篇

文化常识篇

第八章　阅读理解

　　古代汉语学习的基础是字、词、句，掌握了相关的基础后，最终目的是能够读懂并归纳分析文言文选段的相关内容。从近年的考情来看，高考文言文阅读题的题型已经形成了相对稳定的格局：实词主要考查其在具体语境中的意义；虚词主要考查其在文中的实际用法；句子主要考查翻译；筛选信息主要考查考生对文中人物某个特点的理解与掌握，或者考查考生对某个事件的叙述和看法，有时也会考查相关的文化常识；主要内容和中心思想的概括主要考查考生对文中内容的理解。

　　可以说，真正读懂并理解了文章，才能顺利完成这些试题。提升阅读理解能力，对平时阅读文言文和解答相关题目都有很大的帮助。本章将从理解文章内容、分析人物形象、把握文章主旨三个方面展开叙述。

第一节　理解文章内容

热身练习

1.（2009·安徽卷）阅读下面一段文言文，完成相关题目。

游东山记

[明]杨士奇

　　洪武乙亥，余客武昌。武昌蒋隐溪先生，年已八十余，好道家书。其子立恭，能诗。皆意度阔略。然深自晦匿，不妄交游，独与余相得也。

　　是岁三月朔，余三人者，携童子四五人，载酒肴出游。天未明东行，过洪山寺二里许，折北，穿小径可十里，度松林，涉涧。涧水澄澈，深处可浮小舟。旁有盘石，容坐十数人。松柏竹树之阴，森布蒙密。时风日和畅，草木之葩烂然，香气拂拂袭衣，禽鸟之声不一类。遂扫石而坐。

　　坐久，闻鸡犬声。余招立恭起，东行数十步，过小冈，田畴平衍弥望，有茅屋十数家，遂造焉。一叟可七十余岁，素发如雪，被两肩，容色腴泽，类饮酒者。延余两人坐。牖下有书数帙，立恭探得《列子》，余得《白虎通》，皆欲取而难于言。叟识其意，曰："老夫无用也。"各怀之而出。

还坐石上，指顾童子摘芋叶为盘，载肉。立恭举匏壶注酒，传觞数行。立恭赋七言近体诗一章，余和之。酒半，有骑而过者，余故人武昌左护卫李千户也，骇而笑，不下马，径驰去。须臾，具盛馔，及一道士偕来，遂共酌。道士出《太乙真人图》求诗。余赋五言古体一章，书之。立恭不作，但酌酒饮道士不已。道士不能胜，降跽谢过，众皆大笑。李出琵琶弹数曲。立恭折竹，窍而吹之，作洞箫声。隐溪歌费无隐《苏武慢》。道士起舞蹁跹，两童子拍手跳跃随其后。已而道士复揖立恭曰："奈何不与道士诗？"立恭援笔书数绝句，语益奇，遂复酌，余与立恭饮少，皆醉。

已而夕阳距西峰仅丈许，隐溪呼余还，曰："乐其无已乎？"遂与李及道士别。中道隐溪指道旁冈麓顾余曰："是吾所营乐丘①处也。"又指道旁桃花语余曰："明年看花时索我于此。"

既归，立恭曰："是游宜有记。"属未暇也。

是冬，隐溪卒，余哭之。明年寒食，与立恭豫约诣墓下。及期余病，不果行。未几，余归庐陵，过立恭宿别，始命笔追记之。未毕，立恭取读，恸哭；余亦泣下，遂罢。然念蒋氏父子交好之厚，且在武昌山水之游屡矣，而乐无加乎此，故勉而终记之。手录一通，遗立恭。

既游之明年，八月戊子记。

（节选自《东里集》）

[注]①乐丘：坟墓。

下列对原文有关内容的理解与分析，不正确的一项是（　　　　）。

A. 隐溪隐匿避世，在交友方面非常谨慎；乐观旷达，对生死也很淡然；虽然年事已高，还能怡情山水。

B. 立恭性情率真，能饮酒，好读书，擅长诗歌写作，与作者有着很深的交往，对已逝的父亲充满怀念。

C. 立恭提议出游后应该有游记，可是作者因为事务繁忙，一直未能写作，直到次年八月才动笔写成。

D. 文章主要记述了游东山的情况，表现了作者与隐溪父子的深厚友情，流露出对老友逝去的感伤。

2.（2008·福建卷）阅读下面一段文言文，完成相关题目。

晏子之晋，至中牟，睹弊冠反裘负刍，息于途侧者，以为君子也，使人问焉。曰："子何为者也？"对曰："我越石父者也。"晏子曰："何为至此？"曰："吾为人臣，仆于中牟，见使将归。"晏子曰："何为为仆?"对曰："不免冻饿之切吾身，是以为仆也。"晏子曰："为仆几何?"对曰："三年矣。"晏子曰："可得赎乎?"对曰："可。"遂解左骖以赠①之，因载而与之俱归。

至舍，不辞而入，越石父怒而请绝，晏子使人应之曰："吾未尝得交夫子也，子为仆三年，吾乃今日睹而赎之，吾于子尚未可乎?子何绝我之暴也。"

越石父对之曰："臣闻之，士者诎乎不知己，而申乎知己，故君子不以功轻人之身，不为彼功诎身之理。吾三年为人臣仆，而莫吾知也；今子赎我，吾以子为知我矣。向者子乘，不我辞也，吾以子为忘；今又不辞而入，是与臣我者同矣。我犹且为臣，请鬻于世。"

晏子出，见之曰："向者见客之容，而今也见客之意。婴闻之，省行者不引其过，察实者不讥其辞，婴可以辞而无弃乎?婴诚革之。"乃令粪洒②改席，尊醮③而礼之。

越石父曰："吾闻之，至恭不修途，尊礼不受摈④。夫子之礼，仆不敢当也。"晏子遂以为上客。

君子曰："俗人之有功则德，德则骄。晏子有功，免人于厄，而反诎下之，其去俗亦远矣。此全功之道也。"

（节选自《晏子春秋》）

[注] ①赠：当作"赎"。②粪洒：扫除清洗。③醮：古代嘉礼中的一种仪节。④摈：同"傧"，通假字，傧相，古时替主人接引宾客的人。

下列对原文有关内容的理解与分析，不正确的一项是（　　）。

A.晏子前往晋国，在途中遇到了越石父，替他赎身，可见晏子善于识别人才，爱护人才。

B.越石父认为晏子对自己失礼，仍把他当奴仆，十分生气，说明他态度偏激，心胸狭窄。

C.晏子听了越石父的一番话后，深感愧疚，就以嘉礼相待，这使越石父颇受感动。

D.君子认为，晏子能远离世俗的偏见，礼贤下士，不居功自傲，这样就可以保全功德了。

参考答案

1. C。C项中的"次年八月才动笔"是错误的。查对原文"未几，余归庐陵，过立恭宿别，始命笔追记之。未毕，立恭取读，恸哭；余亦泣下，遂罢"，可知作者将要返回庐陵时已开始动笔，只是没有写成，直到东山春游的次年八月才写成，所以选C。

2. B。B项中的"说明他态度偏激，心胸狭窄"是错误的。查对原文"至舍，不辞而入，越石父怒而请绝""今子赎我，吾以子为知我矣。向者子乘，不我辞也，吾以子为忘；今又不辞而入，是与臣我者同矣。我犹且为臣，请鬻于世"，可知原文并没有"态度偏激，心胸狭窄"的信息，所以选B。

知识解析

"理解文章内容"主要考查考生对文中信息进行提炼、对所述事件进行综合判断与推理的能力。其具体命题形式一般是客观选择题，有的地方试卷也会出主观简答题。在客观选择题中，命题人会根据阅读材料给出四个相关的选项，要求考生判断正误，题干表述多为"理解和分析不符合原文意思的一项是"或"对原文有关内容的概括和分析不正确的一项是"，也就是说四个选项中有三个选项表述正确，一个选项表述有误，这也是为了降低难度而设计的。主观简答题往往要求考生自己组织语言，对内容要点加以概括，一般会限定字数。

（一）答题基本步骤

1. 总体阅读，整体感知

只有总体阅读，整体感知，才能统筹相关材料，理解文章内容，从而快速、准确地分析、评价相关人物和事件，体会人物情感。和现代文阅读一样，我们在阅读文言文时也要针对不同的文体采取不同的阅读策略：阅读记叙类文本，要厘清时间、地点、人物以及事件的起因、发展、高潮和结局；阅读传记类文本，一定要厘清文中记录了哪几件事，表现了人物的哪些性格和精神风貌等。

2. 抓住题干，仔细品味

要完整分析题干中的所有要求，不能有遗漏。同时也要仔细揣摩题干的导向，明确题干要求选择正确的一项还是选择错误的一项。只有准确地分析题干，才能准确地答题。作答时，可以根据各个选项的内容定位到原文的表述，从而判断选项的正误。对于时间、地点、官职以及人物的行为等内容，应仔细查对。

3. 从文本和答案入手，排除干扰

高考一般以选择题考查该类考点，所给的迷惑选项往往会出现张冠李戴、颠倒黑白、曲解词义等问题。答题时一定要从文本和选项两方面入手，这样才能排除干扰，准确作答。

（二）解题技巧举例

1. （2021·全国甲卷）阅读下面一段文言文，完成相关题目。

九月，契丹大举入寇。时以虏寇深入，中外震骇，召群臣问方略。王钦若，临江人，请幸金陵。陈尧叟，阆州人，请幸成都。帝以问寇准，准曰："不知谁为陛下画此二策？"帝曰："卿姑断其可否，勿问其人也。"准曰："臣欲得献策之人，斩以衅鼓，然后北伐耳！陛下神武，将臣协和，若大驾亲征，敌当自遁；不然，出奇以挠其谋，坚守以老其师，劳佚之势，我得胜算矣。奈何弃庙社，欲幸楚、蜀，所在人心崩溃，敌乘胜深入，天下可复保耶！"帝意乃决，因问准曰："今虏骑驰突，而天雄军实为重镇，万一陷没，则河朔皆虏境也。孰为可守？"准以王钦若荐，且曰："宜速召面谕，授敕俾行。"钦若至，未及有言，准遽曰："主上亲征，非臣子辞难之日，参政为国柄臣，当体此意。"钦若惊惧不敢辞。

闰月乙亥，以参知政事王钦若判天雄军兼都部署。契丹主隆绪同其母萧氏遣其统军顺国王萧挞览攻威虏、顺安军，三路都部署击败之，斩偏将，获其辎重。又攻北平砦及保州，复为州砦兵所败。挞览与契丹主及其母合众攻定州，宋兵拒于唐河，击其游骑。契丹遂驻兵阳城淀，号二十万，每纵游骑剽掠，小不利辄引去，徜徉无斗志。是时，故将王继忠为契丹言和好之利，契丹以为然，遣李兴议和。帝曰："朕岂欲穷兵，惟思息战！如许通和，即当遣使。"

冬十月，遣曹利用诣契丹军。十二月庚辰，契丹使韩杞持书与曹利用俱来，请盟。利用言契丹欲得关南地。帝曰："所言归地事极无名，若必邀求，朕当决战！若欲货财，汉以玉帛赐单于，有故事，宜许之。"契丹犹觊关南，遣其监门卫大将军姚东之持书复议，帝不许而去。利用竟以银十万两、绢二十万匹成约而还。

（节选自《宋史纪事本末·契丹盟好》）

下列对原文有关内容的理解与分析，不正确的一项是（　　）。

A. 契丹军队南侵宋朝，面对强敌，寇准坚决反对退避内地，提出应当严惩主张避战的大臣，并力促皇上御驾亲征。

B. 寇准举荐主张避战的王钦若镇守天雄军，并告诫钦若：皇上决定亲征，臣子不可辜负圣意。钦若惊惧不敢推辞。

C.契丹军队屡次侵犯宋朝，先攻威虏、顺安军，又攻北平砦及保州，而后又合兵攻定州，均遭到宋军迎头痛击。

D.在战局有利的情况下，宋朝皇帝为了息战，主动提出议和，并派曹利用到契丹军中谈判，最终与契丹达成盟约。

解析：D项中的"宋朝皇帝为了息战，主动提出议和"是错误的。查对原文"是时，故将王继忠为契丹言和好之利，契丹以为然，遣李兴议和"，可知主动议和的并非宋朝皇帝，而是契丹，所以选D。此选项便属于张冠李戴。

2.（2021·浙江卷）阅读下面一段文言文，完成相关题目。

答谢景山^①书

[宋]蔡襄

襄顿首景山足下：夏中辱示新文数十篇，其间景山所称道而仆所不愿为者，因事往问，幸而时中，欲景山思而从之，不敢陈于文辞也。近蒙示书，盈千百言，引喻称类，若固守而不移者。某欲终不言，然使景山固而不移，特唱于人，亦某过之大者也。

某尝病景山好称学韩杜笔，语于人，今而曰："既师其意，又师其辞，何患？且嗜退之文辞，欲诱人同所乐也。"某谓由道而学文，道至焉，文亦至焉；由文而之道，困于道者多矣。是故道为文之本，文为道之用。与其诱人于文，孰若诱人于道之先也？景山前书主文辞而言，故有是云。襄岂敢鄙文词哉？顾事有先后耳。襄之为文，无能过人，其句读高下，时亦类乎古人，无足怪也。

又病景山嗟世人之不知己，务以文词求于有位，今而曰："吾以文求正于有位，于道为无枉。古之人重其自进，我仕且困坠，求知于人无愧。"又云："在数顷田，必归耕海上。"景山何乐于自进，而勇于自退乎？是未离乎躁也。妄者易进而难退，狷者难进而易退，妄与狷，君子皆不由也。君子之于进退，唯其道而已矣。景山又多取前世重人自进为比，苟有异于襄之说，虽前世重人，襄不从矣。其称仲尼，佛肸^②召而欲往，孟子不遇于鲁侯，斯二者何求哉？委乎天而待用者也。

又病景山恤仕宦之颠踬，今而曰："非恤美仕之未得，愤意外之横辱。"斯亦景山未之思与？夫圣人之言，吾畏之；贤者之规，吾愧之。有人加言于我，吾置其喜怒而辨其枉直。使其言蹈乎圣人贤者之说，吾畏而且愧焉；其言异于是，吾将悯之，岂暇受而为辱乎？小人之辱，君子不辱也。景山取之哉，取之哉，抑愤之心日益损矣！景山又云：若使襄年四十而卑辱，未必能如己之恬然不苟也。襄又复而读之，益悲，岂行己之谬与？如景山且不能见信，尚何望于众人？虽然，襄无求信于人，自信甚明。身之穷泰，不得而知之，为学远近，力穷则已，其所自信者，不却行而利动也。今日视前日，犹能乐其所是，而恨其所不至；使年益加而虑益广，岂肯舍所乐而从所恨哉！

与景山别久，思一相见，以道所怀。今虽谆谆其词，非求胜于景山，盖陈己之所守，抑未知景山以为非是也。诚以为非是，幸亦语焉，襄不敢惮烦于屡告也。不宣。襄顿首上。

（节选自《全宋文》）

[注]①谢景山：谢伯初，字景山，晋江（今福建泉州）人，天圣二年（1024年）进士，官许州法曹，有《谢景山诗集》。②佛肸（xī）：人名，与孔子同时。

下列对原文有关内容的理解与分析，不正确的一项是（　　）。

A. 作者认为，"道"是"文"的根本，"文"是"道"的体现，对谢景山沉溺文辞，倒置文道的写作倾向，抱有质疑、商榷的态度。

B. 谢景山年过四十，仕途不顺，感叹世间少有知己伯乐，怨愤自己遭受意外欺辱，急于以文求进，却又轻言放弃，常常急躁不安。

C. 作者希望谢景山能潜心向道，增进才识，不轻易为他人言语议论左右，不仿效前代高位之人自进的方式，不攀附孔、孟圣人。

D. 本文采用逐层辩驳的手法，表达作者淡泊名利，乐学自信，温厚雅正的处事态度，行文真诚坦荡，理直气刚，措辞精确凝练。

解析： C项中的"不攀附孔、孟圣人"是错误的。查对原文"虽前世重人，襄不从矣，其称仲尼，佛肸召而欲往，孟子不遇于鲁侯，斯二者何求哉？委乎天而待用者也"，可知作者并不是要求朋友不攀附孔孟，而是请朋友不要相信前世重人所说的孔孟也试图自谋仕进的说法，并为孔孟辩解，说他们不过是"委乎天而待用者也"，并非自谋仕进，所以选C。此选项便属于颠倒黑白。

3. （2018·全国Ⅲ卷）阅读下面一段文言文，完成相关题目。

纯礼字彝叟，以父仲淹荫，知陵台令兼永安县。永昭陵建，京西转运使配木石砖甓及工徒于一路，独永安不受令。使者以白陵使韩琦，琦曰："范纯礼岂不知此？将必有说。"他日，众质之，纯礼曰："陵寝皆在邑境，岁时缮治无虚日，今乃与百县均赋，曷若置此，使之奉常时用乎？"琦是其对。还朝，用为三司盐铁判官，以比部员外郎出知遂州。

泸南有边事，调度苛棘，纯礼一以静待之，辨其可具者，不取于民。民图像于庐，而奉之如神，名曰"范公庵"。草场火，民情疑怖，守吏惕息俟诛。纯礼曰："草湿则生火，何足怪！"但使密偿之。库吏盗丝多罪至死，纯礼曰："以棼然之丝而杀之，吾不忍也。"听其家趣买以赎，命释其株连者。除户部郎中、京西转运副使。

徽宗立，以龙图阁直学士知开封府。前尹以刻深为治，纯礼曰："宽猛相济，圣人之训。方务去前之苛，犹虑未尽，岂有宽为患也。"由是一切以宽处之。中旨鞫享泽村民谋逆，纯礼审其故，此民入戏场观优，归途见匠者作桶，取而戴于首曰："与刘先主如何？"遂为匠擒。明日入对，徽宗问何以处之，对曰："愚人村野无所知，若以叛逆蔽罪，恐辜好生之德。以不应为杖之，足矣。"曰："何以戒后人？"曰："正欲外间知陛下刑宪不滥，足以为训尔。"徽宗从之。

纯礼沉毅刚正，曾布惮之，激驸马都尉王诜曰："上欲除君承旨，范右丞不可。"诜怒。会诜馆辽使，纯礼主宴，诜诬其辄斥御名，罢为端明殿学士、知颍昌府，提举崇福宫。崇宁五年，复左朝议大夫，提举鸿庆宫。卒，年七十六。

（节选自《宋史·范纯礼传》）

下列对原文有关内容的理解与分析，不正确的一项是（　　　）。

A. 纯礼敢于抗言，受到韩琦赏识。主管官员分配劳赋不当，纯礼有理有据地提出异议，认为永安县负责陵寝日常维护，劳役不应与各县均等，得到陵使韩琦认同。

B. 纯礼关怀下属，处分重在惩戒。他在遂州任上对下属宽厚，草场失火，守吏惶恐等候诛杀，库吏因盗丝将被处死，他均认为罪不至死而采用赔偿的惩处。

C. 纯礼鉴察往事，治事去苛从宽。在开封府任上，有村民被误告谋逆，他发现事实并非如此，认为应判杖刑，并以彰显皇上刑罚不滥为由，征得皇上认可。

D. 纯礼坚毅刚直，不幸遭人算计。他的正直让曾布恐惧，曾布曾挑唆驸马都尉王诜诬告纯礼，王诜即借纯礼宴请辽使事构陷纯礼，致使纯礼蒙冤，最终遭到免职。

解析： D项中的"最终遭到免职"是错误的。查对原文"罢为端明殿学士、知颍昌府，提举崇福宫"，可知"罢"是罢官而非免职，也就是说范纯礼并不是被免职，只是被罢免了原来的官职，担任端明殿学士、颍昌府知府、崇福宫提举，所以选D。此选项便属于曲解词义。

除了上述情况以外，命题人还有可能会以夸大其词、偷换概念、混淆时序等方式设置迷惑选项，这要求我们在做题时一定要准确理解文章内容，增强对迷惑信息的辨别能力。

字词篇

句式篇

断句、翻译及阅读理解篇

文化常识篇

自测练习

1.（2021·天津卷）阅读下面一段文言文，完成相关题目。

世之所谓智者，知天下之利害，而审乎计之得失，如斯而已矣。此其为智犹有所穷。唯见天下之利而为之，唯其害而不为，则是有时而穷焉，亦不能尽天下之利。古之所谓大智者，知天下利害得失之计，而权之以人。是故有所犯天下之至危，而卒以成大功者，此以其人权之。轻敌者败，重敌者无成功。何者？天下未尝有百全之利也，举事而待其百全，则必有所格，是故知吾之所以胜人，而人不知其所以胜我者，天下莫能敌之。

当汉氏之衰，豪杰并起而图天下，二袁、董、吕争为强暴，而孙权、刘备又已区区于一隅，其用兵制胜，固不足以敌曹氏，然天下终于分裂，讫魏之世，而不能一。盖尝试论之。魏武长于料事，而不长于料人。刘备有盖世之才，而无应卒之机。方其新破刘璋，蜀人未附，一日而四五惊，斩之不能禁。释此时不取，而其后遂至于不敢加兵者终其身。孙权勇而有谋，此不可以声势恐喝取也。魏武不用中原之长，而与之争于舟楫之间，一日一夜，行三百里以争利。犯此二败以攻孙权，是以丧师于赤壁，以成吴之强。且夫刘备可以急取，而不可以缓图。方其危疑之间，卷甲而趋之，虽兵法之所忌，可以得志。孙权者，可以计取，而不可以势破也，而欲以荆州新附之卒，乘胜而取之。彼非不知其难，特欲侥幸于权之不敢抗也。此用之于新造之蜀，乃可以逞。故夫魏武重发于刘备而丧其功，轻为于孙权而至于败。此不亦长于料事而不长于料人之过欤？

嗟夫！事之利害，计之得失，天下之能者举知之。知之而不能权之以人，则亦纷纷焉或胜或负，争为雄强，而未见其能一也。

（节选自宋·苏轼《魏武帝论》）

观曹公明锐权略，神变不穷，兵折而意不衰，在危而听不惑，临事决机，举无遗悔，近古以来，未之有也。虽复名微众寡，地小力穷，官渡受围，濮阳战屈。然天下精明之士，拓落之材，趋若百川之崇巨海，游尘之集高岳。故有荀彧、郭嘉等，或敛风长感，或一见尽怀。然后览英雄之心，骋熊罴之勇，挟天子以崇大顺，扶幼主而显至公，武功赫然，霸业成矣。

（节选自唐·朱敬则《魏武帝论》）

下列对原文有关内容的理解与分析，不正确的一项是（　　　）。

A. 苏轼一开篇就肯定了明辨利害就是"智者"的看法，并认为"大智者"还必须善于权衡对手。

B. 苏轼认为曹操过于重视刘备，又过于轻视孙权，因而错失统一的时机。

C. 朱敬则认为曹操在名望、实力上不占优势，又屡次战败，但最终扶持幼主，使朝廷稳定。

D. 两则选文摆事实、讲道理，观点鲜明，条理清晰，文气充沛，很有说服力。

2.（2013·山东卷）阅读下面一段文言文，完成相关题目。

看松庵记

［明］宋濂

龙泉多大山，其西南一百余里诸山为尤深，有四旁奋起而中洼下者，状类箕筐，人因号之为"匡山"。山多髯松，弥望入青云，新翠照人如濯。松上薜萝份份披披，横敷数十寻，嫩绿可咽。松根茯苓，其大如斗，杂以黄精、前胡及牡鞠之苗，采之可茹。

吾友章君三益乐之，新结庵庐其间。庵之西南若干步，有深渊二，蛟龙潜于其中，云英英腾上，顷刻覆山谷，其色正白，若大海茫无津涯，大风东来，辄飘去，君复为构烟云万顷亭。庵之东北又若干步，山益高，峰峦益峭刻，气势欲连霄汉。南望闽中数百里，嘉树帖帖地上如荠，君复为构唯天在上亭。庵之正南又若干步，地明迥爽洁，东西北诸峰，皆竞秀献状，令人爱玩忘倦，兼之可琴可弈，可挈尊罍而饮，无不宜者，君复为构环中亭。

君诗书之暇，被鹤氅衣，支九节筇[①]，历游三亭中。退坐庵庐，回睇髯松，如元夫、巨人拱揖左右。君注视之久，精神凝合，物我两忘，恍若与古豪杰共语千载之上。君乐甚，起穿谢公屐，日歌吟万松间，屐声锵然合节，与歌声相答和。髯松似解君意，亦微微作笙箫音以相娱。君啸[②]曰："此予得看松之趣者也。"遂以名其庵庐云。

龙泉之人士，闻而疑之曰："章君负济世长才，当闽寇压境，尝树旗鼓，砺戈矛，帅众而捣退之，盖有意植勋业以自见者。今乃以'看松'名庵，若隐居者之为，将鄙世之胶扰而不之狎耶，抑以斯人为不足与，而有取于松也？"金华宋濂窃不谓然。夫植物之中，禀贞刚之气者，唯松为独多。尝昧昧思之，一气方伸，根而蕴者，荄而敛者，莫不振翘舒荣以逞妍于一时。及夫秋高气清，霜露既降，则皆黄陨而无余矣。其能凌岁寒而不易行者，非松也耶！是故昔之君子每托之以自厉，求君之志，盖亦若斯而已。君之处也，与松为伍，则巍然有以自立；及其为时而出，刚贞自持，不为物议之所移夺，卒能立事功而泽生民，初亦未尝与松柏相悖也。或者不知，强谓君忘世，而致疑于出处间，可不可乎？

（节选自《宋濂全集》）

［注］①九节筇（qióng）：一种竹杖。②嗟（jiè）：赞叹。

下列对原文有关内容的理解与分析，不正确的一项是（　　　）。

A. 匡山位于龙泉的西南面，因为四面高耸，中间低洼，形状如"箕筐"而得名。它景色优美，引人入胜。

B. 章三益在匡山上盖了草舍后，又根据草舍周围环境的特点建造了三个亭子，在亭中弹琴、下棋、喝酒。

C. 章三益读书之余，常在松间歌吟，与松树心意相通，精神相合，深得看松之趣，因此把草舍命名为"看松庵"。

D. 宋濂不同意龙泉人士对章三益的看法，他认为章三益无论隐居还是出来做官，都能像松树一样坚持操守。

3. 阅读下面一段文言文，完成相关题目。

荀卿论
［宋］苏轼

尝读《孔子世家》，观其言语文章，循循莫不有规矩，不敢放言高论，言必称先王，然后知圣人忧天下之深也。茫乎不知其畔岸，而非远也；浩乎不知其津涯，而非深也。其所言者，匹夫匹妇之所共知；而其所行者，圣人有所不能尽也。呜呼！是亦足矣。使后世有能尽吾说者，虽为圣人无难；而不能者，不失为寡过而已矣。

子路之勇，子贡之辩，冉有之知，此三者，皆天下之所谓难能而可贵者也。然三子者，每不为夫子之所悦。颜渊默然不见其所能，若无以异于众人者，而夫子亟称之。且夫学圣人者，岂必其言之云尔哉？亦观其意之所向而已。夫子以为后世必有不能行其说者矣，必有窃其说而为不义者矣。是故其言平易正直，而不敢为非常可喜之论，要在于不可易也。

昔者常怪李斯事荀卿，既而焚灭其书，大变古先圣王之法，于其师之道，不啻若寇仇。及今观荀卿之书，然后知李斯之所以事秦者，皆出于荀卿，而不足怪也。

荀卿者，喜为异说而不让，敢为高论而不顾者也。其言愚人之所惊，小人之所喜也。子思、孟轲，世之所谓贤人君子也。荀卿独曰："乱天下者，子思、孟轲也。"天下之人，如此其众也；仁人义士，如此其多也。荀卿独曰："人性恶。桀、纣，性也。尧、舜，伪也。"由是观之，意其为人必也刚愎不逊，而自许太过。彼李斯者，又特甚者耳。

今夫小人之为不善，犹必有所顾忌，是以夏、商之亡，桀、纣之残暴，而先王之法度、礼乐、刑政，犹未至于绝灭而不可考者，是桀、纣犹有所存而不敢尽废也。彼李斯者，独能奋而不顾，焚烧夫子之六经，烹灭三代之诸侯，破坏周公之井田，此亦必有所恃者矣。彼见其师历诋天下之贤人，以自是其愚，以为古先圣王皆无足法者。不知荀卿特以快一时之论，而荀卿亦不知其祸之至于此也。

其父杀人报仇，其子必且行劫。荀卿明王道，述礼乐，而李斯以其学乱天下，其高谈异论有以激之也。孔、孟之论，未尝异也，而天下卒无有及者。苟天下果无有及者，则尚安以求异为哉！

（节选自《唐宋八大家散文读本》）

下列对原文有关内容的理解与分析，不正确的一项是（　　）。

A. 孔子的主张博大精深，但通俗易懂，人们如果完全按照孔子的主张去做，想要成为一个圣人也不困难，即使不能做到，也会少犯错误。

B. 子路、子贡、冉有都是天下人认为难得的人才，这三人却因为喜欢高谈阔论而不被孔子喜欢；相反，寡言的颜渊却深受孔子的喜爱。

C. 李斯骄矜傲慢，扰乱天下，犯下"烹灭三代之诸侯，破坏周公之井田"等过错，是因为受到他的老师荀卿高谈异论的影响。

D. 文章先写孔子循规蹈矩，不敢放言高论，后写荀卿喜为异说而毫不谦让，敢发高论而不顾一切，这样就构成了对比，增强了文章的说服力。

4. 阅读下面一段文言文，完成相关题目。

朱博字子元，杜陵人也。家贫，少时给事县为亭长，稍迁为功曹，伉侠好交。是时，前将军望之子萧育、御史大夫万年子陈咸以公卿子著材知名，博皆友之矣。陈咸为御史中丞，坐漏泄省中语下狱。博去吏，间步至廷尉中，候伺咸事。咸掠治困笃，博诈得为医入狱，得见咸，具知其所坐罪。博出狱，又变姓名，为咸验治数百，卒免咸死罪。咸得论出，而博以此显名，为郡功曹。

迁冀州刺史。博本武吏，不更文法，及为刺史行部，吏民数百人遮道自言，官寺尽满。从事白请且留此县录见诸自言者，事毕乃发，欲以观试博。博心知之，告外趣驾。既白驾办，博出就车见自言者，使从事明敕告吏民："欲言县丞尉者，刺史不察黄绶，各自诣郡。欲言二千石墨绶长吏者，使者行部还，诣治所。其民为吏所冤，及言盗贼辞讼事，各使属其部从事。"博驻车决遣，四五百人皆罢去，如神。吏民大惊。后博徐问，果老从事教民聚会。博杀此吏，州郡畏博威严。

迁琅邪太守。齐郡舒缓养名，博新视事，右曹掾史皆移病卧。博问其故，对言："惶恐！故事二千石新到，辄遣吏存问致意，乃敢起就职。"博奋髯抵几曰："观齐儿欲以此为俗邪？"乃召见诸曹史书佐及县大吏，选视其可用者，出教置之。皆斥罢诸病吏，白巾走出府门。郡中大惊。文学儒吏时有奏记称说云云，博见谓曰："如太守汉吏，奉三尺律令以从事耳，亡奈生所言圣人道何也！且持此道归，尧、舜君出，为陈说之。"其折逆人如此。视事数年，大改其俗。

迁廷尉，职典决疑，当谳平天下狱。博恐为官属所诬，视事，召见正监典法掾史，谓曰："廷尉本起于武吏，不通法律，幸有众贤，亦何忧！然廷尉治郡断狱以来且二十年，亦独耳剽日久，三尺律令，人事出其中。掾史试与正监共撰前世决事吏议难知者数十事，持以问廷尉，得为诸君覆意之。"正监以为博苟强，意未必能然，即共条白焉。博皆召掾史，并坐而问，为平处其轻重，十中八九。官属咸服博之疏略，材过人也。每迁徙易官，所到辄出奇谲如此，以明示下为不可欺者。

（节选自《汉书·薛宣朱博传》）

下列对原文有关内容的理解与分析，不正确的一项是（　　　　）。

A. 朱博性格开朗，喜爱交游。尽管出身低微，但是他刚直仗义，因此能和一些公卿子弟相识相知，并在关键时刻以他的智谋舍身救人。

B. 朱博打击陋习毫不客气。刚到琅邪太守任上，就免去了一批故意装病作态的官员。几年时间，琅邪的陋习有了很大的改变。

C. 朱博有良好的应变能力。有个狡猾的官员趁他巡视部属时煽动几百人拦道投诉，他立即斩杀了组织者，然后解散了投诉者，判处如神。

D. 朱博处事凌厉。每次升调改换官职到一个新的岗位，他常常先在下属面前展示自己的才智和威严，给他们来个"下马威"。

答案见 P259

第二节 分析人物形象

热身练习

1. 阅读下面一段文言文，完成相关题目。

杜景俭，冀州武邑人也。少举明经，累除殿中侍御史。出为益州录事参军。时隆州司马房嗣业除益州司马，除书未到，即欲视事，又鞭笞僚吏，将以示威。景俭谓曰："公虽受命为此州司马，而州司未受命也。何藉数日之禄，而不待九重之旨，即欲视事，不亦急耶？"嗣业益怒。景俭又曰："公今持咫尺之制，真伪未知，即欲揽一州之权，谁敢相保？扬州之祸，非此类耶？"乃叱左右各令罢散，嗣业惭赧而止。俄有制除嗣业荆州司马，竟不如志，人吏为之语曰："录事意，与天通，益州司马折威风。"景俭由是稍知名。入为司宾主簿，转司刑丞。

天授中，与徐有功、来俊臣、侯思止专理制狱，时人称云："遇徐、杜者必生，遇来、侯者必死。"累迁洛州司马，寻转凤阁侍郎、同凤阁鸾台平章事。则天尝以季秋内出梨花一枝示宰臣曰："是何祥也？"诸宰臣曰："陛下德及草木，故能秋木再花，虽周文德及行苇，无以过也。"景俭独曰："谨按《洪范五行传》：'阴阳不相夺伦，渎之即为灾。'又《春秋》云：'冬无愆阳，夏无伏阴，春无凄风，秋无苦雨。'今已秋矣，草木黄落，而忽生此花，渎阴阳也。臣虑陛下布教施令，有亏礼典。又臣等忝为宰臣，助天理物，理而不和，臣之罪也。"于是再拜谢罪，则天曰："卿真宰相也！"

延载初，为凤阁侍郎周允元奏景俭党于李昭德，左迁秦州刺史。后累除司刑卿。圣历二年，复拜凤阁侍郎、同凤阁鸾台平章事。时契丹入寇，河北诸州多陷贼中。及事定，河内王武懿宗将尽论其罪。景俭以为皆是驱逼，非其本心，请悉原之。则天竟从景俭议。岁余，转秋官尚书。坐漏泄禁中语，左授司刑少卿，出为并州长史。道病卒，赠相州刺史。

（节选自《旧唐书·杜景俭传》）

下列对原文有关内容的理解与分析，不正确的一项是（ ）。

A. 杜景俭为人稳重，思虑全面，及时劝阻了房嗣业，避免了一场闹剧。

B. 杜景俭为官宽和，但是处理刑狱时却对犯人很严苛，人们都对他这种做法有非议。

C. 杜景俭正直敢言，在回答武则天的询问时，趁机进言皇帝应反思施政，并坦陈宰臣也有责任。

D.杜景俭宦历丰富，既担任过地方官，也担任过京官。后因泄露了皇宫内不能公开的话，被贬官外调。

2. 阅读下面一段文言文，完成相关题目。

欧阳伯和墓志铭

[宋]张耒

君欧阳氏，讳发，字伯和，庐陵人，太子少师文忠公讳修之长子也。为人纯实不欺，内外如一，淡薄无嗜好，而笃志好礼，刻苦于学。胡瑗掌太学，号大儒，以法度检束士，其徒少能从之。是时文忠公已贵，君年十有五，师事瑗，恂恂惟谨，又尽能传授古乐钟律之说。

既长，益学问，不治科举文词，独探古始立论议，自书契以来至今，君臣世系，制度文物，旁至天文地理，无所不学。其学不务为抄掠应目前，必刳剖根本见终始，论次使族分部列，考之必得，得之必可用也。呜乎！其志亦大矣。然其与人不苟合，论事是是非非，遇权贵不少屈下，要必申其意，用是亦不肯轻试其所有，而人亦罕能知君者。而君之死也，今眉山苏公子瞻哭之，以为君得文忠之学，汉伯喈、晋茂先之徒也。

君为殿中丞时，曹太后崩，诏定皇曾孙服制。礼官陈公襄疑未决，方赴临，召君问其制，君从容为言，襄即奏用之。是时，方下司天监讨论古占书是否同异，折中为天文书，久未就，而襄方总监事，即荐君刊修。君为推考是非，取舍比次，书成，诏藏太史局。

君治官无大小，不苟简，所创立，后人不能更。其著书有《古今系谱图》《国朝二府年表》《年号录》，其未成者尚数十篇。

夫人吴氏，故丞相正宪公充之女，封寿安县君。男一人，日宪，渭州韦城县主簿。女七人。元祐四年十一月甲子，葬君郑州新郑县旌贤乡刘村文忠公之兆，而宪来求铭。

（节选自《张耒集》）

下列对原文有关内容的理解与分析，不正确的一项是（　　　）。

A.欧阳发十五岁时拜胡瑗为师，后来拥有丰富的古乐钟律方面的学问。

B.欧阳发性格刚直，议论事情坚持原则，不随意迎合别人。

C.欧阳发虽然出身寒门，但是他的成就很高。他去世时，苏轼都哭了。

D.欧阳发经陈襄推荐，参与修订并完成了很久没有完成的天文书。

参考答案

　　1．B。B项中的"处理刑狱时却对犯人很严苛，人们都对他这种做法有非议"是错误的。查对原文"天授中，与徐有功、来俊臣、侯思止专理制狱，时人称云：'遇徐、杜者必生，遇来、侯者必死。'"，可知真正"严苛"、被人们非议的是来俊臣、侯思止，所以选B。

　　2．C。C项中的"欧阳发虽然出身寒门"是错误的。查对原文"君欧阳氏，讳发，字伯和，庐陵人，太子少师文忠公讳修之长子也"，可知欧阳发并非出身寒门，而是太子少师欧阳修的长子，所以选C。

知识解析

　　"分析人物形象"与第一节中的"理解文章内容"密切相关，只有在正确理解文章内容的基础上，才能正确分析人物的形象。从高考传记类选文的情况看来，传主既有帝王将相，又有学者平民，一般来说是正面形象。答题时除了第一节所述的"基本步骤"外，还要重点关注能体现人物的身份、言行、相关评论等的信息，这样才能准确作答。

解题技巧举例

　　1．（2017·陕西汉中二检）阅读下面一段文言文，完成相关题目。

　　方孝孺，字希直，宁海人。孝孺幼警敏，双眸炯炯，读书日盈寸。长从宋濂学，濂门下知名士皆出其下。洪武十五年，以吴沉、揭枢荐，召见。太祖喜其举止端整，谓皇太子曰："此庄士，当老其才。"礼遣还。蜀献王闻其贤，聘为世子师。及惠帝即位，召为翰林侍讲。明年，迁侍讲学士，国家大政事辄咨之。临朝奏事，臣僚面议可否，或命孝孺就扆前批答。燕兵起，廷议讨之，诏檄皆出其手。

　　建文三年，燕兵掠大名。孝孺曰："燕兵久顿大名，天暑雨，当不战自疲。今其奏事适至，宜且与报书，往返逾月，使其将士心懈。我谋定势合，进而蹴之，不难矣。"帝以为然。命孝孺草诏，遣大理寺少卿薛嵒驰报燕，尽赦燕罪，使罢兵归藩。又为宣谕数千言授嵒，持至燕军中，密散诸将士。比至，燕王不奉诏。

　　明年五月，燕兵至江北，帝下诏征四方兵，命诸将集舟师江上。而陈瑄以战舰降燕，燕兵遂渡江。帝忧惧，或劝帝他幸，图兴复。孝孺力请守京城以待援兵，即事不济，当死社稷。乙丑，燕兵入，帝自焚。是日，孝孺被执下狱。

先是，成祖发北平，姚广孝以孝孺为托，曰："城下之日，彼必不降，幸勿杀之。杀孝孺，天下读书种子绝矣。"成祖颔之。至是欲使草诏。召至，悲恸声彻殿陛。成祖降榻劳曰："先生毋自苦，予欲法周公辅成王耳。"孝孺曰："成王安在?"成祖曰："彼自焚死。"孝孺曰："何不立成王之子?"成祖曰："国赖长君。"孝孺曰："何不立成王之弟?"成祖曰："此朕家事。"顾左右授笔札，曰："诏天下，非先生草不可。"孝孺投笔于地，且哭且骂曰："死即死耳，诏不可草。"成祖怒，命磔诸市。孝孺慨然就死，时年四十有六。

（节选自《明史·方孝孺传》）

下列对原文有关内容的理解与分析，不正确的一项是（　　　）。

A. 方孝孺年轻的时候机警敏捷，每天坚持勤奋读书；成年以后，他曾跟从宋濂学习，宋濂的学生中很多著名人士都比不上他。

B. 方孝孺善于裁断，参与国家政事。惠帝即位之后，常向他咨询政事。大臣在朝廷奏事，当面讨论可否时，皇帝有时就让方孝孺在殿上批示作答。

C. 方孝孺有谋有略，忠心报效国家。燕兵攻打大名，方孝孺曾建议惠帝使用缓兵之计，并起草诏书；在惠帝逃往其他地方后，他坚守京师进行抵抗，愿以身殉国。

D. 方孝孺忠于故主，拒绝配合成祖。他批驳成祖篡位的辩解，三次质问成祖，拒不同意起草登基诏书，激起成祖之怒，最终被处死于街市。

解析： C。C项中的"在惠帝逃往其他地方后，他坚守京师进行抵抗，愿以身殉国"是错误的。查对原文"帝忧惧，或劝帝他幸，图兴复。孝孺力请守京城以待援兵，即事不济，当死社稷"，可知当时只是有人劝说皇帝逃到其他地方，并没有表明皇帝已经逃走，所以选C。

2. (2018·全国I卷) 阅读下面一段文言文，完成相关题目。

鲁芝字世英，扶风郿人也。世有名德，为西州豪族。父为郭汜所害，芝襁褓流离，年十七，乃移居雍，耽思坟籍。郡举上计吏，州辟别驾。魏车骑将军郭淮为雍州刺史，深敬重之。举孝廉，除郎中。后拜骑都尉、参军事、行安南太守，迁尚书郎。曹真出督关右，又参大司马军事。真薨，宣帝代焉，乃引芝参骠骑军事，转天水太守。郡邻于蜀，数被侵掠，户口减削，寇盗充斥，芝倾心镇卫，更造城市，数年间旧境悉复。迁广平太守。天水夷夏慕德，老幼赴阙献书，乞留芝。魏明帝许焉。

曹爽辅政，引为司马。芝屡有谠言嘉谋，爽弗能纳。及宣帝起兵诛爽，芝率余众犯门斩关，驰出赴爽，劝爽曰："公居伊周之位，一旦以罪见黜，虽欲牵黄犬，复可得乎！若挟天子保许昌，杖大威以羽檄征四方兵，孰敢不从！舍此而去，欲就东市，岂不痛哉！"爽懦惑不能用，遂委身受戮。芝坐爽下狱，当死，而口不讼直，志不苟免。宣帝嘉之，赦而不诛。俄而起为并州刺史。

诸葛诞以寿春叛，魏帝出征，芝率荆州文武以为先驱。诞平，迁大尚书，掌刑理。武帝践阼，转镇东将军，进爵为侯。帝以芝清忠履正，素无居宅，使军兵为作屋五十间。芝以年及悬车，告老逊位，章表十余上，于是征为光禄大夫，位特进，给吏卒，门施行马。羊祜为车骑将军，乃以位让芝，曰："光禄大夫鲁芝洁身寡欲，和而不同，服事华发，以礼终始，未蒙此选，臣更越之，何以塞天下之望！"上不从。其为人所重如是。泰始九年卒，年八十四。帝为举哀，谥曰贞，赐茔田百亩。

（节选自《晋书·鲁芝传》）

下列对原文有关内容的理解与分析，不正确的一项是（　　　　）。

A.鲁芝自小受苦，仕途少有挫折。他家本为豪族，但他幼年失去父亲后，即流离失所；入仕后受到郭淮器重，后又随从曹真出督关右，官职也不断得到升迁。

B.鲁芝倾心革新，治政卓有成效。任天水太守时，蜀地饱受侵扰，人口减少，他全力守卫，修建城池，恢复旧境；离开时，天水各族百姓均请求让他留任。

C.鲁芝审时度势，进营劝谏曹爽。曹爽辅政时，他在曹手下任司马，曹受到讨伐，他率部下驰援，并提出应对策略，劝曹挟天子以号令四方，然而未被采纳。

D.鲁芝洁身自好，深受羊祜推重。羊祜任车骑将军时辞让说，鲁芝为人清心寡欲，与人和睦又不苟同，任职到老，以礼始终，他愿意将车骑将军让给鲁芝。

解析：B。B项中的"倾心革新"和"蜀地饱受侵扰"是错误的。查对原文"举孝廉，除郎中。后拜骑都尉、参军事、行安南太守，迁尚书郎。曹真出督关右，又参大司马军事。真薨，宣帝代焉，乃引芝参骠骑军事，转天水太守。郡邻于蜀，数被侵掠，户口减削，寇盗充斥，芝倾心镇卫，更造城市，数年间旧境悉复"，可知原文并没有提及鲁芝"倾心革新"的想法或行动，而且原文中是天水多被蜀国侵扰。所以选B。

3.（2017·山东卷）阅读下面一段文言文，完成相关题目。

谢贞，字元正，陈郡阳夏人，晋太傅安九世孙也。父蔺，正员外郎，兼散骑常侍。贞幼聪敏，有至性。祖母阮氏先苦风眩，每发便一二日不能饮食。贞时年七岁，祖母不食，贞亦不食，亲族莫不奇之。母王氏，授贞《论语》《孝经》，读讫便诵。八岁，尝为《春日闲居》五言诗，从舅尚书王筠奇其有佳致，谓所亲曰："此儿方可大成，至如'风定花犹落'，乃追步惠连矣。"年十三，略通《五经》大旨。尤善《左氏传》，工草隶虫篆。十四，丁父艰，号顿于地，绝而复苏者数矣。初，父蓝居母阮氏忧，不食泣血而卒，家人宾客惧贞复然，从父洽、族兄嵩乃共往华严寺，请长爪禅师为贞说法。乃谓贞曰："孝子既无兄弟，极须自爱，若忧毁灭性，谁养母邪？"自后少进馔粥。

太清之乱，亲属散亡，贞于江陵陷没，嵩逃难番禺，贞母出家于宣明寺。及高祖受禅，嵩还乡里，供养贞母，将二十年。太建五年，贞乃还朝。及始兴王叔陵为扬州刺史，引祠部侍郎阮卓为记室，辟贞为主簿。贞度叔陵将有异志，因与卓自疏于叔陵，每有宴游，辄辞以疾，未尝参预，叔陵雅钦重之，弗之罪也。俄而高宗崩，叔陵肆逆，府僚多相连逮，唯贞与卓独不坐。

后主乃诏贞入掌中宫管记，迁南平王友。府长史汝南周确新除都官尚书，请贞为让表，后主览而奇之。尝因宴席问确曰："卿表自制邪？"确对曰："臣表谢贞所作。"后主因敕舍人施文庆曰："谢贞在王处，未有禄秩，可赐米百石。"

至德三年，以母忧去职。顷之，敕起还府。贞累启固辞，敕报曰："虽知哀茕在疚，而官俟得才，可便力疾还府也。"贞哀毁羸瘠，终不能之官舍。时尚书右丞徐祚、尚书左丞沈客卿俱来候贞，见其形体骨立，祚等怆然叹息。吏部尚书姚察与贞友善，及贞病笃，察往省之，问以后事。贞曰："弱儿年甫六岁，情累所不能忘，敢以为托耳。"是夜卒。后主问察曰："谢贞有何亲属？"察因启曰："贞有一子年六岁。"即有敕长给衣粮。

（节选自《陈书·列传第二十六》）

下列对原文有关内容的理解与分析，不正确的一项是（　　）。

A. 谢贞天性聪慧，小时候读过不少典籍，有的读过就能背诵，有的粗通大意；他八岁时写的诗就深得长辈称赞。

B. 谢贞受府长史周确委托，为他撰写辞让都官尚书的表文。陈后主读过之后，怀疑该表文不是周确亲笔所作。

C. 谢贞非常孝顺，小时候祖母因病难以进食，他便也不进食；父亲去世，他悲痛欲绝；之后，他奉养母亲未曾间断。

D. 母亲去世后，谢贞一心守丧，极度悲痛，骨瘦如柴，令人叹息。他忧病而死后，后主下令长期供他儿子吃穿。

解析：C。C项中的"他奉养母亲未曾间断"是错误的。查对原文"太清之乱，亲属散亡，贞于江陵陷没，嵩逃难番禺，贞母出家于宣明寺。及高祖受禅，嵩还乡里，供养贞母，将二十年"，可知"太清之乱"时，谢贞落入敌手，长期供养贞母的是他的族兄谢嵩，所以选C。

自测练习

1.（2020·辽宁沈阳高三教学质量监测）阅读下面一段文言文，完成相关题目。

吕夷简，字坦夫，先世莱州人。进士及第，补绛州军事推官，迁大理寺丞。祥符中，迁太常博士。时京师大建宫观，伐材木于南方。有司责期会，工徒至有死者，诬以亡命，收系妻子。夷简请缓其役，从之。又言："盛冬挽运艰苦，须河流渐通，以卒番送。"真宗曰："观卿奏，有为国爱民之心矣。"擢刑部员外郎。

寇准判永兴，黥有罪者徙湖南，道由京师，上准变事。夷简曰："准治下急，是欲中伤准尔，宜勿问，益徙之远方。"从之。使契丹，还，知制诰。两川饥，为安抚使，迁刑部郎中、权知开封府。治严办有声，帝识姓名于屏风，将大用之。

仁宗即位，进右谏议大夫。雷允恭擅徙永定陵地，夷简验治，允恭诛，以给事中参知政事，因请以祥符天书内之方中。真宗祔庙，太后欲具平生服玩如宫中，以银罩覆神主。夷简言："此未足以报先帝。惟太后远奸邪，奖忠直，辅成圣德，所以报先帝者，宜莫若此也。"故事，郊祠毕，辅臣迁官，夷简与同列皆辞之，后为例。迁尚书礼部侍郎，拜同中书门下平章事。

帝始与夷简谋，以张耆、夏竦皆太后所任用者也，悉罢之，退告郭皇后。后曰："夷简独不附太后邪？但多机巧、善应变耳。"由是夷简亦罢为武胜军节度使。及宣制，夷简方押班，闻唱名，大骇，不知其故。岁中而夷简复相。

未几，感风眩。降手诏曰："古谓髭可疗疾，今翦以赐卿。"三年春，帝御延和殿召见，敕乘马至殿门。固请老，以太尉致仕，朝朔望。既薨，帝见群臣，涕下，曰："安得忧国忘身如夷简者！"赠太师、中书令，谥文靖。

（节选自《宋史·吕夷简传》）

下列对原文有关内容的理解与分析，不正确的一项是（　　）。

A. 吕夷简一心为国，勇于建言。面对寇准将要"变事"的言论，他认为这是有人故意诋毁寇准，不应杀害寇准，将寇准流放到更远的地方即可。

B. 吕夷简政绩突出，得到赏识。两川灾荒期间，他出任安抚使，并获得提拔，因治事认真有声望，皇帝甚至在屏风上记下了他的姓名。

C. 吕夷简为人机巧，受到牵连。宋仁宗罢免了太后任用的张耆和夏竦，郭皇后不满吕夷简，在仁宗面前挑拨，吕夷简最终被贬官为武胜军节度使。

D. 吕夷简深受皇恩，颇受礼遇。皇帝曾剪掉自己的胡须送给他，让他治病。

2.（2018·全国Ⅱ卷）阅读下面一段文言文，完成相关题目。

王涣字稚子，广汉郪人也。父顺，安定太守。涣少好侠，尚气力，数通剽轻少年。晚而改节，敦儒学，习《尚书》，读律令，略举大义。为太守陈宠功曹，当职割断，不避豪右。宠风声大行，入为大司农。和帝问曰："在郡何以为理？"宠顿首谢曰："臣任功曹王涣以简贤选能，主簿镡显拾遗补阙，臣奉宣诏书而已。"帝大悦，涣由此显名。

州举茂才，除温令。县多奸滑，积为人患。涣以方略讨击，悉诛之。境内清夷，商人露宿于道。其有放牛者，辄云以属稚子，终无侵犯。在温三年，迁兖州刺史，绳正部郡，风威大行。后坐考妖言不实论。岁余，征拜侍御史。

永元十五年，从驾南巡，还为洛阳令。以平正居身，得宽猛之宜。其冤嫌久讼，历政所不断，法理所难平者，莫不曲尽情诈，压塞群疑。又能以谲数发摘奸伏。京师称叹，以为涣有神算。

元兴元年，病卒。百姓市道莫不咨嗟。男女老壮皆相与赋敛，致奠醊以千数。涣丧西归，道经弘农，民庶皆设盘案于路。吏问其故，咸言平常持米到洛，为卒司所抄，恒亡其半。自王君在事，不见侵枉，故来报恩。其政化怀物如此。民思其德，为立祠安阳亭西，每食辄弦歌而荐之。延熹中，桓帝事黄老道，悉毁诸房祀，唯特诏密县存故太傅卓茂庙，洛阳留王涣祠焉。

自涣卒后，连诏三公特选洛阳令，皆不称职。永和中，以剧令勃海任峻补之。峻擢用文武吏，皆尽其能，纠剔奸盗，不得旋踵，一岁断狱，不过数十。威风猛于涣，而文理不及之。峻字叔高，终于太山太守。

（节选自《后汉书·王涣传》）

下列对原文有关内容的理解与分析，不正确的一项是（　　　　）。

A. 王涣初入仕途，才干受到赏识。他在太守陈宠手下担任功曹，遇事敢于决断；陈宠入朝为大司农，回答皇上询问时褒奖他善于简贤选能，王涣由此得以显名。

B. 王涣扫除积弊，境内风清气正。他担任温县县令，以谋略铲除奸猾之徒，世面清平，商人露宿于道；升任兖州刺史后，又依法整肃下属部门，极有声威。

C. 王涣办案严谨，治事宽猛相济，他对于疑难案件以及法理难平者，探寻本来面目，尽力还以公正；又能够揭发奸隐之事，深受外界称叹，被誉为有神算。

D. 王涣政绩卓著，后任难以比肩。他死于洛阳令任上，皇上下令特选其继任者，均不称职；后来选用任峻，任峻充分发挥文武属吏才干，仍然忙得无法分身。

3.（2013·新课标Ⅱ卷）阅读下面一段文言文，完成相关题目。

　　李揆字端卿，陇西成纪人，而家于郑州，代为冠族。少聪敏好学，善属文。开元末，举进士，献书阙下，诏中书试文章，擢拜右拾遗。乾元初，兼礼部侍郎。揆尝以主司取士，多不考实，徒峻其堤防，索其书策，深昧求贤之意也。其试进士文章，曰："大国选士，但务得才，经籍在此，请恣寻检。"由是数月之间，美声上闻。自此颇承恩遇，遂蒙大用。

　　时京师多盗贼，有通衢杀人置沟中者，李辅国方恣横，上请选羽林骑士五百人以备巡检。揆上疏曰："昔西汉以南北军相摄，故周勃因南军入北军，遂安刘氏。皇朝置南北衙，文武区分，以相伺察。今以羽林代金吾警夜，忽有非常之变，将何以制之？"遂制罢羽林之请。

　　揆在相位，决事献替，虽甚博辨，性锐于名利，深为物议所非。又其兄皆自有时名，滞于冗官，竟不引进。同列吕諲，地望虽悬，政事在揆之右，罢相，自宾客为荆南节度，声问甚美。惧其重入，遂密令直省至諲管内构求諲过失。諲密疏自陈，乃贬揆莱州长史同正员。揆既黜官，数日，其兄皆改授为司门员外郎。后累年，揆量移歙州刺史。

　　初，揆秉政，侍中苗晋卿累荐元载为重官。揆自恃门望，以载地寒，意甚轻易，不纳，而谓晋卿曰："龙章凤姿之士不见用，獐头鼠目之子乃求官。"载衔恨颇深。及载登相位，因揆当徙职，遂奏为试秘书监，江淮养疾。既无禄俸，家复贫乏，孀孤百口，丐食取给。萍寄诸州，凡十五六年，其牧守稍薄，则又移居，故其迁徙者，盖十余州焉。元载以罪诛，除揆睦州刺史，入拜国子祭酒、礼部尚书，为卢杞所恶。德宗在山南，令充入蕃会盟使，加左仆射。行至凤州，以疾卒，兴元元年四月也，年七十四。

（节选自《旧唐书·李揆传》）

下列对原文有关内容的理解与分析，不正确的一项是（　　　　）。

A. 李揆自幼好学，入仕后美名上闻。他出身显贵人家，聪明敏捷，好学上进，开元末年步入仕途。他主张考查进士务必选拔有真实才能的人，受到广泛好评。

B. 李揆有远见卓识，上疏得到认可。当时京城治安混乱，盗贼杀人，李辅国请求选羽林军以备巡视。李揆引西汉旧事说明，如羽林警夜则难以应付突然之变。

C. 李揆汲汲于名利，深受人们非议。他在相位时，论及大事头头是道，却热衷追名逐利。他嫉妒吕諲地位超过自己，密令捏造吕的过失，最后反而自食其果。

D. 李揆与元载交恶，仕途遭遇坎坷。他自恃门望高贵，鄙薄元载出身寒微，元怀恨在心。元登相位后，对他报复，致使他全家衣食无着，在各州漂泊十多年。

4.（2020·全国Ⅲ卷）阅读下面一段文言文，完成相关题目。

彪之字叔武，年二十，须鬓皓白，时人谓之王白须。初除佐著作郎、东海王文学。从伯导谓曰："选官欲以汝为尚书郎，汝幸可作诸王佐邪！"彪之曰："位之多少既不足计，自当任之于时。至于超迁，是所不愿。"遂为郎。累迁御史中丞、侍中、廷尉。

时永嘉太守谢毅，赦后杀郡人周矫，矫从兄球诣州诉冤。扬州刺史殷浩遣从事收毅，付廷尉。彪之以球为狱主，身无王爵，非廷尉所料，不肯受，与州相反复。穆帝发诏令受之。彪之又上疏执据，时人比之张释之。时当南郊，简文帝为抚军，执政，访彪之应有赦不。答曰："中兴以来，郊祀往往有赦，愚意尝谓非宜。何者？黎庶不达其意，将谓郊祀必赦，至此时，凶愚之辈复生心于侥幸矣。"遂从之。

永和末，多疾疫。旧制，朝臣家有时疾，染易三人以上者，身虽无病，百日不得入宫。至是，百官多列家疾，不入。彪之又言："疾疫之年，家无不染。若以之不复入宫，则直侍顿阙，王者宫省空矣。"朝廷从之。

及简文崩，群臣疑惑，未敢立嗣。或云，宜当须大司马处分。彪之正色曰："君崩，太子代立，大司马何容得异！若先面咨，必反为所责矣。"于是朝议乃定。及孝武帝即位，太皇太后令以帝冲幼，令温依周公居摄故事。事已施行，彪之曰："此异常大事，大司马必当固让，使万机停滞，稽废山陵，未敢奉令。谨具封还内，请停。"事遂不行。

加光禄大夫、仪同三司，未拜。疾笃，帝遣黄门侍郎问所苦，赐钱三十万以营医药。太元二年卒，年七十三，即以光禄为赠，谥曰简。

（节选自《晋书·王彪之传》）

下列对原文有关内容的理解与分析，不正确的一项是（　　）。

A. 彪之出仕之始，不愿超迁任职。他的堂伯父王导对他说，选官要任他为尚书郎，他却认为地位高低不值得计较，越级提拔是自己不愿意的事。

B. 彪之坚持己见，不肯接受人犯。殷浩将谢毅交付廷尉候审，虽有皇上命令，但彪之以此非廷尉职责为由，依然据理拒收。时人将他比作张释之。

C. 彪之讲究实效，维护朝廷秩序。永和末年流行传染病，他见各类官员借口家中有人患病，不愿到任办公。他指出这样做的危害，朝政因此恢复。

D. 彪之言辞机敏，反对权臣听政。简文帝去世，讨论身后事时有人提出等候大司马处置，他抢先表示由太子代立，若先面咨大司马将被他斥责。

答案见 P260

第三节 把握文章主旨

热身练习

1.（2013·福建卷）阅读下面一段文言文，完成相关题目。

龙洞山记

[元]张养浩

历下多名山水，龙洞尤为胜。洞距城东南三十里，旧名禹登山。按《九域志》，禹治水至其上，故云。中有潭，时出云气，旱祷辄雨，胜国①尝封其神曰灵惠公。其前，层峰云矗，曰锦屏，曰独秀，曰三秀，释家者流居之。由锦屏抵佛刹山，巉岩环合，飞鸟劣②及其半。即山有龛屋，深广可容十数人，周镌佛象甚夥。世兵，逃乱者多此焉。依上下有二穴，下者居傍，可逶迤东出，其曰龙洞，即此穴也，望之窅然。

窃欲偕同来数人入观。或曰是中极暗，非烛不能往，即遣仆燃束茭前导。初焉，若高阔可步；未几，俯首焉；未几，磬折③焉；又未几，膝行焉；又未几，则蒲伏焉；又未几，则全体覆地蛇进焉。会所导火灭，烟郁勃满洞中。欲退，身不容；引进，则其前愈狭，且重以烟，遂缄吻、抑鼻、潜息。心骇乱恐甚，自谓命当尽死此，不复出矣。余强呼使疾进，众以烟故，无有出声应者，心尤恐然。余适居前，忽得微明，意其穴竟于是，极力奋身，若鱼纵焉者，始获脱然以出。如是，仅里所。既会，有泣者，恚者，诟者，相讥笑者，顿足悔者，提肩喘者，喜幸生手其额者，免冠科首具陈其狼狈状者。惟导者一人年稚，形瘠小，先出，若无所苦，见众皆病，亦阳愦力殚。其宴于外者，即举酒酌穴者，人二杯。虽雅不酒，必使之醉，名曰定心饮。

余因默忆，昔韩文公登华山，穷绝顶，梗不能返，号咷连日。闻者为白县吏，遂遣人下之。尝疑许事未必有。由今观之，则韩文公之号为非妄矣。呜呼，不登高、不临深，前圣之训较然④，而吾辈为细娱，使父母遗体几同压没不吊⑤。其为戒，讵止殁身不可忘！窃虞嗣至者或不知，误及此，故记其事以告焉。游洞中者七，某官某；洞之外坐而宴饮者四，某官某，凡十有一人。时延祐龙集丁巳八月也。

（节选自《钦定四库全书·归田类稿》）

[注]①胜国：前朝。②劣：仅仅，才。③磬折：弯腰。④较然：明显的样子。⑤吊：悲伤。

下列对原文有关内容的理解与分析，不正确的一项是（　　　）。

A. 龙洞山自古以来就是名胜，山势险峻，有上下两个山洞，位于下方的那一个叫龙洞。

B. 龙洞深邃，里面越来越低矮狭窄。作者与同游者备受惊恐，好不容易才得以出洞。

C. 按照当地的风俗，在洞外饮酒的人一定要让入洞游玩的人喝两大杯酒，名为"定心饮"。

D. 作者游历龙洞后，想起"不登高、不临深"的前圣之训，为告诫后人写了这篇"记"。

2.（2015·重庆卷）阅读下面一段文言文，完成相关题目。

赠医者汤伯高序
[元]揭傒斯

楚俗信巫不信医，自三代以来为然，今为甚。凡疾不计久近浅深，药一入口不效，即屏去。至于巫，反覆十数不效，不悔，且引咎痛自责，殚其财，竭其力，卒不效，且死，乃交责之曰："是医之误，而用巫之晚也！"终不一语加咎巫。故功恒归于巫，而败恒归于医。效不效，巫恒受上赏而医辄后焉。故医之稍欲急于利、信于人，又必假邪魅之候以为容，虽上智鲜不惑。甚而沅湘之间用人以祭非鬼，求利益，被重刑厚罚而不怨恚，而巫之祸盘错深固不解矣。医之道既久不胜于巫，虽有良医且不得施其用，以成其名，而学者日以怠，故或旷数郡求一良医不可致。呜呼！其先王之道不明欤？何巫之祸至此也！人之得终其天年，不其幸欤！

吾里有徐先生若虚者，郡大姓也。年十五举进士，即谢归业医。人有一方之良，一言之善，必重币不远数百里而师之，以必得乃止。历数十年，其学大成，著《易简归一》数十卷。辨疑补漏，博约明察，通微融敏，咸谓古人复生。其治以脉，不以证。无富贵贫贱，不责其报。信而治，无不效。其不治，必先知之。惟一用巫，乃去不顾。自是吾里之巫，稍不得专其功矣。

余行数千里莫能及，间一遇焉，又止攻一门，擅一长而已，无兼善者。来旴江，得汤伯高，该明静深，不伐不矜，深有类于徐。余方忧巫之祸，医之道不明，坐视民命之夭阏而莫救，而爱高之学有类于徐，且试之辄效，故并书巫医之行利害及徐之本末以赠之。嗟夫，使世之医皆若虚、伯高，信之者皆吾里之人，巫其能久胜矣乎！

伯高名尧，自号常静处士。若虚名楳。闻庐山有郭氏，号南寄者，亦有名。

（节选自《揭傒斯全集》）

下列对原文有关内容的理解与分析，不正确的一项是（　　　）。

A. 楚地的风俗是信巫不信医。长久以来，巫祸横行，巫师把人治死也很少受到谴责，医生要取信于民不得不装神弄鬼，学者不愿行医，所以求一良医而不可得。

B. 徐若虚先生考上进士后，不愿做官，回乡行医。他虚心好学，努力钻研，写成了学术价值很高的专著；他医术高明，治病效果显著，其影响逐渐改变了当地信巫的风俗。

C. 盱江的汤伯高先生和徐若虚先生非常相像，他的医术精湛，但他为人谦逊，从不自我夸耀，其医风受到作者的赞赏。

D. 作者写这篇序是因为担忧巫祸不除，医道不明，无人挽救百姓的生命。他希望世上的医生都像若虚、伯高，民众都像"吾里之人"，信医不信巫。

参考答案

1. C。C项中的"按照当地的风俗"是错误的。查对原文"其宴于外者，即举酒酹穴者，人二杯。虽雅不酒，必使之醉，名曰定心饮"，可知原文并没有"按照当地的风俗"的信息，所以选C。

2. A。A项中的"学者不愿行医"是错误的。查对原文"虽有良医且不得施其用，以成其名，而学者日以怠，故或旷数郡求一良医不可致"，可知原文中的"学者"是指"学医的人"，而非简单的"学者"，所以选A。

知识解析

高考文言文阅读材料基本上是史传文，但有时也会是论说文。论说文的阅读理解题主要考查考生对文章主旨的理解，也就是对作者在文中的观点态度的领会。文章主旨是歌颂、拥护、怜悯，还是讽刺、反对、嘲弄，这都需要我们判断。开宗明义和卒章显志的论说文相对简单，含而不露的论说文则有一定难度。所谓含而不露，即作者并不直接表明观点态度，而是将情感倾向或者个人态度通过刻画人物、叙述事件时所用的带有褒贬意味的词语显露出来，或者通过文中的某个人物说出来，这就需要我们在通晓全文的基础上仔细辨别。

解题技巧举例

1.（2017·浙江卷）阅读下面一段文言文，完成相关题目。

上池州李使君①书

[唐]杜牧

仆与足下齿同而道不同，足下性俊达坚明，心正而气和，饰以温慎，故处世显明无罪悔；（仆）在京城间，家事人事，终日促束，不得日出所怀以自晓，自然不敢以辈流间期足下也。

去岁乞假，自江、汉间归京，乃知足下出官之由，勇于为义，向者仆之期足下之心，果为不缪②，私自喜贺，足下果不负天所付与、仆所期向，二者所以为喜且自贺也，幸甚，幸甚。仆不足道，虽能为学，亦无所益，如足下之才之时，真可惜也。向者所谓俊达坚明，心正而气和，饰以温慎，此才可惜也。年四十为刺史，得僻左小郡，有衣食，无为吏之苦，此时之可惜也。仆以为天资足下有异日名声，迹业光于前后，正在今日，可不勉之！

仆常念百代之下，未必为不幸，何者？以其书具而事多也。今之言者必曰："使圣人微旨不传，乃郑玄③辈为注解之罪。"仆观其所解释，明白完具，虽圣人复生，必挈置数子坐于游、夏之位。若使玄辈解释不足为师，要得圣人复生，如周公、夫子亲授微旨，然后为学。是则圣人不生，终不为学；假使圣人复生，即亦随而猾之矣。此则不学之徒，好出大言，欺乱常人耳。自汉已降，其有国者成败废兴，事业踪迹，一二亿万，青黄白黑，据实控有，皆可图画，考其来由，裁其短长，十得四五，足以应当时之务矣。不似古人穷天凿玄，蹑于无踪，算于忽微，然后能为学也。故曰，生百代之下，未必为不幸也。

夫子曰："三人行，必有我师焉。"此乃随所见闻，能不亡失而思念至也。楚王问萍实④，对曰："吾往年闻童谣而知之。"此乃以童子为师耳。参之于上古，复酌于见闻，乃能为圣人也。诸葛孔明曰："诸公读书，乃欲为博士耳。"此乃盖滞于所见，不知适变，名为腐儒，亦学者之一病。

仆自元和已来，以至今日，其所见闻名公才人之所论讨，典刑制度，征伐叛乱，考其当时，参于前古，能不忘失而思念，亦可以为一家事业矣。但随见随忘，随闻随废，轻目重耳之过，此亦学者之一病也。如足下天与之性，万万与仆相远。仆自知顽滞，不能苦心为学，假使能学之，亦不能出而施之，恳恳欲成足下之美，异日既受足下之教，于一官一局而无过失而已。自古未有不学而能垂名于后代者，足下勉之。

（节选自《樊川文集》）

[注]①使君：对州郡长官的尊称。李使君，即李方玄，杜牧好友，时任池州刺史。②缪：同"谬"，通假字。③郑玄：字康成，东汉人，师从马融，遍注五经，为古文经学大家。④萍实：南方池泽中常生蓬草的果实。

下列对原文有关内容的理解与分析，不正确的一项是（　　　）。

A.作者对非议郑玄等人且否定古注的"今之言者"深表不满，对这些不学之徒好出大言、扰乱治学的不良学风更以"欺乱"斥之。

B.作者提倡以据实控有的态度去对待历史上的成败兴废、事业踪迹，厘清因果，比较优劣，这样"足以应当时之务"，达到经世致用的目的。

C.作者认为自己在学问上虽可成就一家之事业，但还是存在着轻目重耳、拘泥于所见而不知适应变化的弊病。

D.作者在这封书信中对同龄友人推许鼓励，倾吐怀抱，笔端流露真情；谈论治学之道，眼界开阔，见解精辟，语言洁净简要。

解析： C。C项中的"作者认为自己……存在着轻目重耳、拘泥于所见而不知适应变化的弊病"是错误的。查对原文"但随见随忘，随闻随废，轻目重耳之过，此亦学者之一病也"，可知"轻目重耳、拘泥于所见而不知适应变化"不是作者本人的弊病，而是"学者"的通病。

2.（2019·北京卷）阅读下面一段文言文，完成相关题目。

左氏《国语》，其文深闳杰异，固世之所耽嗜而不已也。而其说多诬淫，不概于圣。余惧世之学者溺其文采而沦于是非，是不得由中庸以入尧、舜之道。本诸理，作《非国语》。

幽王二年，西周三川皆震。伯阳父①曰："周将亡矣！夫天地之气，不失其序，若过其序，民乱之也。阳伏而不能出，阴迫而不能蒸，于是有地震。今三川实震，是阳失其所而镇阴也。阳失而在阴，川源必塞。源塞，国必亡。人乏财用，不亡何待？若国亡，不过十年。十年，数之纪也。夫天之所弃，不过其纪。"是岁也，三川竭，岐山崩，幽王乃灭，周乃东迁。

非曰：山川者，特天地之物也。阴与阳者，气而游乎其间者也。自动自休，自峙自流，是恶乎与我谋？自斗自竭，自崩自缺，是恶乎为我设？彼固有所逼引，而认之者不塞则惑。夫釜鬲而爨者，必涌溢蒸郁以糜百物；畦汲而灌者，必冲荡渍激以败土石。是特老妇老圉者之为也，犹足动乎物，又况天地之无倪，阴阳之无穷，以澒洞缪辍②乎其中，或会或离，或吸或吹，如轮如机，其孰能知之？且曰："源塞，国必亡。人乏财用，不亡何待？"则又吾所不识也。且所谓者天事乎？抑人事乎？若曰天者，则吾既陈于前矣；人也，则乏财用而取亡者，不有他术乎？而曰是川之为尤！又曰："天之所弃，不过其纪。"愈甚乎哉！吾无取乎尔也。

（节选自柳宗元《非国语》）

[注] ①伯阳父：周朝大夫。②浃洞漻轕：弥漫无际广阔深远。

下列对原文有关内容的理解与分析，不正确的一项是（　　　　）。

A. 柳宗元认为世人因喜好《国语》的文采而沉溺于其中，模糊了是非，作此文拨乱反正。

B. 伯阳父将三川震、源塞和国亡联系在一起，是以"天人感应"的哲学思想为基础的。

C. 柳宗元以老妇烹调、老圃灌园类比，说明自然界自动自休的机理是可以被认识的。

D. 此文表达了柳宗元"天人相分"、反对迷信的观点，体现了朴素的唯物主义思想。

解析： C。C项中的"说明自然界自动自休的机理是可以被认识的"是错误的。查对原文"自动自休，自峙自流，是恶乎与我谋？……其孰能知之？"，可知作者所要表达的观点是这种机理是不可以被认识的，所以选C。

3.（2018·天津卷）阅读下面一段文言文，完成相关题目。

白蘋洲五亭记

[唐] 白居易

　　湖州城东南二百步，抵霅溪，溪连汀洲，洲一名白蘋。梁吴兴守柳恽于此赋诗云"汀洲采白蘋"，因以为名也。前不知几十万年，后又数百载，有名无亭，鞠①为荒泽。至大历十一年，颜鲁公真卿为刺史，始剪榛导流，作八角亭以游息焉。旋属灾潦荐②至，沼埋台圮。后又数十载，委无隙地。至开成三年，弘农杨君为刺史，乃疏四渠，浚二池，树三园，构五亭，卉木荷竹，舟桥廊室，泊游宴息宿之具，靡不备焉。观其架大溪、跨长汀者，谓之白蘋亭。介二园、阅百卉者，谓之集芳亭。面广池、目列岫者，谓之山光亭。玩晨曦者，谓之朝霞亭。狎清涟者，谓之碧波亭。五亭间开，万象迭入，向背俯仰，胜无遁形。每至汀风春，溪月秋，花繁鸟啼之旦，莲开水香之夕，宾友集，歌吹作，舟棹徐动，觞咏半酣，飘然恍然。游者相顾，咸曰：此不知方外也？人间也？又不知蓬瀛昆阆，复何如哉？

　　时予守官在洛，杨君缄书赍图，请予为记。予按图握笔，心存目想，觇缕③梗概，十不得其二三。大凡地有胜境，得人而后发；人有心匠，得物而后开；境心相遇，固有时耶？盖是境也，实柳守滥觞之，颜公椎轮之，杨君绘素之；三贤始终，能事毕矣。杨君前牧舒，舒人治；今牧湖，湖人康。康之由，革弊兴利，若改茶法、变税书之类是也。利兴，故府有美财；政成，故居多暇日。是以余力济高情，成胜概，三者旋相为用，岂偶然哉？昔谢、柳为郡，乐山水，多高情，不闻善政；龚、黄为郡，忧黎庶，有善政，不闻胜概。兼而有者，其吾友杨君乎？君名汉公，字用乂。恐年祀久远，来者不知，故名而字之。时开成四年，十月十五日，记。

（节选自《白居易集》）

[注] ①鞠：皆，尽。②荐：连续。③觇缕：逐条陈述。

下列对原文有关内容的理解与分析，不正确的一项是（　　）。

A.文章记叙了白蘋洲五亭的由来，描写了白蘋洲胜景，赞美了杨汉公"乐山水""有善政"，叙议结合，言简意赅。

B.文章通过丰富的想象，展现了白蘋洲五亭的优美风光，从中不难看出作者对江南山水的热爱。

C.作者将谢、柳、龚、黄四人与杨汉公加以对比，对他们四人没有良好的政绩有批评之意。

D.文章对杨汉公大加褒美，这从侧面体现了白居易"革弊兴利"、关心民生的政治情怀。

解析：C。C项中的"他们四人没有良好的政绩"是错误的。查对原文"昔谢、柳为郡，乐山水，多高情，不闻善政；龚、黄为郡，忧黎庶，有善政，不闻胜概"，可知谢、柳二人无"善政"，但喜欢美景，龚、黄二人有"善政"，但不喜欢美景，所以选C。

自测练习

1.（2021·新高考Ⅰ卷）阅读下面一段文言文，完成相关题目。

唐高祖武德九年秋八月甲子，太宗即皇帝位于东宫显德殿。初，上皇欲强宗室以镇天下，故皇再从、三从弟及兄弟之子，虽童孺皆为王，王者数十人。上从容问群臣："遍封宗子，于天下利乎？"封德彝对曰："上皇敦睦九族，大封宗室，自两汉以来未有如今之多者。爵命既崇，多给力役，恐非示天下以至公也。"上曰："然。朕为天子，所以养百姓也，岂可劳百姓以养己之宗族乎！"十一月庚寅，降宗室郡王皆为县公，惟有功者数人不降。

上与群臣论止盗。或请重法以禁之，上哂之曰："民之所以为盗者，由赋繁役重，官吏贪求，饥寒切身，故不暇顾廉耻耳。朕当去奢省费，轻徭薄赋，选用廉吏，使民衣食有余，则自不为盗，安用重法邪！"自是数年之后，海内升平，路不拾遗，外户不闭，商旅野宿焉。

上闻景州录事参军张玄素名，召见，问以政道。对曰："隋主好自专庶务，不任群臣，群臣恐惧，唯知禀受奉行而已，莫之敢违。以一人之智决天下之务，借使得失相半，乖谬已多，下谀上蔽，不亡何待！陛下诚能谨择群臣而分任以事，高拱穆清而考其成败，以施刑赏，何忧不治！"上善其言，擢为侍御史。

上患吏多受赇，密使左右试赂之。有司门令史受绢一匹，上欲杀之，民部尚书裴矩谏曰："为吏受赂，罪诚当死。但陛下使人遗之而受，乃陷人于法也，恐非所谓'道之以德，齐之以礼'。"上悦，召文武五品已上告之曰："裴矩能当官力争，不为面从，傥每事皆然，何忧不治？"

臣光曰：古人有言："君明臣直。"裴矩佞于隋而忠于唐，非其性之有变也。君恶闻其过，则忠化为佞；君乐闻直言，则佞化为忠。是知君者表也，臣者景也，表动则景随矣。

（节选自《通鉴纪事本末·贞观君臣论治》）

下列对原文有关内容的理解与分析，不正确的一项是（　　　）。

A. 唐太宗赞同封德彝的意见，认为天子应该养育百姓，不应使百姓辛劳以养活自己的宗族，于是他将有功者之外的宗室郡王全都降格为县公。

B. 在讨论制止偷盗一事时，有人提出用重法治理，唐太宗认为应减轻赋税，选用清官，使百姓衣食无忧，严刑峻法反而不能达到目的。

C. 唐太宗向张玄素询问政事，张说隋亡在于君王专权，以致下谀上蔽，若君王能分任贤能之臣，考核成败，赏罚分明，一定能够大治。

D. 裴矩是隋朝的旧臣，进入唐朝后，忠于国事，不做面从之臣，敢于进言，对唐太宗的不当行为进行谏诤，受到唐太宗的认可和当众表扬。

2. （2009·重庆卷）阅读下面一段文言文，完成相关题目。

人有明珠，莫不贵重，若以弹雀，岂非可惜？况人之性命甚于明珠，见金钱财帛不惧刑网，径即受纳，乃是不惜性命。明珠是身外之物，尚不可弹雀，何况性命之重，乃以博财物耶？群臣若能备尽忠直，益国利人，则官爵立至。皆不能以此道求荣，遂妄受财物，赃贿既露，其身亦殒，实为可笑。

贪人不解爱财也，至如内外官五品以上，禄秩优厚，一年所得，其数自多。若受人财贿，不过数万，一朝彰露，禄秩削夺，此岂是解爱财物？规小得而大失者也。昔公仪休性嗜鱼，而不受人鱼，其鱼长存。且为主贪，必丧其国；为臣贪，必亡其身。《诗》云："大风有隧，贪人败类。"固非谬言也。昔秦惠王欲伐蜀，不知其径，乃刻五石牛，置金其后。蜀人见之，以为牛能便金，蜀王使五丁力士拖牛入蜀。道成，秦师随而伐之，蜀国遂亡。汉大司农田延年赃贿三千万，事觉自死。如此之流，何可胜记！

若能小心奉法，常畏天地，非但百姓安宁，自身常得欢乐。古人云："贤者多财损其志，愚者多财生其过。"此言可为深诫。若徇私贪浊，非止坏公法、损百姓，纵事未发闻，中心岂不常惧？恐惧既多，亦有因而致死。大丈夫岂得苟贪财物，以害及身命，使子孙每怀愧耻耶？

古人云："鸟栖于林，犹恐其不高，复巢于木末；鱼藏于水，犹恐其不深，复穴于窟下。然而为人所获者，皆由贪饵故也。"今人臣受任，居高位，食厚禄，当须履忠正，蹈公清，则无灾害，长守富贵矣。古人云："祸福无门，惟人所召。"然陷其身者，皆为贪冒财利，与夫鱼鸟何以异哉？

（节选自《贞观政要·贪鄙》）

下列对原文有关内容的理解与分析，不正确的一项是（　　　）。

A. 文章以明珠弹雀为喻，说明人不能"见金银钱帛不惧刑网"，贪图身外之物会招来杀身之祸。

B. 文章用"公仪休不受人鱼"和"秦惠王刻石牛置金伐蜀"正反两方面的事例，说明不可"规小得而大失"。

C. 为主为臣的，如果能做到"小心奉法，常畏天地"，不仅能使百姓安宁，自身常获欢乐，还能使子孙后代感到荣耀。

D. 文章最后以鸟贪高、鱼贪深而被抓为警戒，要求"居高位，食厚禄"的官员们做到"履忠正，蹈公清"，这样才能避免灾害，长保富贵。

3.（2011·北京卷）阅读下面一段文言文，完成相关题目。

事有可行而不可言者，有可言而不可行者，有易为而难成者，有难成而易败者。此四策者，圣人之所独见而留意也。

诎①寸而伸尺，圣人为之；小枉而大直，君子行之。周公有杀弟之累，齐桓有争国之名。然而周公以义补缺，桓公以功灭丑，而皆为贤。今以人之小过，掩其大美，则天下无圣王贤相矣。故目中有疵，不害于视，不可灼也；喉中有病，无害于息，不可凿也。河上②之丘冢，不可胜数，犹之为易也；水激兴波，高下相临，差以寻常，犹之为平。

昔者，曹子为鲁将兵，三战不胜，亡地千里。使曹子计不顾后，足不旋踵，刎颈于阵中，则终身为破军擒将矣。然而曹子不羞其败，耻死而无功。柯之盟，揄三尺之刃，造桓公之胸，三战所亡，一朝而反之，勇闻于天下，功立于鲁国。

管仲辅公子纠而不能遂，不可谓智；遁逃奔走，不死其难，不可谓勇；束缚桎梏，不讳其耻，不可谓贞。当此三行者，布衣弗友，人君弗臣。然而管仲免于缧绁之中，立齐国之政，九合诸侯，一匡天下。使管仲出死捐躯，不顾后图，岂有此霸功哉！

今人君之论其臣也，不计其大功，总其略行，而求其小善，则失贤之数也。故人有厚德，无问其小节；而有大誉，无疵其小故。夫牛蹄之涔③不能生鳣鲔，而蜂房不容鹄卵，小形不足以包大体也。

（节选自《淮南子·氾论训》）

［注］①谄：弯曲。②河上：黄河边，这里指黄河边的平地。③涔：积水。

下列对原文有关内容的理解与分析，不正确的一项是（　　　　）。

A. 世间之事是极为复杂多样的，古代圣贤对此十分关注，并有独到的见解。

B. 代价与成功总是成正比，这在周公、齐桓和曹子身上都得到了印证。

C. 管仲虽称不上智、勇、贞，但他仍为齐国的霸业做出了重要的贡献。

D. 评价人物要着眼于大处和长远，而不能仅看一时的成败和小的污点。

4.（2014·北京卷）阅读下面一段文言文，完成相关题目。

偃虹堤记

[宋]欧阳修

有自岳阳至者，以滕侯①之书、洞庭之图来告曰："愿有所记。"予发书按图，自岳阳门西距金鸡之右，其外隐然隆高以长者，曰偃虹堤。问其作而名者，曰："吾滕侯之所为也。"问其所以作之利害，曰："洞庭，天下之至险；而岳阳，荆、潭、黔、蜀四会之冲也。昔舟之往来湖中者，至无所寓，则皆泊南津，其有事于州者远且劳，而又常有风波之恐、覆溺之虞。今舟之至者，皆泊堤下，有事于州者近而且无患。"问其大小之制、用人之力，曰："长一千尺，高三十尺，厚加二尺，用民力万有五千五百工，而不逾时以成。"问其始作之谋，曰："州以事上转运使，转运使择其吏之能者行视可否，凡三反复，而又上于朝廷，决之三司，然后曰可，而皆不能易吾侯之议也。"曰："此君子之作也，可以书矣。"

盖虑于民也深，则谋其始也精，故能用力少而为功多。夫以百步之堤，御天下至险不测之虞，惠其民而及于荆、潭、黔、蜀，凡往来湖中，无远迩之人皆蒙其利焉。且岳阳四会之冲，舟之来而止者，日凡有几！使堤土石幸久不朽，则滕侯之惠利于人物，可以数计哉？夫事不患于不成，而患于易坏。盖作者未始不欲其久存，而继者常至于殆废。自古贤智之士，为其民捍患兴利，其遗迹往往而在。使其继者皆如始作之心，则民到于今受其赐，天下岂有遗利乎？此滕侯之所以虑，而欲有纪于后也。

滕侯志大材高，名闻当世。方朝廷用兵急人之时，常显用之。而功未及就，退守一州，无所用心，略施其余，以利及物。夫虑熟谋审，力不劳而功倍，作事可以为后法，一宜书；不苟一时之誉，思为利于无穷，而告来者不以废，二宜书；岳之民人与湖中之往来者，皆欲为滕侯纪，三宜书。以三宜书不可以不书，乃为之书。庆历六年某月某日记。

（节选自《欧阳文忠公集》）

［注］①滕侯：滕子京，北宋时人，屡遭贬黜，其时被贬，任岳州知州。

下列对原文有关内容的理解与分析，不正确的一项是（　　　）。

A. 文章认为，滕侯对偃虹堤的周密策划和精心施工，是出于他对百姓深切的关怀和热爱。

B. 古代不少利国利民的工程，由于年深日久缺乏维护，往往成了废弃的遗迹，令人遗憾。

C. 滕子京请欧阳修作《偃虹堤记》，是为了记载岳州面貌的改变和百姓安居乐业的情景。

D.《偃虹堤记》是一篇应邀之作，欧阳修在文中借赞美滕侯表达了心中理想的为官之道。

答案见 P261

字词篇

句式篇

断句、翻译及阅读理解篇

文化常识篇

文化常识篇

第九章　文化常识

第九章　文化常识

学习古代汉语，不仅仅是要学习当时的语言，还要理解并掌握当时的文化。二者是相辅相成、缺一不可的。高考对古代文化常识进行单独命题始于2014年，此后成为全国卷的固定题型。考查涉及的内容十分广泛，包括称谓、文史典籍、选官制度、官职、地理、天文历法、传统节日、风俗礼仪、衣食住行等几大类。

第一节　姓氏称谓

热身练习

判断下列说法的对错。

1. 古人的名和字往往有意义上的联系，有的意义相近，有的意义相反。（　　　）
2. 汉哀帝特别不喜欢他的谥号，多次建议改谥。（　　　）
3. 魏晋时期"竹林七贤"中的阮籍曾当过步兵，所以世称"阮步兵"。（　　　）
4. 古代帝王常常自称为"孤"，是"唯我独尊"的意思。（　　　）
5. 古代人的平均寿命很短，年过六十就称得上"耄耋之年"了。（　　　）

参考答案

1. √。
2. ×。"谥号"是具有一定地位的人死去之后，朝廷所给予的带有褒贬性质的称号，人生前不可能知道自己的谥号。
3. ×。"阮步兵"的"步兵"是指阮籍的官职"步兵校尉"。
4. ×。"孤"是谦称，国君自称"孤"，取因少德而周围无人之意。
5. ×。"耄耋"是指八九十岁的年纪。

知识解析

现代社会，每个人都有姓名，称呼对方时或直称全名，如"李子轩"等；或单在姓之前加上"小"或"老"，如"小李"等；或单称名，如"子轩"等。可在古代，称呼对方的方式与我们今天有很大的不同。在文言文阅读，尤其是高考重点考查的传记类文言文阅读中，厘清姓名称谓更是十分重要。

一、以姓氏名号相称

（一）姓

源于母系社会，是标志家族属性的称号，也是当时各氏族标明其女性始祖的方法。较古老的姓在字形上一般是从"女"的，如"姜""姒""妫""嬴"等。先秦妇女称姓，男子称氏。后世又出现复姓，如"轩辕""司马""东郭""拓跋"等。

（二）氏

姓的支系，用来区别子孙的分支。比如商朝人的祖先为子姓，后代又分化出殷、宋等氏。战国以后，人们以氏为姓，姓氏逐渐合二为一，到了汉代则统称姓。《百家姓》出现后，姓氏逐渐固定下来。

（三）名

出于礼貌，古代平辈之间一般不直称其名。单称名往往用于自称或史书传记中的记载等。如"丘也闻有国有家者""五步之内，相如请得以颈血溅大王矣""臣亮言""哙既饮酒，拔剑切肉食，尽之"。

（四）字

古人往往有字，男子在二十岁行冠礼后取字，女子在十五岁及笄之后取字，这点和今人不一样。名和字往往有意义上的联系：有的意义相近，如屈原，名平，字原，"原"就有"平坦"的意思；有的意义相反，如韩愈，名愈，字退之，"愈"有"胜过、超过"的意思。

以字相称一般有尊重和礼貌的意味，使用场合也很宽泛。上下级、长晚辈、平辈之间都可以称字，如"少卿足下：曩者辱赐书，教以慎于接物""孤与子瑜，可谓神交""东阳马生君则，在太学已二年，流辈甚称其贤"。

（五）号

古人的名、字一般由长辈决定，号则可以由自己决定，用来彰显自己的志趣或情感。一般情况下，号用于自称，以号称人带有尊敬的意味。号可有多字，总体以二至四字居多。两字者如陆游，号"放翁"；三字者如赵孟頫，号"甲寅人"；四字者如李白，号"青莲居士"；五字者如辛弃疾，号"六十一上人"；等等。号亦可有多个，如：辛弃疾号"六十一上人"，又号"稼轩"；欧阳修号"六一居士"，又号"醉翁"；乾隆晚年自号"十全老人""古稀天子"；等等。

二、以谥号、庙号、年号、尊号相称

这类称呼中，庙号、尊号是皇帝、皇后才可以拥有的。谥号的使用范围则比较宽泛，除了皇帝、皇后以外，诸侯、大臣也可以拥有谥号。谥号可细分为公谥和私谥两类。

（一）谥号

1. 公谥

历代帝王、诸侯、大臣等具有一定地位的人死去之后，朝廷根据他们的生平事迹与品德修养所给予的带有褒贬性质的称号，就叫作"公谥"。一般认为，这种习俗在西周时期就已出现，秦始皇曾将其废止，汉代又加以恢复并一直沿用到清末。皇帝的谥号一般由礼官拟定，报请下任皇帝或新朝皇帝裁定并公布，其余人的谥号一般由朝廷赏赐。

谥号带有褒贬意味，可分为三类：表示褒奖的有"文""武""昭""惠""穆"等，如周文王、秦穆公；表示贬责的有"幽""厉""炀"等，如周厉王、隋炀帝；表示同情的有"哀""愍""怀"等，如齐愍王、汉哀帝。谥号的字数没有明确规定，越到后来，谥号越长，如清太祖努尔哈赤的谥号是"承天广运圣德神功肇纪立极仁孝睿武端毅钦安弘文定业高皇帝"。

需要指出的是，谥号并非一成不变的，历史上还发生过追谥、改谥、夺谥的现象。

追谥：如岳飞被诬陷致死38年后才被追谥为"武穆"；史可法抗清遇难时被南明政权封谥为"忠靖"，127年后又被清朝追谥为"忠正"。

改谥：如关羽死后谥号为"壮缪侯"，属恶谥，乾隆年间降旨改为"忠义"，属美谥；秦桧死后谥号为"忠献"，属美谥，51年后改为"缪丑"，属恶谥。

夺谥：如明代张居正谥号"文忠"，不久就被万历皇帝夺谥；清代沈德潜谥号"文悫"，几年后就被乾隆皇帝夺谥。

2. 私谥

古时人死后由亲友、门人、故吏等为寄托追思、表达尊敬而自发赠予的谥号。能获得私谥的一般都是在学术、道德等方面堪称楷模之人。如东汉娄寿私谥"玄儒先生"、东晋陶潜私谥"靖节先生"、隋代王通私谥"文中子"、唐代贾循私谥"广孝征君"、清代王麟庆的妻子张氏私谥"贞孝夫人"等。私谥是一种民间行为，相对少见。

（二）庙号

皇帝去世后被供奉在太庙中时由群臣商定的名号。后妃、王侯都不允许有庙号。庙号起源于商朝，从汉代开始，第一个皇帝一般称为太祖、高祖或世祖，之后的就称为太宗、世宗等。庙号的选字并不严格遵守谥法，但也带有褒贬之意。如高祖是开国之尊，孝宗、仁宗等是仁爱孝顺的贤主，宪宗、景宗等是有功亦有过之主，穆宗、光宗是在位时间短且少有作为之主，哀宗、思宗等则是较为悲惨的亡国之君。

唐代之前，并不是每个皇帝都有庙号，必须是有功德的皇帝才可以拥有庙号，称呼已逝的皇帝往往只称谥号。唐代以后，几乎每一个皇帝都有庙号，而且由于谥号越来越长，称呼已逝皇帝往往只称庙号，如唐高宗、宋太祖等。当然也有庙号和谥号共用的情况，庙号要放在谥号之前，如汉高祖的全称是"太祖高皇帝"，汉武帝的全称是"世宗孝武皇帝"。

（三）年号

封建王朝用来纪年的一种名号。一般认为，汉武帝即位后使用的"建元"是我国第一个年号，他即位后的第一年称"建元元年"，第二年就称"建元二年"，往后以此类推。年号被认为是帝王正统的标志，历朝历代的新君即位后肯定要改变之前的年号，称为"改元"。有的皇帝甚至在掌权期间也要改元，如武则天在位15年就改了14次年号。明清时期不改元，一个皇帝只有一个年号，所以我们可以用年号来称呼当时的皇帝，如明神宗朱翊钧常被称为"万历皇帝"，清高宗爱新觉罗·弘历常被称为"乾隆皇帝"。

（四）尊号

唐代开始，有的皇帝、皇后生前还会另有尊号，又称"徽号"。"尊"为尊敬，"徽"为美好，真正的尊号（徽号）体现了人们对统治者功德的歌颂，不过多数情况下只是一种阿谀奉承罢了。如宋太祖赵匡胤乾德元年受尊号为"应天广运仁圣文武至德皇帝"，清代同治皇帝爱新觉罗·载淳的生母叶赫那拉氏受尊号为"慈禧"。

三、以爵号、官名、官地相称

（一）爵号

周朝开始出现"公""侯""伯""子""男"五等爵位，是帝王对皇亲贵胄、功臣的封赏，如秦伯、楚子等。后世的爵位制度往往因时而异，不局限于五等爵，人们对受封者的称呼也随之变化，如：诸葛亮封爵武乡侯，人称"武侯"；明末左良玉封爵宁南侯，人称"宁南"；北宋王安石封爵荆国公，人称"王荆公"。

（二）官名

以曾经担任官名作为称呼的例子较多，如：汉代贾谊曾任长沙王太傅，世称"贾太傅"；魏晋阮籍曾任步兵校尉，世称"阮步兵"；唐代杜甫曾任左拾遗、检校工部员外郎，世称"杜拾遗"或"杜工部"；苏轼曾任端明殿翰林学士，世称"苏学士"。

（三）官地

以任官所在地作为称呼的例子也有很多，如：汉代孔融曾任北海相，世称"孔北海"；唐代柳宗元曾任柳州刺史，世称"柳柳州"；唐代贾岛曾任长江县主簿，世称"贾长江"。

四、以郡望、籍贯、斋名相称

（一）郡望

"郡"与"望"的合称。"郡"是行政区划，"望"是名门望族，"郡望"连用，即表示某一地域范围内的名门望族。出身名门望族的人自然带有一种优越感，即使不是其本家的同姓人也有攀附的意愿，所以古代常有以郡望自称的现象，尤其在唐代。如：祖籍湖北襄阳、生于河南巩县的杜甫常以"杜陵布衣""杜陵老翁""杜陵叟"自称，就是因为关中杜陵杜氏是名门望族；祖籍昌黎、生于河南河阳的韩愈自称"昌黎韩愈"，世人亦称"韩昌黎"，就是因为昌黎韩氏是唐代的名门望族。

（二）籍贯

古人常以姓氏加上籍贯相称，如：孟浩然是湖北襄阳人，故称"孟襄阳"；韩愈祖籍河北昌黎，故称"昌黎韩愈""韩昌黎"；苏轼祖籍赵郡，故又称"苏赵郡"；王安石祖籍江西临川，故称"王临川"。

（三）斋名

本是一些文人雅士给自己的书房起的名字，用这些名字自称或称人，可彰显自己的志趣与理想，或表达对被称者的尊重与礼貌。如：辛弃疾，他的书房面对着一片庄稼，所以起名"稼轩"，进而自号"稼轩"；明末清初的王夫之，书房名"姜斋"，便自号"姜斋""南岳卖姜翁"；梁启超的书房叫"饮冰室"，世称"饮冰室主人"。

五、其他称谓

除上述称谓方式之外，古人还有一些诸如谦称、敬称、年龄代称、身份代称等的称谓方式，我们统称为"其他称谓"。

（一）谦称

多用于自称，表示谦逊。

1. 帝王的自称

朕：本为古人第一人称代词，意为"我"，从秦始皇开始成为君王专有自称。

寡人：意为"少德之人"。

孤：国君自称"孤"，取因少德而周围无人之意。

不穀：意为"不善之人"。

2. 官员的自称

臣：臣子面对君王时的自称，意为"我"。

下官、末官：官吏自称的谦辞。

属下：官吏在上级面前的自称。

3. 本人的自称

鄙人：本指居住在偏远地区的人，后引申为"鄙陋、鄙俗之人"之义，用以表示自己地位不高、见识浅薄。

在下：古人坐席时尊长者在上，所以晚辈或地位低的人谦称"在下"。

小生、晚生、晚学、后学：谦称自己是新学后辈。

不才、不佞、不肖：谦称自己没有才能或资质平庸。

仆、愚、某、卑：对自己的谦称。

老朽：老年男子的谦称。

妾、臣妾、贱妾、婢子：女子的自称。

老身：老年女子的自称。

4. 向别人谦称自己的亲属

家父、家严、家君、家尊：向别人称呼自己父亲的谦称。"家"常用于对别人称呼比自己辈分高或年长的亲属。"家严"中的"严"取"父严母慈"之义。

家母、家慈：向别人称呼自己母亲的谦称。"家慈"中的"慈"取"父严母慈"之义。

家姐、家兄、家叔：向别人称呼比自己辈分高或年长的亲属的谦称。

舍弟、舍妹、舍侄、舍亲：向别人称呼比自己辈分低或年纪小的亲属的谦称。

拙荆、贱内、内子、内人：向别人称呼自己妻子的谦称。

贱息、犬子、小儿、弱息、息女、小女：向别人称呼自己子女的谦称。

（二）敬称

多用于他称，表示尊敬客气。

1. 对王室成员的敬称

陛下、圣上、天子、圣驾、皇王、皇辟：对皇帝的敬称。

殿下：对皇后、皇太子、亲王、公主的敬称。

2. 对有一定地位的人的敬称

麾下：原意为将帅的部下，也可用作对将帅本人的敬称。

节下：对使节的敬称。

足下：下称上或同辈相称时的敬称。

卿、爱卿：君主对臣子的敬称。

3. 对对方亲属的敬称

令尊、尊公、尊君、尊府：称对方父亲的敬辞。

令堂、尊堂：称对方母亲的敬辞。

令兄、令弟、令姐、令姊、令妹：称对方兄弟姐妹的敬辞。

令郎、令爱、令坦、东床：称对方儿女、女婿的敬辞。

4. 对年长者或平辈的敬称

丈人：对年长者的敬称，后来用以称岳父。

君、子、公、夫子、大人、先生：对年长者或平辈的敬称。

（三）年龄代称

襁褓：背孩子的背带和包裹婴儿的被子，指代未满周岁的婴儿。

孩提：开始会笑、尚在襁褓中可以提抱的幼儿，指代两三岁的幼儿。

垂髫：小孩子头发扎起来下垂着，指代三四岁到八九岁的儿童。

总角：未成年人把头发扎成左右两个髻，指代八九岁到十三四岁的少年。

豆蔻：指代女子十三四岁的年纪。

束发：成童之年把头发束起来，指代男子十五岁。

及笄、笄年："笄"是女子束发的簪子，古代女子十五岁要行笄礼，指代女子十五岁。

弱冠：古代称男子二十岁为"弱年"，要行冠礼，指代男子二十岁。

而立：三十岁。

不惑：四十岁。

知命：五十岁。

花甲、耳顺：六十岁。

古稀：七十岁。

耄耋：八九十岁。

期颐：一百岁。

（四）身份代称

1. 贵族

车驾：皇帝乘坐的车，指代皇帝。

东宫：太子居住的宫殿，指代太子。

中宫：皇后居住的宫殿，指代皇后。

搢绅、缙绅、荐绅："搢"，插。"缙"和"荐"都是"搢"的通假字。"绅"，腰带。"搢绅"就是"插笏于绅带"的意思，指代有官职或做过官的人。

2. 平民与奴婢

匹夫、匹妇："匹"，单独的。本指一个人，后指代平民中的男女或一般人。

布衣：古代平民只能穿麻布所制的衣服，后指代平民。

黔首："黔"，黑色。战国及秦代平民用黑布包头，后指代平民。

黎民："黎"，众多。指代平民。

庶人、庶民、黎庶、众庶："庶"，众多。指代平民。

臧获、苍头、青衣：指代奴婢。

3. 女子

裙钗、巾帼：指代妇女。

粉黛、蛾眉、娥眉：指代美女。

未字、待字：古代女子十五岁许嫁，举行笄礼并取字，"未字""待字"指代未成年未许嫁的女子。

4. 兄弟

昆仲、棠棣：指代亲兄弟。

金兰：指代结拜兄弟或姐妹。

自测练习

一、判断下列说法的对错。

1. 敬称多用于自称，表示尊敬客气。（　　　）

2. 屈原，姓屈，名原，是我国先秦时期伟大的作家，《楚辞》中的大部分篇章都是他创作或改编的。（　　　）

3. 古人往往有名有字。名是出生三个月时所取，供长辈呼唤；字是男子加冠时所取，用于与人交往时自称。（　　　）

字词篇　句式篇　断句、翻译及阅读理解篇　文化常识篇

4. "殿下"是古代对太子、亲王、高官的敬称，尊敬意味次于敬称皇帝的"陛下"。（　　　）

5. 在古代，男女青年会在长辈的主持下，按照礼仪程序行冠礼，礼成之后才算正式步入社会的成年人。（　　　）

6. 庙号是皇帝去世后被供奉在太庙中时由群臣商定的名号。唐代之前，并不是每个皇帝都有庙号，唐代以后，几乎每一个皇帝都有庙号。（　　　）

7. 清代杨芳灿写的《念奴娇·答顾学和》中有一句"宿瘤无盐都已嫁，只有夷光未字"，其暗示了夷光（西施）不识字。（　　　）

8. 古人的号是一种固定的别名，因此又叫"别号"，例如：陶渊明号"五柳先生"；李白号"青莲居士"；欧阳修号"六一居士"，又号"醉翁"。（　　　）

9. 古代谥号的用字数量没有硬性要求，但用字是分褒贬的，比如秦穆公的"穆"、隋炀帝的"炀"就是贬义的，属于恶谥。

10. 古人的名、字一般由长辈决定，号则可以由自己决定，具有一定的寓意，比如苏轼号"东坡居士"，是因为当时他在黄州东门外的一处荒坡上耕种、居住，于是以"东坡"为号。（　　　）

二、根据题干要求，选出合适的答案。

1. 下列说法中，不正确的一项是（　　　）。

A. 陛下、足下、在下、属下都是自称。

B. 襁褓、垂髫、不惑、期颐都可指年龄。

C. 古代存在民间私谥的行为，但极其少见。

D. 先秦妇女称姓，男子称氏。

2. 下列称谓中，可用于称呼女性的一项是（　　　）。

A. 昆仲　　B. 东宫　　C. 令爱　　D. 老朽

3. 下列说法中，正确的一项是（　　　）。

A. 唐代权德舆写的《七夕见与诸孙题乞巧文》中有一句"外孙争乞巧，内子共题文"，描写的是当时他和子孙共度乞巧节的场景。

B. 杜甫常自称"杜陵布衣""杜陵老翁""杜陵叟"等，这是以郡望自称的现象。

C. 姓源于父系社会，是标志家族属性的称号。

D. 王羲之祖籍江西临川，故称"王临川"。

4. 下列身份代称中，不属于对平民的称呼的一项是（　　　）。

　　A. 黎民　　　B. 匹夫　　　C. 众庶　　　D. 臧获

5. 下列人名代称中，不属于"以官地相称"的一项是（　　　）。

　　A. 柳宗元—柳柳州　　　　　　B. 孔融—孔北海

　　C. 韩愈—韩昌黎　　　　　　　D. 贾岛—贾长江

答案见 P261

第二节　文史典籍

热身练习

判断下列说法的对错。

1. 孔子撰写《论语》是为了宣扬自己的思想。（　　）
2. 自汉代开始，人们便将儒家的十三部典籍称为"十三经"。（　　）
3. 司马迁与司马光都是著名史学家，他们被后人称为"史学两司马"。（　　）
4. 现今流传的古文《尚书》是真的，对研究《尚书》有重要意义。（　　）
5. "二十四史"中除《史记》是通史外，其余的都是断代史。（　　）

参考答案

1. ×。《论语》是由孔子的弟子及再传弟子编写的。
2. ×。"十三经"的说法始于宋代。
3. √。
4. ×。现今流传的古文《尚书》是假的。
5. √。

知识解析

据典籍记载，周朝就已有较为成熟的贵族教育体系，儒家学派的创始人孔子将教育平民化之后更是将其上升到系统的理论高度，使得古代绝大多数读书人以学习儒家经典以及诸如《史记》等史书为主。清代乾隆时期编修的《四库全书》对当时所见的古代典籍进行了一次系统、全面的总结，根据文津阁藏本，《四库全书》至少收录了3462种典籍，可见古代典籍数量之多。因篇幅所限，本章只简单叙述一些儒家典籍和重要史书。

一、儒家典籍

（一）四书

《大学》《中庸》《论语》《孟子》的合称。前两者原本是《礼记》中的两篇，南宋朱熹将其抽出，与后两者编在一起，撰写了《四书章句集注》，从此就有了"四书"的说法。四书是南宋至清末官定的教科书和科举考试的必读书目。

1.《大学》

相传为春秋战国时期的曾子所著。总结了儒家的道德修养理论和方法，提出了"三纲领"（明明德、亲民、止于至善）和"八条目"（格物、致知、诚意、正心、修身、齐家、治国、平天下），强调修己是治人的前提，修己是为了治国平天下，对做人、处事、治国、教育等方面的问题有深入的讨论，对后世产生了深远的影响。

2.《中庸》

相传为孔子之孙、战国时期的子思所著。宣扬了孔子的中庸之道，主张处理事情不偏不倚，提出了"博学之，审问之，慎思之，明辨之，笃行之"的学习过程和认知方法。

3.《论语》

由孔子的弟子及再传弟子编写而成。主要记述了孔子及其弟子的言行，较集中地反映了孔子的思想。全书以记言为主，是一部语录体著作。

4.《孟子》

由孟子及其弟子所著。记载了孟子及其弟子在政治、伦理、教育等方面的主张和政事活动。行文富有论辩性，气势磅礴。

（二）五经

包括《诗经》《尚书》《礼记》《周易》《春秋》，简称《诗》《书》《礼》《易》《春秋》。汉代就有了"五经"之称。五经是保存至今最古老的典籍，也是儒家的主要经典。

1.《诗经》

我国最早的一部诗歌总集，收录了西周初期至春秋中期的诗歌，现存305篇。内容分为"风"（各地民歌民谣）、"雅"（分"大雅""小雅"，是贵族举行典礼、宴会时演唱的乐歌）、"颂"（贵族在宗庙祭祀时的乐歌）三部分；表现手法分为"赋"（铺陈直叙）、"比"（譬喻）、"兴"（触物兴词）三种。

2.《尚书》

我国第一部古典文集和最早的历史文献。"尚"是"上"的意思，《尚书》就是"上古之书"的意思。相传《尚书》为孔子编定，他将从上古尧舜时期一直到春秋秦穆公时期的各种重要文献资料汇集在一起，精选出100篇，命名为《尚书》。孔子将它用作教育学生的教材，所以在儒家思想中，《尚书》具有极其重要的地位。不过，《尚书》的流传比较复杂。秦始皇焚书以后，原有的《尚书》抄本几乎全部亡佚。汉代由秦博士伏生口授并用隶书书写的28篇《尚书》被称为今文《尚书》。后相传在鲁恭王拆除孔子故居的一段墙壁时发现了另一部用先秦六国文字书写的《尚书》，这部《尚书》比今文《尚书》多出16篇，人们称这部《尚书》为古文《尚书》。孔子后人孔安国整理了古文《尚书》，并献于朝廷。然而，在西晋的战乱中，今、古文《尚书》都散失了。东晋初年，梅赜献上了一部58篇的《尚书》，包括今文《尚书》33篇、古文《尚书》25篇，现今流传的《尚书》全都是根据这个版本编修的。不过，后世很多学者都怀疑其中的古文《尚书》是伪作，清代学者阎若璩、惠栋对此多有论述。直到2008年，清华大学入藏一批流散境外的楚简，其中有失传2000多年的战国时代的《尚书》，据之可以判定现今流传的古文《尚书》确是伪作。

3.《礼记》

主要记录了先秦的礼制，相传由孔子的弟子及再传弟子所作。由于篇目太多，东汉就出现了两种选辑本：一种是戴德的85篇本，人称《大戴礼记》；另一种是戴德之侄戴圣的49篇本，人称《小戴礼记》。前者流传不广，散佚严重；后者畅行于市，所以后世径称其为《礼记》。

4.《周易》

又称《易经》，相传为周文王所作，分为《经》《传》两部分，是我国传统文化思想中自然哲学与人文实践的理论根源，对古代政治、经济、文化等领域产生了深远影响。

5.《春秋》

鲁国史书，记事始自鲁隐公元年（公元前772年），终于鲁哀公十四年（公元前481年），相传由孔子搜集修订而成，是我国现存第一部编年体史书。语言极为凝练，微言而大义，往往一字含褒贬，这种写作方法被人称为"春秋笔法"。

（三）《十三经》

十三部儒家经典篇目的合集。唐代把"三礼"（《周礼》《仪礼》《礼记》）和"三传"（《公羊传》《穀梁传》《左传》）连同《诗》《书》《易》合称为"九经"。后唐文宗下令刻制《开成石经》，在九经的基础上加入《孝经》《论语》《尔雅》，称为"十二经"。宋代又加入《孟子》，最终有了"十三经"的说法。

1.《周礼》

一部系统叙述政治和经济制度的著作，对历代礼制的影响极大。内容极为丰富，涉及社会生活的方方面面。所记载的礼的体系最为系统，既有祭祀、朝觐、封国、巡狩、丧葬等的国家大典，也有如用鼎制度、乐悬制度、车骑制度、服饰制度、礼玉制度等的具体规范，还有各种礼器的等级、组合、形制的记载。

2.《仪礼》

春秋战国时期礼制的汇编。记述了士冠礼、士昏礼、乡饮酒礼、乡射礼、士丧礼等礼仪制度，展现了许多周鲁各国贵族生活的场景。东汉末年，经学家郑玄注释《周礼》《仪礼》《礼记》，因其注盛行，人们将《周礼》《仪礼》《礼记》合称为"三礼"。

3.《孝经》

以孝为中心，比较集中地阐述了儒家的伦理思想，包括孝道、孝治等，是我国古代儒家经典著作。

4.《尔雅》

我国第一部词典，被誉为"辞书之祖"。"尔"与"迩"是古今字，表示"近"的意思，"雅"意为"雅言"，是指当时在语音、词汇、语法等方面都合乎规范的标准语。《尔雅》的目的就是以雅言解释古语中的词语和方言词，使之近于规范。

5. 三传

《春秋》的文字简洁，对一些史实又语焉不详，如果没有注释，就很难看懂，后来就出现了解释《春秋》的书，其中最著名的是《公羊传》《穀梁传》和《左传》，"三传"就是三者的合称。

《公羊传》：又名《春秋公羊传》《公羊春秋》，作者是孔子门人子夏的弟子齐国人公羊高，他将《春秋》的经传合并，使用对答体逐层逐字解释《春秋》中的微言大义。《公羊传》最初只是师徒间口耳相传之学，到了汉代，公羊高的玄孙公羊寿将其定稿成书。

《穀梁传》：又名《春秋穀梁传》《穀梁春秋》，相传作者是孔子门人子夏的弟子鲁国人穀梁赤。它起初也是口耳相传之学，到汉代时才成书，一般认为它比《公羊传》晚出。和《公羊传》一样，《穀梁传》的宗旨也在于阐释《春秋》中的微言大义，用对答体逐层逐字释义，宣扬儒家思想。

《左传》：又名《春秋左氏传》《左氏春秋》，相传作者是春秋战国之际的左丘明，他以《春秋》为纲，博采各国史事编次成书。《左传》保存了较为丰富的历史资料，共35卷，是"十三经"中篇幅最长的。

二、史书

（一）二十四史

现今史学界有"二十四史""二十五史""二十六史"之说。"二十四史"是我国古代各朝撰写的二十四种史书的总称，由乾隆皇帝钦定。"正史"一称一般亦专指"二十四史"。虽说撰写《史记》是司马迁的个人行为，但其写法被历代朝廷定为正式的历史写作手法，所以只有和《史记》一样用纪传体写作，有本纪、列传的史书才能称为"正史"。"二十五史"(较"二十四史"多《新元史》)、"二十六史"(较"二十五史"多《清史稿》)中,《新元史》(柯劭忞著,1920年)、《清史稿》(赵尔巽主编,1927年)的修撰都是个人行为且并不完全符合传统写法,所以人们一般还是以"二十四史"为主,也常以"二十四史"代称我国历史。本书也是如此处理。

"二十四史"中除了《史记》是通史外,其余都是断代史,总体记述了从黄帝到明末共4000余年的历史,共3213卷,约4000万字。

1.《史记》

我国第一部纪传体通史,最初没有定名,有《太史公书》《太史公记》《太史记》《太史公》等名,三国时期才定名为《史记》。作者是西汉史官司马迁,全书包括12本纪、30世家、70列传、10表、8书,共130篇,记述了从黄帝到汉武帝时期3000多年的历史。该书对后世史学和文学的发展都产生了深远影响,被鲁迅誉为"史家之绝唱,无韵之离骚"。

2.《汉书》

又名《前汉书》,是我国第一部纪传体断代史,东汉班固编撰,记事始于汉高祖刘邦元年,终于王莽地皇四年。班固死后,其妹班昭补写8表,马续补写《天文志》,最终完成了《汉书》。

3.《后汉书》

南朝刘宋的历史学家范晔编撰,记述东汉的历史,与《史记》《汉书》《三国志》合称"前四史"。

4.《三国志》

西晋历史学家陈寿编撰,记述三国时期的历史。

5.《晋书》

唐代房玄龄等人编撰,记述从司马懿开始到刘裕以宋代晋为止、西晋和东晋的历史。

6.《宋书》

南朝梁沈约编撰,记述南朝宋的历史。

7.《南齐书》

南朝梁的皇室贵族萧子显编撰,记述南朝齐的历史。原名《齐书》,宋代为了区别于《北齐书》而加"南"字。

8.《梁书》

唐代姚思廉编撰,记述南朝梁的历史。

9.《陈书》

唐代姚思廉编撰，记述南朝陈的历史。

10.《魏书》

南北朝时期北齐人魏收编撰，记述北魏的历史。

11.《北齐书》

唐代李百药编撰，记述北齐的历史。原名《齐书》，宋代为了区别于《南齐书》而加"北"字。

12.《周书》

唐代令狐德棻等人编撰，记述北周的历史。

13.《南史》

唐代李大师及其儿子李延寿编撰，记述南朝宋、齐、梁、陈的历史。

14.《北史》

唐代李大师及其儿子李延寿编撰，记述北魏、东魏、北齐、西魏、北周、隋的历史。

15.《隋书》

唐代魏征等人编撰，记述隋朝的历史。

16.《旧唐书》

五代时后晋人刘昫编撰，原名《唐书》，宋代《新唐书》问世后改成《旧唐书》，记述唐朝的历史。

17.《新唐书》

北宋欧阳修等人编撰，记述唐朝的历史，质量在《旧唐书》之上。

18.《旧五代史》

北宋薛居正等人编撰，记述五代十国期间的历史。

19.《新五代史》

北宋欧阳修编撰，记述五代十国期间的历史，与《旧五代史》各有千秋，可以互为补充。

20.《宋史》

元朝脱脱等人编撰，记述宋朝的历史。

21.《辽史》

元朝脱脱等人编撰，记述辽朝的历史。

22.《金史》

元朝脱脱等人编撰，记述金朝的历史。

23.《元史》

明朝宋濂等人编撰，记述元朝的历史。

24.《明史》

清朝张廷玉等人编撰，历经三次订正，耗时90多年而成，记述明朝的历史。

（二）《国语》

相传是左丘明所著，是一部国别体史书。以国分类，以语为主，所以叫《国语》。分周、鲁、齐、晋、郑、楚、吴、越八国记事，记事时间大致为西周末年至春秋时期。

（三）《战国策》

又名《国策》，西汉刘向根据当时所见战国时期的资料按照国别编订而成。主要内容是"策"，也就是战国时期纵横家的言论和策略，是论辩文的典范。全书分东周、西周、秦、楚、齐、赵、魏、韩、燕、宋、卫、中山十二国策，反映了当时错综复杂的历史。虽说有些记载缺乏历史根据，但仍不失为研究战国历史的重要材料。

（四）《资治通鉴》

北宋司马光主编，刘恕、刘攽、范祖禹协修，共294卷，300多万字，历时19年完成。《资治通鉴》是我国第一部编年体通史，其编修除依据正史外，还借鉴了野史、文集、谱牒、家传等各种史料，记述了上自周威烈王二十三年（公元前403年）下至五代后周显德六年（公元959年）涵盖16朝1362年的重要历史事件。该书是司马光以"为君亲政，贤明之道"为出发点编写的，总结出许多经验教训供统治者借鉴，宋神宗认为此书"鉴于往事，有资于治道"，故定名为《资治通鉴》。该书与汉代司马迁的《史记》都是我国史学的不朽巨著，人们也将司马迁与司马光称为"史学两司马"。

自测练习

一、判断下列说法的对错。

1. "二十四史"中的史书都是当时的人记录的当时的历史。（　　　）

2. 《三国志》是由三国时期的历史学家陈寿编撰的，记述了三国时期的历史。（　　　）

3. 《尔雅》是我国第一部词典，被誉为"辞书之祖"。（　　　）

4. 宋代在"十二经"的基础上加入《孝经》，才有"十三经"的说法。（　　　）

5.《史记》被鲁迅誉为"史家之绝唱，无韵之离骚"。（　　）

6.《尚书》是我国第一部古典文集和最早的历史文献，"尚"是"上"的意思，《尚书》就是"上古之书"的意思。（　　）

7.《宋书》是记录宋朝历史的史书。（　　）

8.《资治通鉴》是我国第一部编年体通史，宋神宗认为此书"鉴于往事，有资于治道"，故定名为《资治通鉴》。（　　）

9.《大学》原本是《礼记》中的一篇，是南宋至清末官定的教科书和科举考试的必读书目之一。（　　）

10.《战国策》是东汉刘向根据当时所见的战国时期的资料按照国别编订而成的。（　　）

二、根据题干要求，选出合适的答案。

1. 孟子是（　　）的代表人物。

 A.儒家   B.纵横家

 C.道家   D.农家

2. "十三经"中篇幅最长的是（　　）。

 A.《周礼》   B.《左传》

 C.《易经》   D.《孟子》

3. 下列典籍中，不属于"四书"的是（　　）。

 A.《大学》   B.《中庸》

 C.《尚书》   D.《孟子》

4. 相传著有《国语》和《左传》的作者是（　　）。

 A.左慈   B.左丘明

 C.左雄   D.左懋第

5. 下列典籍中，记述年代不同的是（　　）。

 A.《左传》   B.《穀梁传》

 C.《公羊传》   D.《战国策》

答案见 P262

第三节　选官制度与古代官职

热身练习

判断下列说法的对错。

1. 汉代开始的科举制是我国古代最有名的选拔人才的制度。（　　）

2. 贡院是科举时代专设的考试场所，外墙铺以荆棘，因此又称"棘闱"。（　　）

3. 唐寅（唐伯虎）因为参加会试得了第一名而被称为"唐解元"。（　　）

4. 《水浒传》中鲁智深曾经当过提辖。提辖是宋代负责统辖地方军队、抓捕贼盗、征收赋税的武官。（　　）

5. 清代的军机大臣一般由亲王、大学士、尚书、侍郎等兼任，负责统领军机处。（　　）

参考答案

1. ×。科举制度是隋代开始的。
2. √。
3. ×。唐寅参加的是乡试。
4. ×。提辖没有征收赋税的职权。
5. √。

知识解析

　　历代王朝都对人才选拔的制度非常重视。隋朝之前，人们大多通过世袭获得官职或凭借"孝廉""明经"等特长被官员举荐当官，如西周的世卿世禄制、汉代的察举制和征辟制、魏晋南北朝的九品中正制等。虽然有不少人才被举荐当官，但往往会出现"任人唯亲"的现象。对此，隋朝大业元年（公元605年）开始实行通过考试选拔人才的制度。这种制度延续了1300余年，直到清光绪三十一年（公元1905年）才取消。因为取士权归中央所有，采用"分科取士"的办法选拔人才，所以这种选官制度被称为"科举制"。我们在阅读文言文以及答题时，经常会遇到与选官制度和古代官职相关的内容，所以本节主要介绍一些与二者相关的常见知识。

一、选官制度

（一）选官制度相关词语

1．大比

西周的一种选官制度。《周礼·地官·乡大夫》："三年则大比，考其德行、道艺，而兴贤者、能者。"隋唐后泛指科举考试，明清时期专指乡试。

2．察举

汉代选拔官员的制度。"察"是指考察，"举"是指推举。汉武帝时，由列侯、刺史等高官推荐人才给朝廷，作为官员的来源。察举的主要科目有孝廉、秀才等，后来为避东汉皇帝刘秀讳，"秀才"改名为"茂才"。

3．征辟

汉代选拔官员的制度。"征"是指皇帝征聘社会知名人士到朝中做官，"辟"是指中央官署的高级官僚或地方政府的官吏先任用平民当属吏，然后再向朝廷推荐。

4．孝廉

汉代选拔官员的科目。"孝"是指孝顺父母，"廉"是指不贪钱财。汉武帝要求各郡每年在吏民中举荐孝、廉的杰出代表各一人送至朝中，然后根据考核结果为所选人才安排官职。明清时期也以此名来称呼举人。

5．明经

汉代设立。被举荐者必须是"明习经学"之人，通过考核后取得官职。是当时儒生进入仕途的主要渠道。后来成为唐朝科举考试的一科。明清时是贡生的俗称。

6．童生试

简称"童试"，明清时期取得生员（秀才）资格的入学考试。分县试、府试、院试三个阶段。院试录取者即可进入府、州、县的官学成为生员。

7．乡试

明清时期每三年一次在各省省城举行的考试，是科举考试的第一级，又称"大比""秋闱"。正副考官都由皇帝指派，本地生员应考。考中者叫"举人"，第一名叫"解（jiè）元"。

8．会试

明清时期每三年一次在京城举行的考试，在乡试后第二年的春天于礼部举行，又称"春闱"。正副考官都由皇帝指派，各省的举人以及国子监监生皆可应考。考中者叫"贡士"，第一名叫"会元"。

9. 殿试

最高级别的科举考试，一般都由皇帝亲自监考、策问，由贡士应考。殿试录取者统称"进士"，不过会分甲第。共分三甲：一甲只有三名，赐予"进士及第"称号，第一名称"状元"，第二名称"榜眼"，第三名称"探花"；二甲、三甲若干名，二甲赐予"进士出身"称号，三甲赐予"同进士出身"称号。

10. 贡院

科举时代专设的考试场所，外墙铺以荆棘，因此又称"棘闱"。

11. 登科、及第、登第、披宫锦

科举时代考中进士的代称。

12. 金榜

殿试后揭晓名次的布告，因用黄纸书写，又多由皇帝点定，所以又称"黄甲""黄榜""皇榜"。考中进士又称"金榜题名"。

13. 落第、下第

科举时代未考中进士的代称。

14. 弥封

科举考试中为防舞弊而将考生名字糊上，又称"糊名"。

15. 八股文

明清科举考试制度规定的一种文体。有固定的格式，由"破题""承题""起讲""入手""起股""中股""后股""束股"八部分组成，每一部分的句数、句型都有严格的限定。"破题"规定为两句，说破题目意义；"承题"三句或四句，承接"破题"加以说明；"起讲"概括全文，开始议论；"入手"引入文章主体；从"起股"到"束股"是八股文的主要部分，尤其是"中股"。在这四股中，每段都有两股相互排比对偶的文字，共为八股，八股文因此得名。八股文的题目必须出自四书五经，内容不许超出四书五经的范围。

（二）科举人员的称谓

1. 总裁

明朝直隶省乡试主考的通称。清朝会试主考的别称。负责总阅试卷，决定录取名次。

2. 主考

属于临时性的官员。明清实行科举制，各省乡试由皇帝选派考官前往主持，称"主考"或"主考官"。负责总阅试卷，决定录取名次。

3. 座主、座师

明清时期主考、总裁的代称。

4. 童生

明清时期规定，凡是应考的生员，不论年龄大小，都称为"儒童"，人们习惯上称他们为"童生"。

5. 诸生

明清时期经过考试进入国子监、府、州、县各级学校学习的生员的统称。

6. 庠生

府、州、县生员的别称，"庠"即学校。

7. 贡生

进入国子监学习的生员称为"贡生"。

8. 监生

明清时期国子监生员的统称。或由地方选送，或由皇帝恩赐入监，或由捐款取得头衔。如未曾取得生员资格而想参加乡试的，必须先捐监生出身，但不一定非要在国子监读书。

9. 秀才

本义是"才高之人"，被用来泛称读书人，明清时期专指府、州、县官学的生员。东汉因避光武帝刘秀名讳又称"茂才"，后世有时也沿用此名。

10. 举人

本义是"被推举之人"，明清时期专指乡试考中者。

11. 同案

同科考取秀才的生员的统称。

12. 同年

同榜录取的人的互称。

二、古代官职

（一）官署

1. 幕府

本指出征将军的官署，后也用来称军政大吏的官署。"幕"是指军队的帐幕、帐篷，"府"是指王室存放金钱和文件的地方。

2. 公车

始于西汉，负责接待臣民上书和征召，官长为公车司马令。后为举人应试的代称，也可指入京请愿或上书言事。

3. 吏部

始于东汉，掌管文官的任免、考核、升降、调动等事，官长为吏部尚书。

4. 国子监

封建王朝中央教育机构和最高学府，隋朝始称"国子监"，官长为国子监祭酒。

5. 礼部

始于北魏，掌管礼仪、祭祀、贡举、教育等事，官长为礼部尚书。

6. 工部

始于西魏，掌管工匠、屯田、水利、交通等事，官长为工部尚书。

7. 户部

始于隋朝，本名"民部"，唐代避太宗李世民名讳改为"户部"，掌管土地、户籍、赋税、财政收支等事，官长为户部尚书。

8. 兵部

始于隋朝，掌管武官选拔、兵籍军械、军机政令等事，官长为兵部尚书。

9. 刑部

始于隋朝，掌管法律、刑狱等事，官长为刑部尚书。

（二）吏制

1. 封典

皇帝给予官员或其妻室、父母、祖先的荣誉称号。始于晋代，但具体制度历代各有不同。清代封典给官员本身称"授"，给其父母及以上长辈或妻室，尚存者称"封"，已故者称"赠"。

2. 铨选

唐代以后选用官吏的制度，除最高级职官由皇帝任命外，其余职官都由吏部按规定选补官缺。凡是通过考试、捐款等方式取得官员资格者都需要到吏部听候铨选。

3. 诰封

明清时期对官员及其先代和妻子授予封典的制度。五品以上用皇帝的诰命授予，称为"诰封"；五品以下用敕命授予，称为"敕封"。一般都在庆典时颁发。

4. 大考

清代的一种考核官吏的制度。凡翰林出身的中下级官员，每十年考试一次，且不得以任何理由缺考。考试优秀者予以擢升，劣等者予以罚俸、降级乃至罢免。

5．加官

指本官之外另加、兼领官职。加官者往往会获得额外的权力和职责，如：在官职之外另加"中常侍"就能出入皇宫，成为皇帝的亲信；加"给事中"就能掌管顾问应对；加"散骑"就能成为皇帝的骑从。

（三）官职

1．尹

商周时期的辅弼官员称"尹"。汉代以后各地的地方长官也称"尹"，是一种通称，如"京兆尹""河南尹""开封府尹"等。元代州、县长官亦称"尹"。

2．司徒

商朝始置，主管民事、户口、籍田、徒役等事。东汉废弃，改置丞相。

3．司空

商朝始置，主管工程及百官职事。后世则为工部尚书的别称，工部侍郎则称"少司空"。

4．司马

商朝始置，主管军政。隋唐时的司马为州郡佐官，明清则以大司马为兵部尚书的别称。

5．司寇

商朝始置，主管刑狱、纠察等事。后世则为刑部尚书的别称，刑部侍郎则称"少司寇"。

6．太师

西周始置，辅弼国君的官员。最初权力很大，周代"三公"之一，后世渐渐成为高级官员的加衔，并无多少实权。

7．太傅

西周始置，辅弼国君的官员兼国君的老师。最初权力很大，周代"三公"之一，地位次于太师，后世渐渐成为高级官员的加衔，并无多少实权。

8．太保

西周始置，辅弼国君的官员。最初权力很大，周代"三公"之一，地位次于太傅，后世渐渐成为高级官员的加衔，并无多少实权。

9．太仆

周代始置，传达王命、为王左驭而前驱的官员。秦汉沿置，为"九卿"之一，主管皇帝车马、马政，后世逐渐转为掌管畜牧业。因和皇帝关系密切，地位颇高。清代废止。

10. 少府

战国始置，负责宫廷财政和皇室衣食起居、游猎玩好等需要的供给与服务，秦代"九卿"之一。唐代称县尉为"少府"。

11. 尚书

战国始置，或称"掌书"，"尚"是"执掌"之义。秦代为少府属官，掌管文书。后世职权渐重，隋唐分为六部，六部主管皆称"尚书"。

12. 舍人

战国、秦汉时王公贵胄皆设，一般负责"宫中之政，出廪分财"。曹魏时在中书省设中书通事舍人，负责传宣诏令。后世直称"中书舍人"，负责起草诏令。明清内阁亦设中书舍人，负责缮写文书。

13. 郡守、太守

战国始置，负责戍守边郡，后逐渐演变成为地方长官。西汉改称"太守"，历代沿用不改。明清时期太守指知府。

14. 丞相

秦代始置，为百官之长，辅佐皇帝的最高官职，秦代"三公"之一。后世又称"宰相"，废置无常，权限不定。明初尚有丞相一职，不久废止。

15. 太尉

秦代始置，为全国最高军事长官，秦代"三公"之一。汉武帝时改称为"大司马"，东汉复名"太尉"，与司徒、司空并称"三公"。宋代以后逐渐成为高级武官的加衔，无实际职事。明代废止。

16. 御史大夫

秦代始置，仅次于丞相的中央高级官员，帮助丞相处理政事，还负责监察，秦代"三公"之一。明初废止。

17. 御史

春秋战国时期列国皆有御史，为国君亲近之职，掌管文书及记事。由于秦代曾设御史大夫，并以御史监郡，因此御史渐有纠察弹劾之权。可另加职衔，如军粮御史、监察御史等，明清仅存监察御史一职。

18. 长史

秦代始置，历代负责事务不定，但多为幕僚性质的官员，相当于秘书。

19. 侍中

秦代始置，负责宫廷内往来奏事、应对顾问，郎官之一。因是皇帝近臣，后世渐渐权重，等级越过侍郎。南宋废止。

20. 给事中

秦代始置，初为列侯、将军等的加官，执事于殿中，负责顾问应对、议论政事。曹魏时期或为正官或为加官，晋代开始成为正官。明代分设吏、户、礼、兵、刑、工六科给事中，稽查六部的缺失。清代隶属都察院，与御史同为谏官。

21. 刺史

秦代始置，"刺"是"检核问事"之义。秦代各地皆设刺史，负责监察郡守。东汉改为州牧，地位高于郡守，掌管一郡的军政大权。隋代以后地位渐低，宋代已成为虚衔，明代废止。

22. 洗马

秦代始置，又称"太子洗马"，"洗"读作xiǎn，汉代亦称"先马""前马"，是太子的随从官员。太子出行时为前导，故名。西晋以后主管太子典籍，清末废止。

23. 博士

秦汉时掌管典籍，通晓史实。汉武帝设五经博士，专掌经学传授。后世亦指专精一艺的职官，如律学博士、医学博士等。

24. 府尹

源于汉代的京兆尹。唐、北宋曾在京城设置府尹，专管京城治安与政务，但不常置。明代在应天府（南京）、顺天府（北京）设置府尹，清代在顺天府（北京）、奉天府（沈阳）设置府尹，为该地区的最高长官。

25. 廷尉

秦代始置，掌管刑狱，中央最高司法审判长官，秦代"九卿"之一。北齐改称为"大理寺卿"。明清时期大理寺卿主要负责复核刑部的判决。

26. 都督

东汉始置，最初是军队出征时的监察官，与监军相同。三国时期大量出现，逐渐演变成中央或地方军事长官。明代中期以后逐渐成为虚衔，清乾隆年间废止。

27. 参军

东汉末年就有"参某某军事"之称，主要负责参谋军务，简称"参军"，清代亦称经略为"参军"。

28. 郎中

郎官之一，皇帝的侍卫、陪从。东汉以后为尚书的属官，初任尚书属官者称为"郎中"。唐代以后，六部都设郎中，分管部内各司职务，是尚书、侍郎之下的高级官员。清末废止。

29. 侍郎

郎官之一，皇帝的近侍。东汉以后为尚书的属官，任尚书属官满三年者称为"侍郎"。唐代以后官位渐高，中书省、门下省、尚书省所属各部均以侍郎为部门长官的副手。

30. 学士

魏晋南北朝始置，掌管典礼、编撰等事。唐代以后指翰林学士，成为皇帝的秘书、顾问，开始参与政务。明清时期的殿阁学士实际掌握着宰相的职权。

31. 主簿

历代都设此官，主要是辅佐主官掌管文书、簿籍、印鉴等。魏晋时期与参军均为要职，成为将帅重臣的僚属，有参与机要、统领府事的权力。唐宋之后，职权渐微。

32. 经略

又称"经略使""安抚使""宣抚使""经略宣抚使"等。唐代始置，最初多在边境地区统管军民，后多由节度使兼任。明朝有重要军事行动时特设经略，职位高于总督。清代中期废止。

33. 节度使

唐代总管某地军政事务的官员。最初仅在边境设立，安史之乱后，内地也设节度使。节度使拥兵自重，独霸一方，造成了藩镇割据的局面，间接导致了唐朝的灭亡。五代十国时期，节度使的权势达到顶峰，皇帝的拥立与罢黜都取决于节度使。后梁、后唐、后晋、后汉、后周的开国君主均为节度使。宋代解除了节度使的兵权、财政等特权，后来更是作为加官的虚衔。元朝废止。

34. 翰林

唐代始置，是皇帝的文学侍从，负责起草由皇帝直接发出的诸如任免宰相、宣布讨伐等命令，有较大实权，常能升为宰相。宋代以后，地位渐低。明代的翰林学士作为翰林院的最高长官，主管文翰，应对皇帝的咨询。清代设立翰林院，负责编修国史、记录皇帝言行、讲经述史以及草拟文件等，其主管为掌院学士，属官有侍读学士、侍讲学士、侍读、侍讲、编修、庶吉士等，统称"翰林"。

35. 大学士

唐代始置，协助皇帝批阅奏章、起草诏书等，后由宰相兼任。北宋时学士中资历深、声望高的人也被尊称为"大学士"，多是荣称。明代废宰相，以大学士作为内阁长官。清代大学士分满汉两类，二者相互配合与制约。雍正时期将满汉大学士品级提至一品，是朝中品级最高的文官。

36. 中堂

宰相的别称。由于唐代实行多宰相制，尚书省、门下省、中书省的最高长官都称宰相，办公地点最终定在中书省内的政事堂，故有此别称。明清时期的大学士亦被尊称为"中堂"。

37. 枢密使

唐代始置，是枢密院的长官，负责辅佐宰相，分掌军政。最初由宦官担任，五代时被武官掌控，掌握军政大权。宋代开始用文臣担任，职权范围缩小。元中期废止。

38. 补阙

武周始置，负责规谏皇帝、举荐人才。分左右，左补阙属门下省，右补阙属中书省。左、右补阙与左、右拾遗合称"遗补"。北宋改称"司谏"，明初废止。

39. 拾遗

武周始置，职责、分属与补阙同但比其级别低。北宋改称"正言"，明初废止。

40. 参政

北宋始置，全称"参知政事"。地位起初较低，后为牵制宰相而提高，是宰相的副手，中央最高政务长官之一。明代在布政使下设左、右参政，清乾隆时废止。

41. 提辖

宋代武官名，负责统辖地方军队、抓捕贼盗。南宋有"四提辖"的官制，分别掌管榷货务都茶场、杂买务杂卖场、文思院、左藏库。

42. 通判

宋代始置，与州、府长官共同管理政务，掌管粮运、水利和诉讼等事，同时也可监察所在地的各级官员。明清为各州、府的副职，在知府之下，权力较宋代略小，清代亦称"分府"。

43. 巡按

巡按御史的简称，明代始置，代皇帝出巡监察各地官员，体恤民情，只受皇帝直接领导，不受其他部门管辖。清初沿袭明制，但顺治之后废止。

44. 巡抚

明代始置，初为临时职务，代皇帝出巡边镇和赈灾抚民。后来逐渐成为长期驻扎地方，定期回中央汇报的官职。清代以巡抚为省级地方政府的长官，负责当地军事、吏治、刑狱、民政等。

45. 总兵

明代始置，一开始只是临时的军事长官，遇有战事便挂印统兵，事毕缴还，明末渐成常驻武官,成为明朝的高级武官。清代置于提督属下,掌一镇军务,故又称"总镇"。

46. 提督

明清时期省或地区一级的高级武官,负责地方军务。清代除了设置陆路提督外,还在沿江、沿海地区设置水师提督,负责统辖水路官兵;在京城设置九门提督,负责保卫国都。

47. 知府

明清时期府一级的行政长官。

48. 军机大臣

清代始置,一般由亲王、大学士、尚书、侍郎等兼任,负责统领军机处。

49. 学官

古代主管学务的官员和官学教师,如祭酒、司业、学政等。

50. 司业

国子监或太学的副长官,相当于如今的副校长,协助祭酒主管教务训导。

51. 学政

亦称"学使",是由朝廷委派到各省主持院试并督察各地学官的官员,一般由翰林院或进士出身的京官担任。

(四)官职变动相关词语

1. 授官

辟: 由中央官署的高级官僚或地方政府的官吏征聘,然后向上举荐,获批后授予官职。

征: 由皇帝征聘社会知名人士担任官职。

除: 任命,授职;一般指免去旧职,授予新职。

举、荐: 由地方官向中央举荐品行端正或某方面有特长的人任以官职。

察: 考察后准予举荐。

拜、授、任: 授予官职。

选: 通过推荐或科举选拔授予官职。

起: 重新任用,任以官职。

复: 恢复原职。

仕、仕宦、仕进: 做官。

封: 皇帝将爵位或土地赐给属下。

赏: 由皇帝赐予官衔或爵位。

2．调动、补任

改：改任官职。

调、徙、转：调动官职，特定语境下可表示升职或降职。

迁：调动改派。一般情况下，"转迁""迁调"指调职，"右迁""迁除"指升职，"左迁""迁谪"指降职、撤职。

累迁：多次调动。

放、出：由京官调任地方官，有时指贬官、降职。

补：补任空缺官职。

荫补：凭借先人的功绩补任空缺官职。

3．兼职、代理

兼、领、行、判：兼职。其中，"兼"是指同时负责监管，"判"是指高职兼任低职或以京官身份兼任地方官。

权、假、署、摄、守：代理。

4．升职

拜：按照一定礼节授予官职，一般用于升任高官。

升、晋、进、擢：晋升官职，提高级别。

超迁、超擢：越级升迁。

加：加封，在原先官职上增加某种荣衔，可以享受某些额外的特权。

提、拔、提拔：提升原本没有官职的人。

解褐、释褐：脱去粗布衣服，比喻入仕为官。

5．降职、免职

贬：降职、降级，或降职并外放。

谪、谪降、窜：降职并外放。

夺：削除爵位或官职。

左除、左降、左转：降职。

罢、免、黜、绌：撤职。

6．辞官

悬车：辞官居家，废车不用。

告老：因年老而辞官。

请老：请求退休养老。

乞身：古人认为做官是委身事君，故亦称辞官为"乞身"。

乞骸骨：乞求骸骨归葬故乡，表示"辞官"之义。

称病、谢病、移病： 托病隐退。

致仕： 交还官职，辞官退休。

解组、解绶： 解下挂印的带子，表示"辞官"之义。

6. 其他

知、典、主： 主持、掌管。

视事： 官吏就职开始工作，也可以指官吏在任。

下车： 新官就职。

自测练习

一、判断下列说法的对错。

1. 清代的大学士分满汉两类，二者相互配合与制约。（　　）

2. 由中央官署的高级官僚或地方政府的官吏征聘，然后向上举荐，获批后授予官职的授官方式叫"征"。（　　）

3. 唐代的节度使总管当地军政事务，削弱了藩镇割据的局面，但也间接导致了唐朝的灭亡。（　　）

4. 明清时期应考的生员中年少的被称为"儒童"，习惯上又称"童生"。（　　）

5. 太师、太傅、太保是古代"三公"，最初权力很大，后世渐渐成为高级官员的加衔，并无多少实权。（　　）

6. 巡抚原非专职官员，只是临时代皇帝出巡边镇和赈灾抚民，唐代开始正式成为固定官职。（　　）

7. "洗马"是一个专门为皇帝洗刷马匹的官职。（　　）

8. 状元是我国古代科举制度中在殿试中获得第一名的人。（　　）

9. 古代官吏请求退休的说法有"致仕""告老""乞骸骨""悬车""下车"等。（　　）

10. "褐"是"粗布衣服"的意思。"释褐"就是脱去平民穿的粗布衣服，即卸职。
（　　）

二、根据题干要求，选出合适的答案。

1. 下列词语中，表示升职的一项是（　　）。

A. 黜　　　　B. 谪　　　　C. 擢　　　　D. 知

2. 下列词语中，官职性质不同的一项是（　　　　）。

　　A. 提督　　　　B. 学政　　　　C. 御史　　　　D. 拾遗

3. 下列说法中，不正确的一项是（　　　　）。

　　A. "除"可表示"免去旧职，授予新职"的意思。

　　B. 清代的总兵是中堂的属下，掌一镇军务，故又称"总镇"。

　　C. 五代十国时期，节度使的权势达到顶峰，皇帝的拥立与罢黜都取决于节度使。

　　　　后梁、后唐、后晋、后汉、后周的开国君主均为节度使。

　　D. 司徒主管民事、户口、籍田、徒役等事。东汉废弃，改置丞相。

4. 下列官职中，属于地方官的一项是（　　　　）。

　　A. 太傅　　　　B. 丞相　　　　C. 补阙　　　　D. 府尹

5. 下列官职中，没有军事权的一项是（　　　　）。

　　A. 舍人　　　　B. 提辖　　　　C. 经略　　　　D. 太尉

答案见 P263

第四节　古代地理

热身练习

判断下列说法的对错。

1. 古代文献中的"山东"不同于我们今天所说的山东省，它指的是泰山以东地区。
（　　　）

2. 古代以山之南、水之北为阳，以山之北、水之南为阴，如衡阳在衡山之南，江
阴在长江之南。（　　　）

3. 恒山又称"南岳""寿岳""南山"，位于湖南省中部。（　　　）

4. "三秦"和"三楚"一样，都是地区名。（　　　）

5. "四大古都"包括西安、洛阳、杭州、北京。（　　　）

> **参考答案**
>
> 1. ×。"山东"具体所指区域因时而异，但没有任何时期指泰山以东地区。
>
> 2. √。
>
> 3. ×。"南岳"是指衡山。
>
> 4. √。
>
> 5. ×。"四大古都"是指西安、洛阳、南京、北京。

知识解析

学习古代汉语时，常常会涉及古代地理。有些地理名称沿用至今，有些则多有变
化，有些甚至已经消失，可见掌握一些常见的古代地理知识是非常必要的。

一、古代行政区域名称

（一）地区名

1. 中国

现为"中华人民共和国"简称。古代多泛指中原地区，也可指国都、京城。17世
纪末，"中国"始成为主权国家的概念。

2. 中华

古人认为华夏民族居住在四方之中，故称"中华"。其后各朝疆土渐广，凡所统辖，皆称"中华"。现为中国的别称。

3. 九州

相传大禹治水时将天下分为九个行政区域，分别是冀州、兖州、青州、徐州、扬州、荆州、豫州、梁州、雍州，统称"九州"。后成为中国的别称。

4. 赤县、神州

中国的别称。

5. 中原

狭义的中原指今河南省一带，广义的中原是指黄河中下游地区或整个黄河流域。有时也泛指中国。

6. 四海、海内

古人认为我国疆土四面环海，故称天下或全国为"四海""海内"。

7. 六合

天、地和东、南、西、北四方。泛指天下。

8. 八荒

四面八方遥远的地方。泛指天下。

9. 京畿

国都及其附近的地区。

10. 三辅

西汉时原指治理京畿地区的三位官员，后指这三位官员管辖的地区。隋唐之后简称"辅"。

11. 三秦

项羽灭秦后，曾将潼关以西的关中地区封给秦军三位降将，故称"三秦"。后世泛指陕西为"三秦"，又指陕北、关中、陕南地区。

12. 江南

长江以南地域的总称，具体所指区域因时而异。唐代设立江南道，范围大致包括今浙江省、福建省、江西省、湖南省等地。宋代改为江南路，分东路与西路，范围大致包括今江西省全境与安徽省南部的部分地区。

13. 江东、江左

长江在今芜湖至南京河段为西南至东北流向，因此，古代称这一河段以东及以下的南岸地区为"江东"；又因古人以东为左，以西为右，所以又称"江左"。

14. 江西、江右

长江下游以西的地方。

15. 江表

从中原看，长江以南地区在长江之外，故称"江表"。

16. 关东

函谷关以东地区。

17. 关西

函谷关以西地区。

18. 关中

具体所指区域因时而异。战国至秦汉间一般泛指函谷关以西地区；现在一般指秦岭以北，子午岭、黄龙山以南，陇山以东，潼关以西地区。

19. 山东

具体所指区域因时而异。春秋时期指太行山以东地区；战国、秦汉时期指崤山、函谷关以东地区；明清时期指太行山以东地区，即今山东省。

20. 山西

战国、秦汉时期泛指崤山或华山以西地区；明清时指太行山以西、吕梁山以东地区，即今山西省。

21. 河北、河南

分别指黄河以北和黄河以南的地区。

22. 西河、河西

春秋、战国时期指山西、陕西两省间黄河南段以西的地区，汉、唐时多指甘肃、青海两省黄河以西的地区。

23. 淮左

淮河以东地区。

24. 塞北

"塞"指战国时期北方各国为了抵御北方游牧民族的侵扰而分别修筑，后来由秦始皇连接起来的长城。"塞北"即长城以北地区，亦称"塞外""口北""口外"。

25. 西域

汉以后对玉门关、阳关以西地区的总称。

26. 朔漠

北方的沙漠，亦可单称"朔"，泛指北方。

27．岭南

五岭（越城、都庞、萌渚、骑田、大庾五岭的总称）以南地区。相对于中原地区来说，岭南地区在五岭之外，故又称"岭外""岭表"。

28．百越

古代越族居住在江、浙、闽、粤各地，各部落都有自己的名称，统称为"百越"，亦称"百粤""诸越"。古代汉语中亦常泛指南方地区。

29．三楚

秦汉时期将楚国旧地分为西楚、东楚、南楚，故称"三楚"。

30．三晋

战国时晋国分为韩、赵、魏三国，后人称之为"三晋"；亦可用以指山西地区。

（二）政区名

1．州

汉武帝时期为了加强中央集权，将全国大部分地区分为13个监察区，名为"州"。东汉末年变为行政区，形成州、郡、县三级制，"州"相当于现今的"省"。明清改"州"为"府"，只留少数直属于省的直隶州和隶属于府的属州。

2．郡

春秋时期始置，秦代分天下为40郡，隋朝废止。

3．国

本指天子统治的地区，先秦及汉代亦可指诸侯统治的地区。汉代作为行政区的"国"略大于"郡"，所以常常"郡国"连言。

4．道

汉代在少数民族聚居区设"道"，与"县"相当。唐初的"道"是监察区，贞观年间成为行政区，是"州"的上级行政单位，相当于汉代的"州"。清代地方行政机关实行省、道、府、县四级制，其中诸如巡道、盐法道等仅是负责地方专门事务的"道"。

5．路

宋代始置，最初是为征收赋税、转运漕粮而分的区域，后变为行政区，明初废止。宋代的"路"相当于明清的"省"，元代的"路"相当于明清的"府"。

6．省

本是官署名称，元代以中书省为中央政府，又在"路"上分设行中书省，简称"行省"。清初成为正式的行政区。

7. 县

地方基层行政区域。先秦即有，一直延续至今。

（三）城市名

1. 古都

四大古都：西安、洛阳、南京、北京。

六大古都：西安、洛阳、南京、北京、开封、杭州。

七大古都：西安、洛阳、南京、北京、开封、杭州、安阳。

八大古都：西安、洛阳、南京、北京、开封、杭州、安阳、郑州。

2. 有别称的城市举例

南京：又称"建康""建业""金陵""江宁""白下""石头城"等。

杭州：又称"临安""钱塘""武林""仁和"。

福州：又称"三山"。

镇江：又称"京口""润州"。

开封：又称"东京""汴京""汴州""大梁""汴梁"。

苏州：又称"姑苏""吴郡"。

绍兴：又称"会稽""蠡城""越州"。

扬州：又称"淮上""江都""广陵"。

北京：又称"大都""蓟""幽州""涿郡""顺天府""京师""北平"。

西安：又称"京兆""长安""西京"。

成都：又称"锦官城""芙蓉城""益州"。

荆州：又称"江陵""郢都"。

洛阳：又称"雒阳""京洛""洛京""神都"等。

3. 历代"京都"

东汉两京：东京洛阳、西京长安。

唐四京：中京长安、东京洛阳、北京太原、西京凤翔。

唐三都：西都京兆府、东都河南府、北都太原府。

宋四京：东京开封府、西京河南府、南京应天府、北京大名府。

二、古代山川

（一）山岳

1. 阴、阳

山的南面为"阳"，北面为"阴"。

2．三山

有两种说法。一指神仙居住的地方，见于《史记》，分别是蓬莱、方丈、瀛洲，但属传说，现实中不存在；二指安徽黄山、江西庐山、浙江雁荡山。

3．五岳

指泰山、华山、衡山、恒山、嵩山。

东岳泰山：五岳之首，又称"岱山""岱宗""岱岳""东岳""泰岳"，位于山东省中部。

西岳华山：又称"太华山"，位于陕西省华阴市，自古就有"奇险天下第一山"的美誉。

南岳衡山：又称"南岳""寿岳""南山"，位于湖南省中部。

北岳恒山：又称"太恒山""玄武山""玄岳"，位于山西省浑源县。

中岳嵩山：又称"外方""崇山""岳山"，位于河南省西部。

4．崤

指崤山，也叫"崤陵"，在河南省西部。

（二）江河湖海

1．阴、阳

水的北面为"阳"，南面为"阴"。

2．江

特指长江。

3．河

特指黄河。

4．四渎

长江、黄河、淮河、济水。

5．四海

古代认为我国四境有海环绕，按方位分为东海、南海、西海和北海，其中北海指贝加尔湖，西海指青海湖。

6．五湖

泛指太湖区域的湖泊，主流的说法是指太湖、鄱阳湖、巢湖、洪泽湖、洞庭湖。"五湖四海"泛指全国各地。

太湖：古称"震泽""笠泽"，位于江苏省南部、浙江省北部。

鄱阳湖：古称"彭蠡""彭湖"，位于江西省北部。

巢湖：又称"焦湖"，位于安徽省中部。

洪泽湖： 古称"破釜塘""洪泽浦"，位于江苏省西部。

洞庭湖： 古称"云梦""九江""重湖"，位于湖南省北部。

7. 三江

其所指在各种文献中并不固定，往往是某三条江合称"三江"。吴地太湖附近的松江、钱塘江、浦阳江合称"三江"，东北黑龙江、乌苏里江、松花江合称"三江"。

（三）关隘

1. 函谷关

位于河南省，是我国历史上最早建立的关隘。

2. 玉门关

西汉始置，位于甘肃省敦煌市西北，是出塞的必经之路。

3. 阳关

西汉始置，位于甘肃省敦煌市西南，在玉门关南面，是出塞的必经之路。

4. 嘉峪关

明代始置，位于甘肃省嘉峪关市，是万里长城西端的重要关隘，号称"天下雄关"。

5. 山海关

明代始置，因位于山海之间得名。位于河北省秦皇岛市，是万里长城东端的第一道雄关，号称"天下第一关"。

6. 潼关

东汉始置，位于陕西省渭南市，是关中的东大门。

7. 雁门关

战国始置，位于山西省忻州市代县，历来都是防备北方少数民族南下的重要关隘。

8. 娘子关

唐代始置，因李渊的三女儿平阳公主曾率兵镇守此地而得名。位于山西省阳泉市平定县与河北省石家庄市井陉县的交界处，是出入山西省的咽喉之地。

9. 长城八大关

自东向西依次是山海关、紫荆关、居庸关、娘子关、雁门关、偏头关、嘉峪关、玉门关。

自测练习

一、判断下列说法的对错。

1. 关羽"大意失荆州"中的"荆州"和"千里江陵一日还"中的"江陵"是同一个地方。（   ）

2. 娘子关因唐代李世民的三女儿平阳公主曾率兵镇守此地而得名，位于山西省阳泉市平定县与河北省石家庄市井陉县的交界处，是出入山西省的咽喉之地。（   ）

3. 明末吴三桂率兵驻守的山海关被称为"天下第一关"。（   ）

4. 《左传》中记载的"晋败秦师于崤"中的"崤"即"崤山"，又称"崤陵"，在河南省西南部。（   ）

5. 我国历史悠久，"古都"的定义中最著名的是"四大古都"之说，分别是西安、洛阳、南京、北京。（   ）

6. 我们现今的行政区"省"本是官署名称，元代以中书省为中央政府，又在"路"上分设行中书省，简称"行省"，清代才成为正式的行政区名。（   ）

7. 典籍中的"关西"往往指嘉峪关、阳关以西地区，又称"西域"。（   ）

8. 元末朱元璋和陈友谅进行决战的鄱阳湖古称"彭蠡""彭湖"，位于江苏省北部。（   ）

9. 杜甫《春夜喜雨》中"晓看红湿处，花重锦官城"中的"锦官城"指的是重庆。（   ）

10. 从中原的角度看，长江以南和五岭以南地区分别在长江和五岭之外，所以又称"江表""岭表"。（   ）

二、根据题干要求，选出合适的答案。

1. 下列说法中，正确的一项是（   ）。

A. 洪泽湖古称"云梦""九江"。

B. "六合""八荒"都可泛指天下。

C. 苏州又称"会稽""越州"。

D. 嵩山是五岳之首。

2. 下列关隘中，号称"天下雄关"的一项是（   ）。

A. 嘉峪关　　　 B. 娄山关　　　 C. 阳关　　　 D. 虎牢关

3. 下列湖泊中，在安徽省的一项是（　　　）。

   A. 鄱阳湖　　　　B. 巢湖　　　　C. 太湖　　　　D. 洪泽湖

4. 五岳中自古就有"奇险天下第一山"美誉的一项是（　　　）。

   A. 嵩山　　　　B. 衡山　　　　C. 华山　　　　D. 泰山

5. 以下不属于南京别称的一项是（　　　）。

   A. 石头城　　　　B. 建业　　　　C. 金陵　　　　D. 会稽

答案见 P264

第五节 天文历法与传统节日

热身练习

判断下列说法的对错。

1. "寒食节"相传与晋国介子推被晋文公重耳烧死于山西绵山有关。（　　）

2. 迷信中认为人的命运中如果触及了华盖星，运气就会变好，称为"运交华盖"。（　　）

3. "春节"又称"新年""岁首""元日"等，是中华民族最盛大隆重的传统节日。狭义的春节指正月初一，广义的春节指正月初一至正月十五。（　　）

4. "农历"安排了二十四节气以指导农业生产活动，与"夏历"不同。（　　）

5. 古人认为能在朝中当大官的人都是文曲星下凡。（　　）

参考答案

1. √。
2. ×。"运交华盖"是指人的命运中触动了华盖星，运气会不好。
3. √。
4. ×。"农历"亦称"夏历"。
5. ×。古人认为，因为文章写得好而被朝廷录用为大官的人是文曲星下凡。

知识解析

　　我国是世界上最早进入农耕时代的国家之一，从事农业生产势必要有丰富的天文历法知识，所以我们的古人热衷于观测天象、制定历法。商代甲骨文中就有世界上最早的日食、月食记录，汉代马王堆帛书中还有对各种彗星的专门记载，这些都可以证明我国古代的天文历法相当发达。此外，我国的传统节庆比较丰富，其产生也与天文历法的发达密切相关。

一、天文

（一）天文

1. 星宿（xiù）

古代把星座称为"星宿"。

2. 四象

古人把二十八宿平均分为四组，分别对应东西南北四个区域，与四种动物形象相配，叫作"四象"。东方七宿似巨龙，出现在春天和夏初的夜空，称为"苍龙"或"青龙"；西方七宿似猛虎，出现在深秋和初冬的夜空，称为"白虎"；南方七宿似朱雀，出现在寒冬和早春的夜空，称为"朱雀"；北方七宿似蛇与龟，出现在夏天和初秋的夜空，称为"玄武"。

3. 二十八宿

又称"二十八舍"或"二十八星"，是古人为观测日月星辰运行轨迹而划分的二十八个区域，用来标识日月星辰运行所到的位置。这二十八宿分别是东方苍龙七宿中的角、亢、氐、房、心、尾、箕，西方白虎七宿中的奎、娄、胃、昂、毕、觜、参，南方朱雀七宿中的井、鬼、柳、星、张、翼、轸，北方玄武七宿中的斗、牛、女、虚、危、室、壁。

4. 五星

金星（又称"明星""太白""启明""长庚"）、木星（又称"岁星"）、水星（又称"辰星"）、火星（又称"荧惑"）、土星（又称"镇星""填星"）。

5. 分野

古代占星家用天象变化来占卜人间的吉凶祸福，将天上的星域与地上的国家或地区相对应，不同星域发生的天象变化便是对应国家或地区的吉凶征兆。

6. 北斗

又称"北斗七星"，指在北方天空中排列成类似于古代舀酒的斗或勺形的七颗星，从柄部开始分别是摇光、开阳、玉衡、天权、天玑、天璇、天枢。

7. 文曲星、文星、文昌

即北斗七星中的天权星。古人认为，文曲星是主管文运的星宿，因为文章写得好而被朝廷录用为大官的人是文曲星下凡。

8. 流火

"流"，下行；"火"，大火星，即东方苍龙七宿中的心宿。《诗经·七月》："七月流火，九月授衣。"农历七月相当于公历的八月，"流火"是说大火星的位置已由中天逐渐西降，天气开始转凉。

9. 参商

"参"指西方白虎七宿中的参宿，"商"指东方苍龙七宿中的心宿，是心宿的别称。参宿在西，心宿在东，二星从未同时出现在星空中，所以古人常用"参商"比喻亲朋久别不得相见。

10. 东曦

古代神话中太阳神称"羲和"或"曦和"，故初升的太阳称"东曦"。

11. 彗星袭月

彗星俗称"扫帚星"，"彗星袭月"即彗星的光芒扫过月亮，是一种天文现象，被古人视为重大灾难的征兆。

12. 白虹贯日

"虹"即日、月周围偶尔出现的晕圈，是由日、月的光线经过云层时发生折射或反射产生的，只是大气中的一种光学现象。这种现象的出现，往往预示着天气变化。古人却把这种自然现象看成是不祥之兆，认为是上天在警示人间将要发生异常事件。

13. 运交华盖

"华盖"，星宿名，共十六颗星，今属仙后座。古人认为人的命运中如果触动了华盖星，运气就会不好。

14. 云气

古人认为如有灵异事件要发生，天上就会有异样云气进行提示，占卜测望的人能够看出来，并根据云气的颜色和样式判定吉凶。

（二）历法

1. 干支

天干（甲、乙、丙、丁、戊、己、庚、辛、壬、癸）和地支（子、丑、寅、卯、辰、巳、午、未、申、酉、戌、亥）的合称。十天干和十二地支依次相配，可组成六十个基本单位，古人以此作为年、月、日、时的序号，称为"干支纪法"。

2. 六十甲子

天干和地支的配合。天干在前，以"甲"开始，地支在后，以"子"开始。"六十甲子"依次是：甲子、乙丑、丙寅、丁卯、戊辰、己巳、庚午、辛未、壬申、癸酉、甲戌、乙亥、丙子、丁丑、戊寅、己卯、庚辰、辛巳、壬午、癸未、甲申、乙酉、丙戌、丁亥、戊子、己丑、庚寅、辛卯、壬辰、癸巳、甲午、乙未、丙申、丁酉、戊戌、己亥、庚子、辛丑、壬寅、癸卯、甲辰、乙巳、丙午、丁未、戊申、己酉、庚戌、辛亥、壬子、癸丑、甲寅、乙卯、丙辰、丁巳、戊午、己未、庚申、辛酉、壬戌、癸亥。

3. 农历

我国长期采用的传统历法，以朔望的周期来定月，用置闰的办法使年平均长度接近太阳回归年。因为这种历法安排了二十四节气以指导农业生产活动，故称"农历"，又称"中历""夏历"，俗称"阴历"。古人写文章，凡是用序数纪月的，大多以农历为据。

4. 三正

据《诗经》《左传》等的记载，当时我国存在夏历、殷历和周历三种历法，最主要的区别在于岁首不同，称为"三正"。周历以建子之月（即夏历的十一月）为岁首，殷历以建丑之月（即夏历的十二月）为岁首，夏历以建寅之月（即夏历的一月，同时也是后世常说的阴历正月）为岁首。

5. 二十四节气

古人在长期的生产实践中逐步认识到季节更替和气候变化的规律，并根据昼夜的长短、中午日影的高低在一年中定出二十四个节点，分列于十二个月份中，以反映四季、气温、物候等情况，这就是二十四节气。二十四节气与农业生产关系密切。名称和顺序分别是农历正月的立春、雨水，二月的惊蛰、春分，三月的清明、谷雨，四月的立夏、小满，五月的芒种、夏至，六月的小暑、大暑，七月的立秋、处暑，八月的白露、秋分，九月的寒露、霜降，十月的立冬、小雪，十一月的大雪、冬至，十二月的小寒、大寒。

6. 四时

指春夏秋冬四季。农历以正月、二月、三月为春季，分别称作"孟春""仲春""季春"；以四月、五月、六月为夏季，分别称作"孟夏""仲夏""季夏"；以此类推。

7. 五更

古代把夜晚分成五个时段，用鼓打更报时，所以又称为"五更""五鼓""五夜"。

8. 纪年法

王公即位年次纪年法：以王公在位年数来纪年。

年号纪年法：汉武帝首创年号，此后每个皇帝即位都要改元，并以年号纪年。

干支纪年法：用天干地支来纪年。

年号加干支纪年法：以年号和干支纪年，年号在前，干支在后。

9. 纪月法

序数纪月法：直接用数字表示月数。

地支纪月法：古人常以十二地支称呼十二个月，每个地支前加上"建"字，这种制度称为"月建"。具体可参看前面"三正"的相关内容。

时节纪月法：利用四季或节气物候的特点来代称月份，如"仲春"代称二月、"菊月"代称九月。

10. 纪日法

序数纪日法：直接用数字表示日期。

干支纪日法：以天干地支表示日期。

月相纪日法：以"朔""朏""望""既望""晦"等表示月相的特称来纪日。每月的第一天称"朔"，初三称"朏"，月中（小月15日，大月16日）称"望"，"望"后一天称"既望"，月末最后一天称"晦"。

干支加月相纪日法：以干支加月相纪日，干支在前，月相在后。

11. 纪时法

天色纪时法：古人根据太阳出没的规律、天色的变化以及日常的生产活动、生活习惯等将一天划分为十二个时辰，按现代纪时的标准，一个时辰是两个小时。十二时辰分别称为"夜半（又称子夜、中夜）""鸡鸣（又称荒鸡）""平旦（又称黎明、早晨、日旦）""日出（又称日始、破晓、旭日）""食时（又称早食）""隅中（又称日禺）""日中（又称日正、中午）""日昳（又称日跌、日央）""晡时（又称日铺、夕食）""日入（又称日落、日沉）""黄昏（又称日夕、日暮、日晚）""人定（又称定昏）"。汉代以前，十二时辰的称谓多有不同，直到汉代太初年间实行了"太初历"，十二时辰的名称才基本确定。

地支纪时法：以十二地支表示一天的十二个时辰，与天色纪时法一一对应，如"子时"就是"夜半"，"丑时"就是"鸡鸣"等。天色纪时法、地支纪时法、现代纪时三者之间的对应关系如下表所示。

天色纪时法	地支纪时法	现代纪时
夜半	子时	23:00—1:00
鸡鸣	丑时	1:00—3:00
平旦	寅时	3:00—5:00
日出	卯时	5:00—7:00
食时	辰时	7:00—9:00
隅中	巳时	9:00—11:00
日中	午时	11:00—13:00
日昳	未时	13:00—15:00

续表

天色纪时法	地支纪时法	现代纪时
晡时	申时	15:00—17:00
日入	酉时	17:00—19:00
黄昏	戌时	19:00—21:00
人定	亥时	21:00—23:00

二、传统节日

（一）春季节日

1. 春节

又称"新年""岁首""元日"等，是中华民族最盛大隆重的传统节日。狭义的春节指正月初一，广义的春节指正月初一至正月十五。

2. 人日

农历正月初七，汉代定为节日。

3. 上元

农历正月十五，又称"元宵节""元夕""灯节"等。

4. 春龙

农历二月初二，又称"青龙节""龙头节""二月二""龙抬头"等。

5. 上巳

古人称农历三月第一个巳日为"上巳"，汉代定为节日，当日临水洗濯被除不祥，亦称"祓禊""修禊""禊祭"等。曹魏之后固定为农历三月初三，又增加了踏青、临水宴宾的习俗，俗称"三月三"。

6. 寒食

一般在清明节前的一到两日。相传春秋时晋国介子推不肯接受赏赐，最终抱木焚死，晋文公重耳为了悼念他，便规定每年的这一天禁烟火，只吃冷食。

7. 清明

公历四月五日前后，有祭祖、扫墓、踏青、吃青团的习俗。

（二）夏季节日

1. 端午

农历五月初五，又称"端阳""重五""蒲节"等。关于端午由来的说法不一，有纪念屈原说、纪念伍子胥说、纪念曹娥说、恶月恶日驱避说等，占据主流地位的是纪念屈原说。

（三）秋季节日

1. 七夕

农历七月初七，与牛郎织女鹊桥相会的民间传说有关。古时妇女常在七夕晚上摆设瓜果祭祀织女，乞求织女传授女红之技，称为"乞巧"。

2. 中元

农历七月十五。旧俗有祭祖、上坟、点灯等活动。

3. 中秋

农历八月十五。古人认为当日的月亮最亮，是赏月的佳节。有举家赏月、拜月、吃月饼等习俗，亦称"月夕"。

4. 重阳

农历九月初九。古人以单数为阳数，当日都逢"九"，故称"重阳"，有登高饮酒、赏菊、插茱萸等习俗。2013年起定为老年节。

（四）冬季节日

1. 腊日

"腊"是先秦年终岁尾祭祀的名称。汉代将腊日定在冬至后第三个戌日。后世以农历十二月初八为腊日，有喝腊八粥的习俗。

2. 除夕

"除"即"除旧布新"之义。古人称一年的最后一天为"岁除"，当晚便称"除夕"或"年夜"。

自测练习

一、判断下列说法的对错。

1. 古人会依据月相纪日，如"朔"指农历每月初一，"望"指农历每月十五前后，"晦"指农历每月三十。（　　）

2. 古代的重阳节常有登高饮酒、赏菊、插茱萸等习俗。（　　）

3. 传说每年农历七月初七，牛郎和织女会在鹊桥相会，妇女们为了乞求织女传授女红之技，便在当晚摆设瓜果祭祀她，故称"乞巧"。（　　）

4. 天色纪时法中的"晡时"是指吃早饭的时间。（　　）

5. "白虹贯日"中的"虹"即日、月周围偶尔出现的晕圈，是由日、月的光线经过

云层时发生折射或反射产生的，只是大气中的一种光学现象，没有什么神秘色彩。（　　）

6. 干支是我国特有的，古人以此作为年、月、日、时的序号，叫"干支纪法"。（　　）

7. 夏天酷暑难耐，农历六月"处暑"节气后，天气就开始慢慢转凉。（　　）

8. 端午节历史悠久，有祭祖、扫墓、踏青、吃青团的习俗。（　　）

9. 唐代杜甫在《赠卫八处士》中有一句"人生不相见，动如参与商"，揭示了作者与旧友已经分别许久的现实。（　　）

10. 辛弃疾的《青玉案·元夕》反映了当时除夕佳节的盛况。（　　）

二、根据题干要求，选出合适的答案。

1. 下列属于"年号纪年法"的一项是（　　）。

　　A. 丙寅三月　　　　　　　　　B. 鲁僖公二年

　　C. 乙丑年　　　　　　　　　　D. 元和十年

2. 《淮南子·天文训》中说："（日）至于衡阳，是谓隅中；至于昆吾，是谓正中。"其中的"隅中"是指（　　）。

　　A. 上午 7 点到 9 点　　　　　　B. 上午 9 点到 11 点

　　C. 上午 11 点到下午 1 点　　　 D. 下午 1 点到 3 点

3. 《古诗十九首》中"孟冬寒气至，北风何惨栗"中的"孟冬"指农历十月，这是一种（　　）纪月法。

　　A. 地支　　　　　　　　　　　B. 序数

　　C. 时节　　　　　　　　　　　D. 人名

4. 《史记·天官书》中有"辰星"的记载，它是指（　　）。

　　A. 木星　　　　　　　　　　　B. 水星

　　C. 金星　　　　　　　　　　　D. 火星

5. 下列词语中，不属于月相词的是（　　）。

　　A. 曜　　　　　　　　　　　　B. 既望

　　C. 胐　　　　　　　　　　　　D. 晦

答案见 P264

第六节　礼仪

热身练习

一、判断下列说法的对错

1. 宗庙是古代帝王、诸侯、贵族和庶人供奉和祭祀祖先的地方。（　　）

2. 古代订婚前，女方须呈上庚帖（又称"八字帖"），以便让男方推算对方是否合适。（　　）

3. 古代的丁忧制度是指官员遭遇父母去世，必须辞官回家守孝三年，亦称"丁艰"。（　　）

4. "酹"是古代祭奠或结婚时的一种礼节仪式，将酒洒在地上以告慰神灵。（　　）

5. 古代女子出嫁称"归"，婚后回娘家称"遣归"。（　　）

> **参考答案**
>
> 1. ×。"宗庙"是贵族供奉和祭祀祖先的地方，庶人不允许立宗庙。
> 2. ×。庚帖由男女双方互相呈上，以便让双方推算对方是否合适。
> 3. √。
> 4. ×。"酹"是古代祭奠或盟誓时的一种礼节仪式。
> 5. ×。"遣归"是指被夫家抛弃而回娘家。

知识解析

　　礼仪是人们在生活和社会交往中约定俗成的礼节和仪式，人们只有遵循各种礼仪规范，才能正确把握与他人交往的尺度、分寸。在我国古代，统治阶级制定的有关宗法、祭祀、社交等的礼仪虽然本质上是为了巩固其统治和利益，但也在某种程度上规范了人们的行为，维护了社会的稳定。

一、宗法、祭祀礼仪

（一）宗法礼仪

1. 宗法制

一种以家族为中心，根据血统远近区分嫡庶亲疏的等级制度。源于氏族社会的家长制，在君主制国家产生之后，它与君主制、官僚制相结合，成为我国古代的基本体制和法律维护的主体。

2. 大宗、小宗

每一代嫡系长房为"大宗"，其余的子孙是"小宗"。大宗比小宗尊贵，拥有对整个宗族的管辖权和统率权。

3. 嫡子

正妻所生的儿子，有继承父亲地位的权利，地位远高于庶子。

4. 宗子

正妻所生的长子即嫡长子，是能够继承始祖爵位的一宗之主，称为"宗子"。宗子地位尊贵，能主持始祖庙的祭祀。对于大宗而言，他是家长；对于小宗而言，他是族长。

5. 支子

嫡长子以外的其他儿子，对于嫡长子处于从属地位。

6. 庶子

妾所生之子，地位比嫡子低，不能承奉祖庙的祭祀或承袭父祖的爵位。

7. 嗣子

因无子而过继近支兄弟或同姓他人之子为后嗣，过继的儿子称为"嗣子"。一经宗法认可，其地位便与亲子相同。

8. 世子

天子、诸侯的嫡长子的别称。确定皇位的继承人就是"建储"。

9. 昭穆

古代安排庙次和墓次的方法。始祖居中，第一代为"昭"，置于始祖左边，第二代为"穆"，置于始祖右边，其余以此类推，故又称"左昭右穆"或"奇昭偶穆"。

10. 辈分称谓

同姓本宗和异姓姻亲之间的世系次第在生活中常用称谓来体现。很多称谓都和现在相同，仅有一些不同，如：堂兄弟称"从兄弟"；叔伯称"从父"；公公称"舅"，婆婆称"姑"，合称"舅姑"，又称"公姥"。

11. 伯仲叔季

古代兄弟或姊妹间按照长幼排行时的次序。一般来说，"伯"是老大，以此类推，子女多时可以循环使用。"伯"有时可称"孟"，但二者有区别：嫡长子称"伯"，庶出长子称"孟"。

12. 亲属

血缘相同或相近的、有姻亲关系的，不论同姓异姓，都是亲属，包括祖父母、外祖父母、父母、叔伯、姑舅、兄弟姊妹、堂兄弟姊妹、嫂婿公婆、岳父母、妯娌甥侄等。

13. 亲戚

古代的含义与今天略有不同，一方面指父母兄弟等本宗族的同姓亲属，一方面指内外亲属，常专指族外姻亲。

14. 三党

父党、母党、妻党的合称，亦即父族、母族、妻族。

15. 九族

一种说法认为，九族仅限于父宗，包括上自高祖下至玄孙的九代直系亲属，即高祖、曾祖、祖父、父亲、自己、儿子、孙子、曾孙、玄孙。

另一种说法认为，九族包括父族四、母族三、妻族二。父族四是指姑及其子、姊妹及其子、女儿及其子、己之同族；母族三是指母之父、母之母、姨母及其子；妻族二是指妻之父、妻之母。

16. 三纲五常

"三纲"是指封建社会中的三种主要道德规范，包括君为臣纲、父为子纲、夫为妻纲。"五常"，即仁、义、礼、智、信，是儒家最基本的道德规范。

17. 三从四德

"三从"指未嫁从父、既嫁从夫、夫死从子，原指贵族妇女为亲属服丧的仪制，"从"并非"服从"的意思，而是"依从"的意思，后来才被人引申为男女间的主从关系。"四德"指妇德、妇言、妇容、妇功，原是统治者后妃应修习的四种妇道，后来成为古代社会所遵奉的妇道。这些都是封建社会奴役妇女的枷锁，在五四新文化运动中备受抨击。

（二）祭祀礼仪

1. 牺牲

祭祀用的牛、羊、猪等牲畜，色纯为"牺"，体全为"牲"。

2. 太牢、少牢

亦称"大牢""小牢"。祭祀用的牺牲称为"牢"。"太牢"是指牛、羊、猪，"少牢"则只有羊、猪。按照规定，天子祭祀用"太牢"，诸侯祭祀用"少牢"。

3. 宗庙

古代帝王、诸侯、贵族供奉和祭祀祖先的地方，庶人不允许设宗庙。

4. 寝庙

古代宗庙的正殿称"庙"，后殿称"寝"，合称"寝庙"。

5. 陵寝

帝王及其配偶的陵墓以及周边的宫殿，名号一般是根据其生前的功过或世系而定，还有的是以所在地命名。陵墓建好后，还会设置守陵的官员和禁卫。

6. 封禅

古代帝王祭祀天地的最高典礼。当时认为泰山是五岳之首，离天最近，所以封禅都去泰山。先到山顶祭天，称为"封"，后到山脚梁父山祭地，称为"禅"，合称"封禅"。

7. 斋戒

古代每逢祭祀或重大事件时，都要事先沐浴、更衣、独居、戒除嗜欲，以彰显心诚，这些活动统称"斋戒"。

8. 衅钟、衅鼓

古时的一种祭礼。凡是重要器物（如钟、鼓等），制成后都要用牺牲的血涂抹在上面行祭，称作"衅"。

9. 家庙

家族为祖先设立的宗庙，用于祭祀祖先等活动。

10. 家祭

在家庙内祭祀家族祖先的礼仪。

二、社交礼仪

（一）外交礼仪

1. 朝觐

亦可单称"朝"或"觐"。原指周代诸侯定期觐见周天子，后世泛称觐见皇帝。

2. 盟誓

春秋时期的诸侯或卿大夫为了巩固内部团结或结盟打击敌对势力而举办的一种具有约定意味的礼仪。举行盟誓后，双方就要共同遵守约定，相互援助。为了加强制约性，往往会有歃血、盟誓、埋牲等宣誓的行为。

3. 歃血

盟誓时，双方或几方代表用嘴吸一点儿所杀牲之血以表示诚意的仪式。

4. 朝聘

周代诸侯定期朝觐天子的礼制。诸侯每年派大夫朝觐天子称为"小聘"，每三年派卿朝觐天子称为"大聘"，每五年亲自朝觐天子称为"朝"。

（二）相见礼仪

1. 稽（qǐ）首

长跪、弯腰、垂首至地称为"拜"。拜时头低垂触地，并停留一段时间，手在膝前，头在手后，称为"稽首"，是古时最隆重的拜礼。最初是拜见天子时用，后来子拜父、新婚夫妇拜天地和父母、学生拜师等场合也用此礼。

2. 顿首

俗称"叩头""磕头"。行礼方法与稽首同，但头触地的时间比稽首短。因其行礼时头触地即起，故称"顿首"。常用于下对上或平辈间的敬礼，也可用于书信中的起头或末尾，表示敬意。

3. 拱

古代的相见礼，双手抱拳，双肘端平以示敬意。

4. 揖

古时相见礼之一，弯腰的同时两手抱掌前推以示敬意。如果抱掌高举过头，自上而下至于胸前，则称"长揖"。后世演变成拱手礼或抱拳礼。

5. 万福

唐宋时期妇女行礼时要两手松松抱拳，在胸前右下侧上下略作移动，同时微微鞠躬，是多福、祈祷之意。后世妇女所行之礼皆称为"万福"。

6. 膜拜

两手放在额上，长时间下跪叩头。原指拜神礼佛的礼仪，后泛指极端恭敬或畏服的行礼方式。

7. 长跪

挺直上身而跪的跪姿，表示恭敬、郑重。

8. 免胄

古代将士的行礼方式。军队过天子门，战车上的士兵必须脱胄卷甲，收起兵器，然后下车步行，以表示对天子的尊敬。

（三）坐席礼仪

1. 箕踞

两脚张开，两腿叉开像簸箕形的坐姿。这是一种失礼行为，但有时可表示不拘礼节、傲慢不敬的态度。

2. 座次

古时座次要求十分严格，尊者居上位，卑者居下位。古代常见的房屋结构布局为堂室结构。在南北长而东西窄的堂中，上位一般是南向的，即坐北朝南；如在东西长而南北窄的室中，上位一般是东向的，即坐西朝东；其余情况下，则是以右为尊，依次安排座次。

3. 虚左

古代一般以右为尊，但在车上则是以左为尊。"虚左"就是空着左边的位置以待宾客，表示尊敬。

三、婚嫁、丧葬礼仪

（一）婚嫁礼仪

1. 婚冠礼

周代贵族男子二十岁行冠礼、女子十五岁行笄礼后便可以成婚，故将婚礼、冠礼合称"婚冠礼"。

2. 六礼

据《仪礼·士昏礼》，古代结婚需要经过六道手续，称为"六礼"。第一是"纳采"，男方要向女方送礼物表示求亲；第二是"问名"，男方问清女方的姓氏以便占卜吉凶；第三是"纳吉"，在占卜得到吉兆后到女方家报喜；第四是"纳征"，男方要送比较贵重的聘礼表示订婚；第五是"请期"，双方敲定完婚日期；第六是"亲迎"，也就是迎亲。其中，"纳征"和"亲迎"最为重要，仪式也最为隆重。

3. 庚帖

古代订婚前须互相呈上庚帖，以便让双方推算对方是否合适。因庚帖上书写的订婚者的出生年、月、日、时这四项内容各有干支相配，共有八个字，所以又叫"八字帖"。

4. 文定

传说周文王在占卜得到吉兆纳征订婚后，亲自迎娶妻子，后世因此以"文定"代称订婚。

5. 归

古代女子出嫁的代称。婚后回娘家称"归宁"，被夫家抛弃而回娘家称"遣归"。

6. 合卺（jǐn）

古代结婚时的一种仪式。"卺"就是瓢，把一个匏瓜剖成两个瓢，新郎、新娘各拿一个饮酒。后成为结婚的代称。

7. 七出

古代休弃妻子的七种理由，是封建社会对妇女的压迫，亦称"七去""七弃"。包括无子、淫佚、不事舅姑（公婆）、口舌、盗窃、妒忌、恶疾。

（二）丧葬礼仪

1. 丧礼

为死者装殓、殡葬、祭奠等方面的礼节。

2. 死的讳称

贵族：按照《礼记·曲礼下》的记载，天子死称为"崩"，诸侯死称为"薨"，大夫死称为"卒"，士死称为"不禄"，庶人死称为"死"。

父母：见背、孤露、弃养等。

佛道徒：圆寂、涅槃、羽化、坐化、仙游、仙逝等。

普通人：亡故、老、卒、终、殁、殂、长眠、长逝、谢世、辞世、殒命、捐生、就木、填沟壑等。

未成年人：夭、殇等。

3. 殓

分"小殓""大殓"。前者是给死者穿衣盖衾，地位越高，衣衾越多；后者是将死者装进棺材。

4. 殡

入殓后，停棺待葬称为"殡"。"出殡"则是指将棺材送到埋葬的地方。

5. 挽

对死者表示悼念。古时多作能够吟唱的词，故称"挽歌""挽词"，后世又有"挽联"。

6. 棺椁

"棺"是内棺，装殓死者的尸骨；"椁"是外棺，用来保护内棺。贵族的棺外大多有椁。皇帝、皇后的棺椁又称"梓宫"。

7. 执绋

"绋"指牵引棺椁用的大绳。"执绋"指送葬时帮助牵引棺椁或灵车，后泛指送葬。

8. 陵、冢、坟、墓

都是埋葬死者的地方，但有一定区别。"陵"特别高大，专指帝王所葬的坟墓；

"冢"比较高大，特指王侯将相等贵族的坟墓；"坟墓"常可连用，但"坟"上有高于地面的土包，而"墓"是和地面平齐的。

9. 考、妣

古人称去世的父亲为"考"，去世的母亲为"妣"。

10. 丁忧

按照儒家的孝道观念，官员遭遇父母去世，必须辞官回家守孝三年，亦称"丁艰"。

11. 夺情

朝廷因特殊需要，要求遭遇丁忧的官员不得辞官回乡，或官员已回乡，但丁忧期限未满，朝廷提前将其召回出仕，这两种情况都叫"夺情"。

12. 庐冢

"庐"指简陋的房舍。为尽孝道，古人在服丧期间，要在父母或老师的坟墓旁搭建守墓的房舍，一般都故意搭建成简陋的茅屋来表示哀悼，叫作"庐冢"或"庐墓"。

13. 服阙

丁忧期满，脱去丧服。

14. 墓表

形制有如墓碑，立于墓前或墓道内，上面刻载死者传记，表扬其功德。有志有铭的称为"墓志铭"，宋代以后称无铭的为"墓志"。

15. 寿冢

生前预置的坟墓。

16. 酹

古代祭奠或盟誓时的一种礼节仪式，将酒洒在地上以告慰神灵。

17. 祭奠

"祭"是会意字，表示手持肉以祭祀神灵或祖先；"奠"从"酉"，表示设酒而祭。二者都与祭祀有关，只不过是祭品稍有不同，所以常常合称为"祭奠"。

自测练习

一、判断下列说法的对错。

1. "封禅"是古代帝王祭祀天地的最高典礼，当时认为泰山是五岳之首，离天最近，所以封禅都去泰山。（　　）

2. 古代贵族死后，家人会寻找一处寿冢将他埋葬，还会陪葬许多生活器具及金银财宝等。（　　）

3. 古人在服丧期间，要在父母或老师的坟墓旁搭建守墓的房舍，一般都故意搭建成简陋的茅屋来表示哀悼，叫作"庐冢"或"庐墓"。（　　）

4. 明代何景明的《祭岳母文》是一篇感情真挚的祭文，其中"临风酶觞，临河执绋"中的"执绋"就是指手拿灵幡为岳母送葬。（　　）

5. "稽首"是古时最隆重的拜礼。最初是拜见天子时用，后来子拜父、新婚夫妻对拜、学生拜师等场合也用此礼。（　　）

6. 古代普通人的死亡可以用"殁""殂""捐生""就木""填沟壑"等来代称。（　　）

7. 《唐雎不辱使命》中"秦王色挠，长跪而谢之"中的"长跪"，表现了秦王用长时间下跪来表达郑重道歉的场景。（　　）

8. 祭祀用的牺牲称为"牢"。"太牢"是指牛、羊、猪，"少牢"则没有牛。祭祀的时候根据自己的实际情况选择用"太牢"或"少牢"，没有固定标准。（　　）

9. 宗法制源自氏族社会的家长制，后来与君主制、官僚制结合，成为我国古代的基本体制和法律维护的主体。（　　）

10. 古人为了保护尸体，在"椁"的外面还要套上"棺"。（　　）

二、根据题干要求，选出合适的答案。

1. 下列关于坟墓的代称中，与地面平齐的一项是（　　）。

   A. 坟　　　　　　　B. 墓　　　　　　　C. 陵　　　　　　　D. 冢

2. 古代的封建观念认为，如果妇女犯了（　　）就可以被休弃。

   A. 七出　　　　　　B. 三从　　　　　　C. 五常　　　　　　D. 四德

3. 下列几种身份中，地位最高的一项是（　　）。

   A. 宗子　　　　　　B. 庶子　　　　　　C. 嫡子　　　　　　D. 支子

4. 关于父母去世的代称，不包括（　　）。

   A. 见背　　　　　　B. 弃养　　　　　　C. 圆寂　　　　　　D. 孤露

5. 根据《仪礼·士昏礼》，古代结婚需要经过六道手续，称为"六礼"，其中最重要、最隆重的是（　　）。

   A. 问名、纳吉　　　　　　　　　B. 纳采、请期

   C. 纳吉、纳征　　　　　　　　　D. 纳征、亲迎

答案见 P265

第七节 衣食住行

热身练习

判断下列说法的对错。

1. "纨绔子弟"原本是指穿着"纨""绔"两种体衣的富家子弟。（　　　）

2. 明清时期，官服的前胸和后背各缀有一块"补子"，用以区别品级。文官的补子绣飞禽，武将的则绣猛兽。（　　　）

3. "粱"就是现在的大米，既可食用又可酿酒。古人认为"稻""粱"都是好吃的食物，所以常以"稻粱"并称。（　　　）

4. "齑"就是咸菜。宋代欧阳修在求学期间曾将冻结的米粥划分成几块，配合切碎的齑分次食用。后世用"划粥割齑"形容清贫穷苦的生活。（　　　）

5. 正是因为"辖"可以固定车轮，所以"辖"在后世能够引申出"管辖""辖制""统辖"的含义。（　　　）

> **参考答案**
>
> 1. ×。"纨"是一种丝织品。
> 2. √。
> 3. ×。"粱"是"稷（粟）"中黏性较大的品种。
> 4. ×。"划粥割齑"说的是范仲淹的故事。
> 5. √。

知识解析

　　我国的历史文化悠久，衣食住行都有着丰富的文化内涵。在古代的阶级社会里，衣食住行的方方面面都体现出尊卑贵贱的等级差异，这在我们所接触的诗文中经常会有所体现。

一、衣

衣有广义和狭义之分，狭义的衣只指上衣，广义的衣则指一切蔽体的东西，具体说来包括头衣、体衣、足衣。

（一）头衣

1. 冕

古代帝王、诸侯、士大夫在举行祭祀等大典时所戴的礼帽。南北朝之后规定只允许帝王戴冕，于是"冕"又专指帝王的皇冠。冕上有前圆后方的板顶，寓意是"天圆地方"。板顶称为"綖"，后高前低，寓意是"谦逊"。冕的前后悬垂着一串串的玉珠，称为"旒（liú）"，寓意是"视而不见"。"旒"数量的多少代表着地位的高低，礼法规定天子12旒，诸侯9旒，上大夫7旒，下大夫5旒。系冕的绳子在耳部有玉饰，称为"瑱（tiàn）"，又称"充耳""塞耳"，寓意是"听而不闻"。"旒"和"瑱"的寓意都是为了提醒帝王要"不妄视""不妄听"，后世亦以"冕旒"称帝王。

2. 冠

本指古代贵族所戴的冠圈，用于头顶，起束缚头发和装饰的作用。后世才渐与帽子同义。

3. 弁（biàn）

古代贵族佩戴的比较尊贵的头衣，等级仅次于冕。用鹿皮拼接而成。白色的称为"皮弁"，武官所戴；红中带黑的称为"爵（雀）弁"，文官所戴。

4. 胄

士兵打仗时戴的头衣，一般是皮革或金属材质。先秦叫"胄"，秦汉以后叫"兜鍪（móu）"，宋代以后叫"盔"。

5. 帻（zé）

用来裹头的头巾，一般是平民所戴。平民的帻是黑色或青色的，所以秦代称平民为"黔首"，汉代称仆隶为"苍头"。汉代以后，戴冠之人也常常先戴帻，然后戴冠。

6. 陌头

平民所戴，亦称"络头""绡头""缲头""鞊巾"等。用头巾从后面向前额交叉再绕髻，或在额上打结，类似于现今陕西白羊肚头巾包头的样式。有时也可以在外面戴帽子。

7. 幞（fú）头

最初是平民所戴的头巾，前打结，在脑后扎成两角自然下垂。后来演变成官帽，用乌纱制成，又称"乌纱帽"。

8. 帼

古代妇女的头巾，后世以"巾帼"代称妇女。

（二）体衣

1. 衣裳

二者并称时，"衣"指上衣，"裳"指下裙；连在一起的叫作"深衣"。

2. 衮（gǔn）

天子穿的绣有龙的礼服。

3. 裘

御寒衣物，用动物皮毛制成。其中，狐裘最珍贵。作为礼服时，外面要套上一件与裘颜色相匹配的罩衣（裼衣），否则就会被认为不敬；庶人穿裘时则不需要这样做。

4. 袍

御寒衣物，夹层中有絮的外衣。如果夹层中装的是新丝绵，则称为"茧"；如果装的是劣质的絮头或碎麻，则称为"缊（yùn）"。先秦时是便装，而非礼服；东汉时将其定为朝服。一般来说，穿袍、穿裘有着贫富的差别。

5. 襦

短衣、短袄。仅及腰部的叫"腰襦"，过膝的叫"长襦"。

6. 裙襦

裙子与短袄。先秦男子也穿裙襦；唐宋以后，男子以袍为常服，女子以裙为常服，故"裙襦"可代称妇女。

7. 褐

最粗劣的衣服，用粗毛或粗布制成，所以古代贫贱之人又称"褐夫"。

8. 亵衣

古代的内衣，又称"中衣""私""泽"等。

9. 胡服

北方游牧民族的服装。较为轻便，便于骑射。

10. 品服

古代官吏按照品级的高低穿的服装。隋代出现，唐代确立为制度并延续至清末。

11. 章服

古代帝王及高级官员的礼服上绣有诸如日、月、星辰、山、龙、雉、藻等图案，这种绣有章纹的礼服就叫"章服"，沿用至清末。

12. 补服

明清时期的官服，其前胸和后背各缀有一块圆形或方形的织物，用以区别品级。这块织物被称为"补子""背胸"，根据官位的不同，上面绣的纹样形式亦不同。文官的补子绣飞禽，武将的则绣猛兽。明代的补子略大，整块儿缀于前胸和后背；清代的补子略小，分两半缀于对襟两侧。

13. 绔（kù）

又称"袴""胫衣"，没有前后裆，只有两个裤筒套在腿上，上面有绳带系于腰间。"纨"是一种洁白精纺的丝织品，"纨绔"本指富家子弟穿的一种高级裤子，后世指富家子弟。

14. 裈（kūn）

有裆的裤子。相对于无裆的裤子（套裤）而言。

15. 犊鼻裈

短裤，或指围裙。

（三）足衣

1. 屦（jù）、履、鞋

先秦用皮、丝、麻、草等材料制成的鞋统称为"屦"，战国以后开始称"履"，南北朝时称"鞋"。

2. 鞮（dī）

皮鞋。"络鞮"即长筒皮靴。

3. 草屦、蹝（xǐ）、跣（xǐ）、屣（xǐ）

草鞋。

4. 舄（xì）、屐（jī）

木底鞋。

二、食

（一）食物

1. 五谷

粮食作物的统称，主要有两种说法：一种认为是指稻、黍、稷、麦、菽，另一种认为是指麻、黍、稷、麦、菽。因为稻在古代主要产自南方，所以早期的"五谷"之名并不涵盖稻。

2. 黍（shǔ）

又称"黍子"，籽实淡黄色，可以酿酒或做糕点等，去皮后叫"黄米"，煮熟后有黏性。

3. 稷（jì）

主要有两种说法：一种认为是指粟（sù），俗称"谷子""小米"；另一种认为是指现在的高粱。一般以前者为准。黍、稷在先秦被认为是好吃的食物，故常并称"黍稷"。又因古人认为稷是百谷之长，亦称其为"谷神"。

4. 粱

是"稷（粟）"中黏性较大的品种，既可食用又可酿酒。古人认为"稻""粱"都是好吃的食物，所以常以"稻粱"并称。又以"膏（肥肉）粱""粱肉"来表示精美的食物。

5. 菽（shū）

豆类的统称。汉代以后称"豆"。

6. 麻

最初专指麻籽，炒熟后可少量食用。后亦指亚麻、苎（zhù）麻、苘（qǐng）麻等，其茎皮都是制作绳索或编织麻袋、麻鞋等的重要原料。

7. 粮

本指行军或旅行时吃的干粮，后泛指各种粮食。

8. 饡（zàn）

古代的一种食物，以羹浇饭。

9. 糗（qiǔ）

炒米或炒面，古代行军或旅行时吃的干粮。

10. 脯（fǔ）

本指肉干，后指蜜渍后晒干的果干，如桃脯、杏脯等。

11. 醢（hǎi）

用鱼或肉做的肉酱。

12. 齑（jī）

咸菜，一般用切碎的菜加调料制成。后世常用"划粥割齑""齑盐布帛""齑盐自守"等形容清贫穷苦的生活。

13. 菹（zū）

用醋腌渍的酸菜、酸鱼、酸肉等。菹还可指肉酱，与醢相近。

14. 羹

先秦有三种羹：一是不加调料不加蔬菜的纯肉汁，用于饮用；一是加调料熬制而成的肉汁，称"肉羹"；一是用菜加调料熬制而成的食物，称"菜羹"。唐宋以后，"羹"才与喝的"汤"同义。

15. 馐（xiū）、肴（yáo）

美味的食物，多指鱼、肉类。

16. 饴（yí）、饧（táng）

麦芽糖熬制的糖品。前者较软，后者较硬。

17. 酤（gū）、醨（lí）、醴（lǐ）

酒的品种。前两种是普通的酒，后者本是甜酒，又可以特指美酒。

（二）食器

1. 鼎

用来煮食的器物。平民用陶鼎，贵族多用青铜鼎。一般是圆腹三足的，称为"圆鼎"；也有方腹四足的，称为"方鼎"。鼎口有耳，用于抬取；腹下烧火，用来煮食。盛行于商周时期，后世以"钟鸣鼎食"形容贵族奢侈的生活。

2. 鬲（lì）、甑（zèng）、甗（yǎn）

"鬲"与鼎相似，只是下面有三个中空的短足，常用来煮粥。"甑"的底部有小孔，常置于鬲上，利用鬲中烧开的水蒸气蒸熟其中的食物。二者合起来就是"甗"，即现今的蒸锅。

3. 釜（fǔ）、镬（huò）

炊具，类似于现在的锅。前者可与甑相配，又称"釜甑"。

4. 簋（guǐ）

先秦盛饭的器物，一般是圆腹圈足，以陶土或青铜制成。

5. 豆

先秦盛食物的器物，形似高脚盘，多用于盛装粮食、咸菜、肉酱等。

6. 俎（zǔ）

分两种：一种是炊具，指切肉或菜时用的砧板，后世俗称"案板"；一种是礼器，指祭祀时盛装祭品的礼器。

7. 箪（dān）

一种竹编或苇编的食器，可装饭菜。

8. 匕、梜（jiā）、箸（zhù）

"匕"即勺、匙类取食用的餐具，"梜""箸"即筷子。

9. 爵

盛酒的器物。有三足、两柱，上有倾酒的流槽，便于饮用。盛行于商周时期。使用者地位不同，用的爵的形制也不同，故用"爵"表示等级封号，如公爵、男爵等。

10. 尊、罍（léi）

盛酒的器物。体形较大，类似于坛子。"尊"常以动物形象出现，如四羊方尊。

11. 觞（shāng）

盛酒的器物。战国时期出现。杯身椭圆形，两边有弧形的可手持的耳，又称"耳杯""羽觞"。

12. 玉斝（shè）

一种玉制的酒器。呈斗形，大口小底。

三、住

（一）建筑

1. 宫

先秦时期一般住宅的统称，没有贵贱之分。秦汉以后，专指神仙、帝王的住处或官府、官舍。

2. 室

本义与"宫"相同，但范围略有不同。宫包括整所房子，甚至包括院墙；室则侧重指房屋内部。秦汉以后，仅指平民居住的一般房屋。

3. 朝

皇帝接见官吏、处理政务、发号施令的地方，又称"朝堂"。一般坐北朝南，前面有"庭（廷）"，所以又称"朝廷"。

4. 堂、殿、厅、房

古代建筑物内部的结构一般分为"堂、室、房"。前面较大的部分称为"堂"，宽敞明亮，是拜祭、会客的地方，不住人；堂后有台阶，上去后正中的区域称为"室"；室的两旁是住人的区域，称为"房"。天子使用的规模宏大的堂在汉代以后被称为"殿"，因此后世常以"殿堂"并称。此外，唐宋时期也会将堂称为"厅"。"房"本是正室两边住人的房间，后泛指房屋。

5. 观（guàn）、阙（què）

宫门或宗庙大门两旁的高大建筑物，左右各一。略有不同的是，前者又可指宫殿中的偏殿或道教的庙宇，后者可代称京都与朝廷。"诣阙"指进京或入朝觐见皇帝，"阙下"则可代称朝廷。

6. 楼、层

"楼"指多层建筑或建筑物的上层部分；"层"的本义是"楼"，后来引申为量词，本义则不多见。

7. 阁

一是指堂东西两侧与其毗连平行的房子，具体设置在堂东边和西边的墙外，叫"东夹""西夹"，又称为"东阁""西阁"；一是指楼上修建的可供远眺、读书、藏书等的建筑，后世称"阁楼"。

8. 厢

堂东西两侧与其毗连平行的房子，具体位于东夹、西夹前面的地带，称为"东厢""西厢"。后世泛指正房（坐北朝南）两侧的房子（坐东朝西、坐西朝东），俗称"厢房"。

9. 廊、庑（wǔ）

殿、堂四周所建的房子。两者相似，所以常常连用。具体而言，"廊"没有墙壁，仅做通道，因此有"走廊"之称；"庑"有墙壁，可以住人，如《后汉书·梁鸿传》："遂至吴，依大家皋伯通，居庑下。"

10. 榭（xiè）

修建在高台上的敞屋。一般只有几根楹柱支撑，有的仅在背后有一面墙，其余都是楹柱。后世多为演戏之所。

11. 逆旅

"逆"，迎接；"旅"，旅客。"逆旅"就是迎接旅客的旅店。

12. 舍（shè）

本义是"屋舍"，引申为"旅舍""宾馆"之义。

13. 传（zhuàn）

亦称"传舍"，是供来往旅人居住的旅店，也可指驿站或驿站里的车马。

14. 囱（cōng）、窗、牖（yǒu）、向

"囱"本指开在屋顶的天窗，后来写作"窗"，同时"囱"也引申为"烟囱"之义。"牖"是指开在墙上的窗户。"向"是指朝北的窗户。

15. 门、户、闺

建筑物的出入口。"门"多指双扇门，"户"多指单扇门，"闺"多指上圆下方的小门，亦可指内室。

16. 萧墙、影壁

门内正对大门以做屏障的墙壁。前者亦可指室内屏风，后者亦称"照壁"。

（二）家具

1. 筵、席

供坐卧铺垫的用具，多用苇、草、竹编织而成。二者单用时无区别；并称时则有别，前者紧贴地面，后者铺在其上。

2. 床

早期的床很矮，是一种坐具，写字、读书乃至饮食都在上面进行。魏晋南北朝之后，床的高度与现在的相似，成为专供睡觉的卧具。

3. 榻

西汉后期出现的一种矮床，大多没有围挡，又称"四面床"，是一种坐具，与当时的"床"类似，故称"床榻"。

4. 几

有两种：一种是比较矮小的方桌，供饮食、书写、置物使用；一种是细条状的，供人凭靠。古代人居则凭几，行则携杖，所以常常并称"几杖"，"几杖"亦可代称老人。

5. 案

有两种：一种是矮桌，与"几"类似，可并称"几案"；一种是盛装食物的托盘，如"举案齐眉"。

6. 灯

照明的用具。本作"镫"，后作"灯"，一般用动物油脂做燃料。

7. 烛

本指火炬，后来亦指蜡烛。

四、行

（一）交通工具

1. 辇（niǎn）

先秦时用人拉的车，秦汉以后专指天子或王室所乘的车。

2. 舆（yú）

本指车上供人乘坐的车厢，后泛指车或辇。

3. 肩舆

一种由两人抬行的交通工具，用于山路，类似于现在的滑竿。后亦可用于平地，坐人的地方上下和周边都增加了遮蔽物，犹如车厢，故称"肩舆"，即后世的轿子。

4. 轩

本指大夫以上高级官员乘坐的车，车厢前顶较高，装饰较豪华，后引申为"房屋""书房"等义。

5. 辎（zī）

一种有帷盖的车。

6. 辗（zhàn）

一种车厢由竹木条拼接而成的车。

7. 骖（cān）

既可指拉车的三匹马，又可指三匹马拉的车。

8. 驷（sì）

既可指拉车的四匹马，又可指四匹马拉的车。

9. 骖服

驾车时，两边的马称为"骖"，中间的称为"服"。"骖服"并称，泛指驾车的马。

10. 骖乘（chéng）

亦作"参乘"，指在车右陪乘，或指陪乘的人。先秦乘车以左为尊，尊者在左，御车之人在中间，另有一人在右边陪乘。打仗时的兵车与平时不同，在统帅的兵车里，统帅居中，御车之人在左，另有一人在右保护。普通的兵车里，御车之人居中，左边战士持弓箭，负责远距离杀敌，右边战士持戈戟，负责近距离杀敌。

（二）车马构件

1. 式（轼）

车舆前面的横木，可供凭倚。

2. 绥（suí）

登车时用的绳索。

3. 辋（wǎng）、毂（gǔ）、辐

车轮的外框称为"辋"，车轮中心可以穿插车轴、安装辐条的有孔圆木称为"毂"，连接辋和毂的一根根木条称为"辐"。

4. 轴（zhóu）

一根圆木横梁，上面承载着车舆，两边穿过毂从而带动车轮，是车中的重要构件。

5. 辖（xiá）

车轴两端突出毂的部分有孔，将辖插入后，可以固定车轮。后世引申为"管辖"之义。

6. 辕（yuán）

驾车用的车杠，末端连接车轴，前端连接车舆和拉车的牛马。先秦时用单辕，汉代以后用双辕。帝王野外住宿时，以车为屏障，出入口以两车相对为门，称为"辕门"，又可代称军营、官署的外门。

7. 轭（è）、衡

车辕前端搁在牛马颈上的装置。前者是曲木，后者是横木。

8. 华盖

高级车舆上面的伞形顶盖。

自测练习

一、判断下列说法的对错。

1. 古代平民戴的帻也就是裹头巾，一般是黑色或青色的，所以人们也称百姓为"黔首"或"苍头"。（　　）

2. 阙是宫门两旁的高大建筑物，又可代称宫廷。"诣阙"既可指赴朝廷，又可指赴京都。（　　）

3. 古代的车轮是用木质的辐条连接辋和毂的。（　　）

4. 成语"举案齐眉"说的是汉代孟光每次给丈夫梁鸿递饭菜时都将几案举到和自己眉毛平齐的高度。后世用来形容夫妻恩爱，相敬如宾。（　　）

5. 先秦作战时特别重视兵车的运用，普通的兵车里，御车之人居中，左边战士持弓箭，负责远距离杀敌，右边战士持戈戟，负责近距离杀敌。（　　）

6. "豆"在先秦既是豆类的总称，又是盛食物的器物。它形似高脚盘，多用于盛装粮食、咸菜、肉酱等。（　　）

7. 先秦的"弁"是用鹿皮拼接而成的帽子，武官经常佩戴白色的皮弁。（　　）

8. 陆游《杂题六首》中有一句"朝甑米空烹芋粥"，其中的"甑"是一种蒸食用具，先秦时期常与"鬲"组合成"甗"，也就是现在的蒸锅。（　　）

9. 《左传·鞌之战》中记载逢丑父"寝于辖中"，其中的"辖"是一种车厢由竹木条拼接而成的车。（　　）

10. 《楚辞·渔父》"何不餔其糟而歠其醨"中的"醨"是一种味道香浓的甜酒。（　　）

二、根据题干要求，选出合适的答案。

1. 下列词语中，没有"旅店"含义的一项是（　　）。

A. 逆旅　　　　　B. 榭　　　　　　　　C. 舍　　　　　　　　D. 传

2. "乌纱帽"是由（　　）逐渐演变而来的。

A. 幞头　　　　　B. 陌头　　　　　　　C. 雀弁　　　　　　　D. 帻巾

3. 不属于古代车马构件的一项是（　　）。

A. 绥　　　　　　B. 轼　　　　　　　　C. 轩　　　　　　　　D. 辕

4. 下列服饰中，古代平民不让穿的是（　　）。

    A. 屣　　　　　　　B. 裈　　　　　　　　C. 褐　　　　　　　D. 衮

5. 正常情况下，古人远行时不会携带的食物是（　　）。

    A. 糗　　　　　　　B. 羹　　　　　　　　C. 甋　　　　　　　D. 脯

答案见 P266

第八节　文化常识真题演练

目前，高考中文化常识类题目以正误判断型选择题为主，但一眼就能辨别正误的情况很少，命题人往往会以扩大范围、张冠李戴、以偏概全、混淆范围等方式设置迷惑选项。这就要求我们不仅要在平时的学习中熟记教材里出现的文化常识点，还要经常通过查字典、找资料等方法加深认知、拓展范围，答题时更要在实际的语境及选项中仔细辨别。

本节选取了一些高考真题，帮助大家在练习中感受文化常识类题目的命题特点，同时查缺补漏，寻找不足。

一、不需结合文意答题的情况

在这类题中，四个选项只是针对选文中的词语进行阐释、解说，与选文的文意并无直接的联系。答题时，不用过多考虑词语在文中的含义。此类题目相对常见。

1. （2015·新课标Ⅰ卷）下列对文中加点词语相关内容的解说，不正确的一项是（　　）。

A. 登进士第，又可称为进士及第，指科举时代经考试合格后录取成为进士。

B. 兵部，是古代六部之一，掌管全国武官选用和兵籍、军械、军令等事宜。

C. 庙号，是皇帝死后，在太庙立室奉祀时特起的名号，如高祖、太宗、钦宗。

D. 太子，指封建时代君主儿子中被确定继承君位的人，有时也可指其他儿子。

2. （2015·新课标Ⅱ卷）下列对文中加点词语相关内容的解说，不正确的一项是（　　）。

A. 字，古代男子有名有字，名是出生后不久父亲起的，字是二十岁举行冠礼时起的。

B. 谥号，是古代帝王、大臣等死后，据其生平事迹评定的称号，如武帝、哀帝、炀帝。

C. 嗣位，指继承君位，我国封建王朝通常实行长子继承制，君位由最年长的儿子继承。

D. 阙，是宫门两侧的高台，又可借指宫廷；"诣阙"既可指赴朝廷，又可指赴京都。

3. （2016·全国乙卷）下列对文中加点词语相关内容的解说，不正确的一项是（　　）。

A. 首相，指宰相中居于首位的人，与当今某些国家内阁或政府首脑的含义并不相同。

B. 建储，指确定储君，也就是确定皇位的继承人。我国古代通常采用嫡长子继承制。

C. 有司，古代朝廷中分职设官，各有专司，所以可用"有司"来指称朝廷中的各级官员。

D. 契丹，是古国名，后来改国号为辽，先后与五代和北宋并立，常与中原发生争端。

4.（2017·全国Ⅲ卷）下列对文中加点词语相关内容的解说，不正确的一项是（　　）。

A. 状元，是我国古代科举制度中的一种称号，指在最高级别的殿试中获得第一名的人。

B. 上元，是我国传统节日，即农历正月十五日元宵节，是春节后第一个重要节日。

C. 近侍，是指接近并随侍帝王左右的人，他们不仅职位很高，对帝王影响也很大。

D. 告老，本指古代社会官员因年老辞去职务，有时也是官员因故辞职的一种借口。

5.（2018·全国Ⅱ卷）下列对文中加点词语相关内容的解说，不正确的一项是（　　）。

A. 豪右，指旧时的富豪家族、世家大户；汉代以右为尊，所以习惯上称为"豪右"。

B. 顿首，即以头叩地而拜，是古代交际礼仪；又常常用于书信、表奏中作为敬辞。

C. 茂才，即秀才，东汉时为避光武帝刘秀名讳，改为茂才，后世有时也沿用此名。

D. 京师，是古代京城的通称，现代则称为首都；"京""师"单用，旧时均可指国都。

6.（2019·全国Ⅲ卷）下列对文中加点词语相关内容的解说，不正确的一项是（　　）。

A. 殷纣，为商代末代国君，在位期间统治失控，好酒淫乐，横征暴敛，好用酷刑，是有名的暴君。

B. 武王，是周文王之子，继承其父遗志，联合众多部族与商激战，灭商，建立周王朝。

C. 三晋，春秋末韩、赵、燕三家分晋，战国时期的韩、赵、燕三国，史上又称"三晋"。

D. 令尹，春秋战国时期楚国设置的最高官位，辅佐楚国国君，执掌全国的军政大权。

7.（2019·全国Ⅱ卷）下列对文中加点词语相关内容的解说，不正确的一项是（　　）。

A. 缪公，即秦穆公，春秋时秦国国君，在位期间任用贤臣，使国力趋强，称霸西戎。

B. 汤武，即商汤与孙武的并称，他们二人均以善于用人用计、战功赫赫而留名于青史。

C. 变法，是指对国家的法令制度做出重大变革，商鞅变法为秦国富强奠定了基础。

D. 黥，是古代的一种刑罚，在犯人脸上刺上记号或文字并涂上墨，在刑罚之中较轻。

8.（2020·新高考Ⅱ卷）下列对文中加点词语相关内容的解说，不正确的一项是（　　）。

A. 乡试，是我国古代科举考试之一，由各地州、府主持，考生来自全国各地。

B. 宦官，也称"太监"，是古代宫中侍奉皇帝及其家属的人员，由阉割后的男子充任。

C. 晏驾，是帝王死去的委婉说法，"晏"为"晚"之义，晏驾指帝王车驾未能按时发出。

D. 执政，指掌管国家政事，又指执掌国家大权的重臣，还可作为高级官员的通称。

9.（2020·全国Ⅲ卷）下列对文中加点词语相关内容的解说，不正确的一项是（　　）。

A. 太守，是郡一级的最高行政长官，主要掌管民政、司法、军事、科举等事务。

B. 立嗣，可指无子而以同宗之子承继，又可指确立王位继承人。

C. 周公，是周文王之子，周武王之弟，曾辅佐周武王讨伐商纣王最终获取天下。

D. 居摄，是指古代帝王因年幼不能亲政，大臣代居其位来处理政务的一种制度。

10.（2020·新高考Ⅰ卷）下列对文中加点词语相关内容的解说，不正确的一项是（　　）。

A. 辇下，又称为辇毂下，意思是在皇帝的车驾之下，常常用作京都的代称。

B. 东宫，是古代皇家宫殿的称呼，由于是太子所居之宫，文中用来借指太子。

C. 殿下，是古代对太子、诸王、丞相的敬称，礼尊意味次于用以敬称皇帝的陛下。

D.追比，指旧时地方官吏严逼限期办事，逾期以杖责等方式表示警惩，继续追逼。

二、需结合文意答题的情况

在这类题中，某些选项需要结合其在选文中的具体含义来分析正误，如果不熟悉选文及选项在文中的含义，作答时就会产生困扰和错误。此类题目相对少见。

1.（2017·江苏卷）阅读下面一段文言文，完成相关题目。

汪容甫先生行状

[清]王引之

先生名中，字容甫，江都人。少孤好学，贫不能购书，助书贾鬻书于市，因遍读经史百家，过目成诵。年二十应提学试，试《射雁赋》第一，补附学生，诗古文词日益进。仪征盐船厄于火，焚死无算，先生为《哀盐船文》，杭编修世骏序之，以为"惊心动魄，一字千金"，由是名大显。当世通儒，如朱学士筠、卢学士文弨，见先生所撰，咸叹赏以为奇才。

年二十九，始颛治经术。谢侍郎墉提学江左，特取先生为拔贡生。每试，别为一榜，列名诸生前。侍郎尝谓人曰："予之先容甫，以爵也；若以学，则予于容甫当北面矣。"其见重如此。朱文正公提学浙江，先生往谒，答述扬州割据之迹、死节之人，作《广陵对》三千言，博综古今，天下奇文字也。毕尚书沅总督湖广，招来文学之士，先生往就之，为撰《黄鹤楼铭》，歙程孝廉方正瑶田书石，嘉定钱通判坫篆额，时人以为"三绝"。

先生于六经、子、史以及词章、金石之学，罔不综览。乃博考三代典礼，至于文字、训诂、名物、象数，益以论撰之文，为《述学》内外篇。又深于《春秋》之学，著《春秋述义》，识议超卓，论者谓唐以下所未有。为文根柢经、史，陶冶汉、魏，不沿欧、曾、王、苏之派，而取则于古，故卓然成一家言。性质直，不饰容止，疾当时所为阴阳拘忌释老神怪之说，斥之不遗余力。而遇一行之美、一文一诗之善，则称之不置。事母以孝闻，贫无菽水，则卖文以养，左右服劳，不辞烦辱。其于知友故旧没后衰落，相存问过于生前，盖其性之笃厚然也。年五十一，卒于杭州西湖之上。

先生，家大人之所推服也。其学其行，窃闻于趋庭之日久矣。而先生于予所说《尚书》训诂极奖励，以为可读父书，则又有知己之感焉。虽不能文，尚欲扬榷而陈之，以告后之君子。

（节选自《王文简公文集》）

下列对文中加点词语相关内容的解说，不正确的一项是（　　　　）。

A.江左，文中指长江下游以东地区。古人叙地理以东为左，以西为右，江左即江东。

B. 三代，文中指曾祖、祖父、父亲三代，古人参加科举考试须如实填报三代履历。

C. 菽水，即豆和水，指粗茶淡饭。多形容清贫者对长辈的供养，如成语"菽水承欢"。

D. 趋庭，《论语》中有孔鲤"趋而过庭"的记载，后世将子承父教称为"趋庭"。

2.（2017·全国Ⅰ卷）阅读下面一段文言文，完成相关题目。

谢弘微，陈郡阳夏人也。父思，武昌太守。从叔峻，司空琰第二子也，无后，以弘微为嗣。弘微本名密，犯所继内讳，故以字行。童幼时，精神端审，时然后言。所继叔父混，名知人，见而异之，谓思曰："此儿深中夙敏，方成佳器。有子如此，足矣。"弘微家素贫俭，而所继丰泰，唯受书数千卷，遗财禄秩，一不关豫。

混风格高峻，少所交纳，唯与族子灵运、瞻、曜、弘微并以文义赏会，尝共宴处，居在乌衣巷，故谓之乌衣之游。瞻等才辞辩富，弘微每以约言服之，混特所敬贵，号约微子。

义熙八年，混以刘毅党见诛，妻晋陵公主以混家事委之弘微。弘微经纪生业，事若在公，一钱尺帛出入，皆有文簿。高祖受命，晋陵公主降为东乡君。自混亡，至是九载，而室宇修整，仓廪充盈，门徒业使，不异平日，田畴垦辟，有加于旧。中外姻亲，道俗义旧，入门莫不叹息，或为之涕流，感弘微之义也。性严正，举止必循礼度，事继亲之党，恭谨过常。

太祖镇江陵，弘微为文学。母忧去职，居丧以孝称，服阕逾年，菜蔬不改。兄曜历御史中丞，元嘉四年卒。弘微蔬食积时，哀戚过礼，服虽除，犹不啖鱼肉。弘微少孤，事兄如父，兄弟友穆之至，举世莫及也。弘微口不言人短长，而曜好臧否人物，曜每言论，弘微常以它语乱之。

九年，东乡君薨，资财巨万，园宅十余所，奴僮犹有数百人。弘微一无所取，自以私禄营葬，曰："亲戚争财，为鄙之甚。今分多共少，不至有乏，身死之后，岂复见关。"十年，卒，时年四十二。上甚痛惜之，使二卫千人营毕葬事，追赠太常。

（节选自《宋书·谢弘微传》）

下列对文中加点词语相关内容的解说，不正确的一项是（　　）。

A. 以字行，是指在古代社会生活中，某人的字得以通行使用，他的名反而不常用。

B. 姻亲，是指由于婚姻关系结成的亲戚，它与血亲有同有异，是血亲中的一部分。

C. 母忧，是指母亲的丧事，古代官员遭逢父母去世时，按照规定需要离职居家守丧。

D. 私禄，其中的"禄"指俸禄，即古代官员的薪水，这里强调谢弘微未用东乡君家的钱财营葬。

3.（2018·全国Ⅰ卷）阅读下面一段文言文，完成相关题目。

　　鲁芝字世英，扶风郿人也。世有名德，为西州豪族。父为郭汜所害，芝襁褓流离，年十七，乃移居雍，耽思坟籍。郡举上计吏，州辟别驾。魏车骑将军郭淮为雍州刺史，深敬重之。举孝廉，除郎中。后拜骑都尉、参军事、行安南太守，迁尚书郎。曹真出督关右，又参大司马军事。真薨，宣帝代焉，乃引芝参骠骑军事，转天水太守。郡邻于蜀，数被侵掠，户口减削，寇盗充斥，芝倾心镇卫，更造城市，数年间旧境悉复。迁广平太守。天水夷夏慕德，老幼赴阙献书，乞留芝。魏明帝许焉。

　　曹爽辅政，引为司马。芝屡有谠言嘉谋，爽弗能纳。及宣帝起兵诛爽，芝率余众犯门斩关，驰出赴爽，劝爽曰："公居伊周之位，一旦以罪见黜，虽欲牵黄犬，复可得乎！若挟天子保许昌，杖大威以羽檄征四方兵，孰敢不从！舍此而去，欲就东市，岂不痛哉！"爽懦惑不能用，遂委身受戮。芝坐爽下狱，当死，而口不讼直，志不苟免。宣帝嘉之，赦而不诛。俄而起为并州刺史。

　　诸葛诞以寿春叛，魏帝出征，芝率荆州文武以为先驱。诞平，迁大尚书，掌刑理。武帝践阼，转镇东将军，进爵为侯。帝以芝清忠履正，素无居宅，使军兵为作屋五十间。芝以年及悬车，告老逊位，章表十余上，于是征为光禄大夫，位特进，给吏卒，门施行马。羊祜为车骑将军，乃以位让芝，曰："光禄大夫鲁芝洁身寡欲，和而不同，服事华发，以礼终始，未蒙此选，臣更越之，何以塞天下之望！"上不从。其为人所重如是。泰始九年卒，年八十四。帝为举哀，谥曰贞，赐茔田百亩。

（节选自《晋书·鲁芝传》）

下列对文中加点词语相关内容的解说，不正确的一项是（　　）。

A. 《三坟》《五典》，相传为我国古代典籍，后又以"坟籍""坟典"为古代典籍通称。

B. 阙，本义是"皇宫前面两侧的楼台"，又可用作朝廷的代称，"赴阙"指入朝觐见皇帝。

C. 践阼，本义是"踏上古代庙堂前台阶"，又表示用武力打败敌对势力，登上国君宝座。

D. 逊位，也称为"让位""退位"，多指君王放弃职务和地位，这里指鲁芝的谦让行为。

4.（2018·全国Ⅲ卷）阅读下面一段文言文，完成相关题目。

纯礼字彝叟，以父仲淹荫，知陵台令兼永安县。永昭陵建，京西转运使配木石砖甓及工徒于一路，独永安不受令。使者以白陵使韩琦，琦曰："范纯礼岂不知此？将必有说。"他日，众质之，纯礼曰："陵寝皆在邑境，岁时缮治无虚日，今乃与百县均赋，曷若置此，使之奉常时用乎？"琦是其对。还朝，用为三司盐铁判官，以比部员外郎出知遂州。

泸南有边事，调度苛棘，纯礼一以静待之，辨其可具者，不取于民。民图像于庐，而奉之如神，名曰"范公庵"。草场火，民情疑怖，守吏惕息俟诛。纯礼曰："草湿则生火，何足怪！"但使密偿之。库吏盗丝多罪至死，纯礼曰："以芬然之丝而杀之，吾不忍也。"听其家趣买以赎，命释其株连者。除户部郎中、京西转运副使。

徽宗立，以龙图阁直学士知开封府。前尹以刻深为治，纯礼曰："宽猛相济，圣人之训。方务去前之苛，犹虑未尽，岂有宽为患也。"由是一切以宽处之。中旨鞠享泽村民谋逆，纯礼审其故，此民入戏场观优，归途见匠者作桶，取而戴于首曰："与刘先主如何？"遂为匠擒。明日入对，徽宗问何以处之，对曰："愚人村野无所知，若以叛逆蔽罪，恐辜好生之德。以不应为杖之，足矣。"曰："何以戒后人？"曰："正欲外间知陛下刑宪不滥，足以为训尔。"徽宗从之。

纯礼沉毅刚正，曾布惮之，激驸马都尉王诜曰："上欲除君承旨，范右丞不可。"诜怒。会诜馆辽使，纯礼主宴，诜诬其辄斥御名，罢为端明殿学士、知颍昌府，提举崇福宫。崇宁五年，复左朝议大夫，提举鸿庆宫。卒，年七十六。

（节选自《宋史·范纯礼传》）

下列对文中加点词语相关内容的解说，不正确的一项是（　　）。

A. 陵寝，是帝王死后安葬的陵墓，陵墓建成后，还需设置守陵奉祀的官员以及禁卫。

B. 株，本义是"树根"，根与根间紧密相连，因而"株连"又指一人有罪而牵连他人。

C. 前尹，在文中指开封府前任府尹，"尹"为官名，如令尹、京兆尹，是知府的简称。

D. 御名，指皇帝名讳，古代与皇帝有关的事物前常加"御"字，如"御玺"指皇帝印信。

5.（2021·全国甲卷）阅读下面一段文言文，完成相关题目。

九月，契丹大举入寇。时以虏寇深入，中外震骇，召群臣问方略。王钦若，临江人，请幸金陵。陈尧叟，阆州人，请幸成都。帝以问寇准，准曰："不知谁为陛下画此二策？"帝曰："卿姑断其可否，勿问其人也。"准曰："臣欲得献策之人，斩以衅鼓，然后北伐耳！陛下神武，将臣协和，若大驾亲征，敌当自遁；不然，出奇以挠其谋，坚守以老其师，劳佚之势，我得胜算矣。奈何弃庙社，欲幸楚、蜀，所在人心崩溃，敌乘胜深入，天下可复保耶！"帝意乃决，因问准曰："今虏骑驰突，而天雄军实为重镇，万一陷没，则河朔皆虏境也。孰为可守？"准以王钦若荐，且曰："宜速召面谕，授敕俾行。"钦若至，未及有言，准遽曰："主上亲征，非臣子辞难之日，参政为国柄臣，当体此意。"钦若惊惧不敢辞。

闰月乙亥，以参知政事王钦若判天雄军兼都部署。契丹主隆绪同其母萧氏遣其统军顺国王萧挞览攻威虏、顺安军，三路都部署击败之，斩偏将，获其辎重。又攻北平砦及保州，复为州砦兵所败。挞览与契丹主及其母合众攻定州，宋兵拒于唐河，击其游骑。契丹遂驻兵阳城淀，号二十万，每纵游骑剽掠，小不利辄引去，徜徉无斗志。是时，故将王继忠为契丹言和好之利，契丹以为然，遣李兴议和。帝曰："朕岂欲穷兵，惟思息战！如许通和，即当遣使。"

冬十月，遣曹利用诣契丹军。十二月庚辰，契丹使韩杞持书与曹利用俱来，请盟。利用言契丹欲得关南地。帝曰："所言归地事极无名，若必邀求，朕当决战！若欲货财，汉以玉帛赐单于，有故事，宜许之。"契丹犹觊关南，遣其监门卫大将军姚东之持书复议，帝不许而去。利用竟以银十万两、绢二十万匹成约而还。

（节选自《宋史纪事本末·契丹盟好》）

下列对文中加点词语相关内容的解说，不正确的一项是（　　　　）。

A.衅鼓，指古代战争时杀人或杀牲取血涂在鼓上以举行祭祀仪式。

B.庙社，"庙"指宗庙，"社"指社稷，庙社在古代常用来借指国家朝廷。

C.闰月，农历逢闰年加一个月，闰某月指加在某月之前的那个月。

D.辎重，文中指行军时随军运载的军械、粮草、被服等军用物资。

答案见 P267